芃野東南民族叢書

碧羅雪山兩麓人民的生計模式

下冊

何國強　主編・李何春、李亞鋒　著

目次

第五章
轉場放牧

農牧結合是碧羅雪山兩麓各民族的主要生計模式。碧羅雪山東麓的迪慶藏族自治州地處半農半牧區域的交錯帶上，自古以來從事畜牧業和農業的各民族在此雜居，由於這些民族在歷史上不斷往來和交融，促使這一地域逐漸形成獨具特色的半農半牧文化。這是生活在迪慶州的藏族群眾傳統的生計方式。

歷史上，迪慶州的人民由於受居住環境、氣候條件與周圍農耕民族的影響，最終走向定居生活並開始發展農業，在保留畜牧業的同時，形成了農牧並重、農牧互養的生計體系。長期以來，畜牧業一直是當地藏族群眾賴以生存的重要生計方式，不僅滿足了當地民族的生活必需，而且提供了農作物所需的圈肥，成為發展農業的基礎；同時，牲畜還可以販賣給鄰近的其它農耕民族，成為家庭收入來源的一部分。西麓的怒江地區，人們很早就開始飼養雞、豬、狗，用來食用和殺牲祭祀。後來，隨著牛耕技術的傳入，黃牛、犛牛和犏牛逐漸得到普遍飼養，加之道路的開通以及商業的興起，專門用來馱運貨物的馬、騾、驢等牲畜也受到碧羅雪山兩麓人民的重視。在 20 世紀 50 年代前，畜牧養殖已經成為該地區農民家庭主要的經濟來源之一。

第一節　牧場資源的分佈以及放牧方式

碧羅雪山地區的畜牧業尤為獨特，每年不同時節在村子周圍、半山腰和高山牧場之間的轉場放牧成為其最大特點，這主要取決於當地的垂直生態環境。

影響畜牧業的主要因素是牲畜的食物來源，這由氣候、海拔、土壤、草場等因素決定。高山峽谷地區的草場分佈狀況決定了人們在不同的地帶進行轉場放牧；除了草場資源的自然分佈外，人們在畜牧業和農業生產之間需要做到兩者兼顧。因為，在每年夏季，如果大量牲畜滯留在村裏會踐踏地裏的莊稼，因而需要將這些牲畜轉移出去，等到秋收季節過後再趕回村子。長期以來，當地的人們已經形成以村落為單位的村規民約，嚴格規定各個農戶的放牧範圍。

根據牧草資源的分佈範圍以及人們在不同季節的放牧特點，可以將當地的牧場分為三類，即河谷牧場、山腰牧場和高山牧場。河谷地帶是人們日常生活的地方，海拔一般在 1,800 至 2,500 公尺之間，是村莊和耕地的主要所在地；山腰牧場位於村子上方，是河谷和高山牧場的過渡地帶，海拔一般為 2,700 至 3,000 公尺，路程大約需要 2 小時；高山牧場是夏季的主要放牧場所，這裏面積較大，牧草豐富，海拔一般在三四千公尺，路程大約需要一天，有些甚至需要兩天。對此，當地群眾也有著自己的區別和劃分。例如，生活於瀾滄江峽谷裏的藏族群眾，將高山牧場稱作「rura」，意思為「有雪的草場」，即位於海拔 4,000 公尺左右的高山草甸地帶；將山腰牧場稱作「rumei」，意思為「中間的草場」，即位於海拔 3,000 公尺左右的草甸和坡地；將河谷牧場稱作「rubo」，意為「家附近的草場」，即位於海拔 2,000 公尺左右的村落周圍的山坡地帶。[1]不同的牲畜對於飼草的要求不同。一般來說，牛對於飼草的要求較高，對氣候條件的適應不同，因

1 參見尹侖、趙之銘、梁燁：《迪慶藏族自治州畜牧業變遷調查研究報告》，《雲南省生物多樣性與傳統知識研究會社區生計部研究報告23》，2006年。該報告對瀾滄江峽谷裏的果念村、佳碧村和貢坡村的牧場與放牧情況做了詳細的調查，以下關於瀾滄江峽谷牧場情況的描述也主要參考該報告中的一些內容。

而，當地的牛主要在三個牧場之間轉場放牧；而羊群對於飼草的要求不高，主要集中在冬季河谷牧場放牧。下面分別是東西兩麓幾個村子的實例。

迪麻洛位於滇西北怒江州，北毗鄰西藏、東毗鄰德欽縣。當地主要的生計方式為半農半牧。飼養的牲口主要為牛（包括少量犛牛和犏牛）、綿羊、山羊、豬、馬、驢、騾子和家禽等。其中，牛是村民最珍貴的牲口，能提供用來種莊稼的積肥、犁地並提供牛奶和酥油，同時作為大部分農戶的資產起到儲蓄的作用。當地主要的農作物為玉米，而每年收成的相當一部分糧食被用於餵養牲口。另外，如果沒有牲口，就沒有積肥，那樣每年的莊稼收成將受到影響。許多農戶自產的玉米不足以滿足自家牲口的需求時還需到市場上購買。因而，協調農業和畜牧業之間的關係是當地生計的主要問題。

10 月下旬至次年的 5 月，牲口會在村寨周圍的森林和荒山上放養。村內的村規民約規定，5 月下旬種完玉米以後，牲口（除家禽和每年每家養的年豬以外）不能在村寨內放養，直到 10 月玉米收完以後才能回到村子裏。10 月中旬，牲口被遷移到半山腰牧場，玉米收完後就回到村子周圍的山坡和空閒田地上；次年 4 月下旬至 5 月初，村民開始準備種玉米的時候，牲口又被趕往半山腰的牧場。

高山牧場上部分是原始森林，部分是高山草甸。農戶所使用的牧場是他們牧屋的所在地，但他們也會互相借用。因此，季節性遊動的具體路線因農戶而異，並不是全村集體行為。由於某些牧場離村寨駐地有 10 多個小時的路，所以一般來講農戶偏向於利用離村寨較近或有牧路通過的牧場，這樣更方便接送物資。

雨崩村和明永村[2]坐落於瀾滄江西岸，位於海拔 6,740 公尺的卡瓦

2　參見郭家驥：《發展的反思：瀾滄江流域少數民族變遷的人類學研究》（昆明市：雲南人民出版社，2008年）。

格博峰山麓，都屬德欽縣的雲嶺鄉管轄。明永村位於著名的明永冰川末端，海拔 2,400 公尺左右，是典型的河谷經濟類型區；而雨崩村的海拔達到 3,100 多公尺，屬於高寒山區經濟類型。兩村居民全為藏族。在歷史上藏族就是一個游牧民族，經過長期的歷史發展，這些峽谷地區的藏族群眾已經形成了農牧並重的家庭經濟結構。

在雨崩村，冬季的時候牲畜被關在圈裏，餵糧食和作物秸稈；開春時節，人們將牲畜趕往玉米地裏吃秸稈和一些剛長出來的青草，這時，蔓菁等作物已經成熟，也是牲畜的良好飼料；五六月，過完射箭節之後，牛群開始被遷到海拔大約 3,600 公尺的「乳酪」牧場；7 月中下旬，牛群被趕往海拔 4,000 公尺的「笑濃」牧場；8 月，牛群又被趕往同一海拔的「尼塞河」、「肖羅爾」等其它牧場進行輪牧；9 月，牛群又再一次被趕回到「笑濃」牧場；10 月中旬，牛群返回半山腰的「乳酪」牧場，到了月底，驅趕牛群陸續返回村子；11 月，將牛群趕往田地吃秋收後的莊稼秸稈、菜梗；12 月，牲畜全部回村，繼續餵糧食和秸稈。

在明永村，冬季的時候牲畜在村子附近放養，白天上山，晚上回棚圈，餵糧食和秸稈；到了 5 月，牲畜逐漸被遷往海拔 3,500 公尺左右的「郎主」牧場；6 月，牲畜再遷往海拔 4,000 公尺左右的「壩戈」牧場；七八月，牲畜遷往海拔 4,500 公尺左右的「郎主溪」牧場；9 月，牲畜重新遷回到海拔 3,500 公尺左右的「郎主」牧場；10 月，牲畜陸續被趕回村子；11 月，將牲畜趕到地裏吃作物秸稈，然後準備過冬。就這樣，人們利用當地獨特的高山垂直分佈的草場資源和氣候條件，每年在河谷、半山腰和高山牧場之間進行遷移性的放牧，這一放牧方式是和該區域的生態環境相適應的結果。

一　夏季高山牧場

夏季高山牧場位於海拔 3,000 至 4,000 公尺的高山草甸區。在瀾滄江峽谷的一些藏族地區，村子所在位置本來海拔就高，牧場的海拔更高，有些海拔可以達到 4,500 公尺左右。碧羅雪山上分佈著大量面積不等的高山牧場，如色窪隆巴牧場、杜窪紮楚牧場以及孔雀山牧場等等。其中，有些牧場位於地勢比較平坦開闊的山頂，如阿魯拉卡山上的牧場；有些牧場位於高山上的河谷地帶，如色窪隆巴和杜窪紮楚牧場；還有一些牧場位於坡度比較大的斜坡上，主要分佈於高山上的埡口兩旁。該自然地帶裏，既有大面積的原始森林，也有河流、草場以及林間草地。每到夏季，冰雪消融，綠草茵茵，氣候涼爽，非常適宜牛、馬等牲畜的生長。

新中國成立前，由於山路未通，道路崎嶇，大量的高山牧場沒有被充分利用；新中國成立後，尤其是人民公社化時期，畜牧業由原來的家庭飼養變為集體放牧，牲畜數量擴大。政府動員群眾修通了大量上山的路，高山上的森林和草地從此變為人們放牧的場所，原來沒有高山牧場的村社在這一時期也分到了自己的牧場。到現在，幾乎每個村子都有自己所屬範圍的高山牧場。

長期以來，人們在使用高山牧場的過程中，已經形成了比較固定的放牧範圍。每個村子都有自己比較固定的放牧場所，彼此不得越界。從使用範圍上來講，既有整個行政村集體使用的牧場，也有幾個村小組共同使用的牧場；此外，還有一些小塊的高山牧場，主要歸附近的小組使用。除了村規民約的規定和限制外，村民在牧場的使用上也有著自己的考慮。一般來講，村民首先都會選擇距離自己村子比較近的牧場進行放牧，而不願長途跋涉到遠處的牧場。

迪麻洛是貢山縣的重點畜牧村，畜牧業在村民家庭經濟中佔有很大比重。在村子周圍的高山上，分佈著色窪隆巴、新科、窮苦、窮他、楞日等多塊高山牧場。其中，色窪隆巴牧場位於碧羅雪山山脈中間的色窪隆巴河谷，東邊緊挨德欽縣茨中村的杜窪紮楚牧場。杜窪紮楚牧場分佈於色窪隆巴河河谷兩旁，河水清澈，草甸豐厚，是迪麻洛行政村的公共牧場，村下所屬的 12 個小組的村民都可以來此放牧。色窪隆巴牧場距離村子較遠，從村委會所在地的初尼出發，大約需要一天的時間才能到達。新科牧場位於迪麻洛河上游，北靠西藏，東鄰德欽縣；大部分屬於原始森林，基本上由阿魯拉卡（在迪麻洛山谷的西面）的補它、龍坡和各科當 3 個小組的農戶使用。

在瀾滄江峽谷，以雲嶺鄉的佳碧、果念和貢坡三村[3]為例。佳碧村的夏季高山牧場有一塊，位於瀾滄江河谷東岸、海拔 4,000 公尺左右的雲嶺山脈白馬雪山高山草甸，面積有 600 至 700 畝，藏語名叫「jiabazhura」，意為「強盜出沒的地方」。據說該鄉在新中國成立以前，由於交通不便和地形險要，經常有土匪在這一帶活動。果念村的夏季高山牧場有兩塊，都位於瀾滄江河谷西岸。第一塊地處海拔 4,500 公尺左右的碧羅雪山山脈梅裏雪山高山草甸，藏語名叫「niubuga」，意為「納西牧場」，據說納西族最早在這裏放牧，面積有 400 至 500 畝；第二塊地處海拔 4,000 公尺左右的碧羅雪山山脈太子雪山的高山草甸上，藏語名叫「yire」，意為「森林圍起的地方」，面積有 500 至 600 畝。貢坡村的夏季高山牧場有一塊，位於瀾滄江河谷東岸、海拔 4,000 公尺左右的雲嶺山脈白馬雪山高山草甸，面積有 1,000 畝左右。這些牧場分散於村子兩邊的碧羅雪山和雲嶺之上，基本上歸每個小村單獨使用。

---

3 參見尹侖、趙之銘、梁燁：《迪慶藏族自治州畜牧業變遷調查研究報告》，《雲南省生物多樣性與傳統知識研究會社區生計部研究報告23》，2006年。

到了 7 月，高山牧場上到處是野花盛開、綠草一片了。在這段時間裏，放牧的村民要一直生活在牧場上。為此，人們在牧場上修建了房屋，專門用來照看牲畜。牧場上所放的牲畜各式各樣，不僅有牛、馬，還有豬和雞。每個房子周圍都有狗看護，有些是極為兇猛的藏獒，陌生人一般不敢靠近。房子一般分作兩層，上層住人和放東西，下層晚上關養牲畜。牧場上的生活極為單調，房子裏的陳設也極為簡陋，基本上都是一張木板床、一副鐵三腳架。牧民平日裏除了照看牲畜，還去山林和草叢裏採集菌類、藥材和野菜。他們白天將牲畜趕出去吃草，晚上要給母牛擠奶、打酥油；遇到陰雨天氣，就待在木屋裏抽煙、喝酒，以此來打發時間。

筆者在碧羅雪山東麓的牧場上見到的一戶牧民的房屋與圍欄。該房屋用山上的石頭堆砌而成，屋頂上用不規則的木板塊覆蓋；房屋裏面有床、火塘和一些簡單的生活用品，牧民吃住都在裏面。石屋的旁邊是一個用木料圈起來的圍欄，用來圈放牲畜。

由於牧場上人煙稀少，牧民之間的房屋離得比較遠，因而大多時候都是一個人在牧屋裏面度過。放牧的既有 30 多歲的小夥子，也有四五十歲的中年人，那些有手藝的人在放牧的同時，還會上山砍竹子用來編織籮筐等篾器。山下的家人要定期為山上的放牧者運送米糧、琵琶肉、鹽和酒等生活必需品，然後再將加工好的酥油和奶渣等乳製品以及編織好的竹篾器運回山下。乳製品一部分自己食用，一部分也會出售；同樣，竹篾器也是一部分自家使用，一部分拿去集市上出售。因而，村民在放牧的同時進行的副業生產同樣可以為家庭增加收入。

並不是所有的家庭都會去高山牧場上放牧。由於山高路遠，去牧場上放牧需要家庭派出一個專門的成員，而且還要在牧場上建造房屋，因而對於一些牲畜數量比較少的家庭而言極不划算。於是，就出現了代牧和幫放的現象，即村民將自己的牲畜託付給專門在牧場上放牧的家庭，然後給其一定的報酬。因而，一個放牧者所放養的牲畜，不僅有自家的，也包括其它村民的。

對於高山牧場的使用，當地政府並沒有成文的管理規定。2000年，我國生態保護工程全面展開，實施了天然林保護工程和退耕還林還草工程。隨著國家林業政策的實施，山林被劃分為三類，分別是村子四周的林地、屬於各家農戶的自留林和責任林，村寨上方的集體林，再往上則是國有林。從法律上來講，高山牧場都屬於國有林的保護範圍之內，然而事實上，當地村民仍然在按照傳統習慣使用著這些高山牧場。雖然高山牧場為整個村子的公共牧場，所有村民都有權使用，但是在具體的使用規則上，仍然保留著一些當地的「地方性知識」。

根據慣例，牧屋周圍牧場的使用權屬於牧屋主人，但是使用權可自由轉讓，其它區域自由使用。在高山牧場,各個村社的村民都可以自由上山放牧,只要一個村民在一片牧場上蓋了房子，房子周圍的牧場便由他家使用，這也就成為他家固定的放牧地點，其它村民不可以再去侵佔。如果達成口頭協議,也可以由幾家共同在一片牧場上放牧。當地少數民族向來都有幫助他人的傳統，認為人們彼此之間應該團結互助，如果違反，就會遭受其它人的議論和不滿。所以，當地很少發生為搶奪牧場而爭吵打架的事情，人們一般都會自覺地按當地的傳統習俗利用牧場，並尊重他人的權利和意願。

除了村子之外，還存在著不同村子和不同地域之間的牧場利用方式。其中，既有能和平共處的，也有衝突發生的。例如，色窪隆巴河下游位於捧當村委會管轄範圍內的林區，在冬季（10月至次年5月）由鄰近的迪麻洛村的一位村民使用；他在那裏建了牧屋，而附近就是捧當村民的玉米地。據該牧民說，這片土地是20世紀60年代由迪麻洛村民在森林中開墾的。這一說法奠定了迪麻洛享有這片土地使用權的「合法性」。該牧民還和捧當村民達成協議，即在玉米下種前他可以使用這片區域；而從 5 月起捧當村民可以在這裏種玉米，該牧民則要遷到其它地方去放牧，等到玉米收穫以後再遷回來。[4]

另外一個特殊情況涉及不同地域之間在牧場使用上的問題，即「越界」放牧的問題。碧羅雪山的北端為貢山縣和德欽縣的分界線。德欽縣位於青藏高原南緣滇、川、藏三省（自治區）結合部，西南與維西縣、貢山縣接壤。流經德欽縣的瀾滄江的峽谷地區，東有雲嶺山脈，西有碧羅雪山山脈，均為南北走向，地勢北高南低。山脈和河谷共同形成了德欽縣的三種地理環境，即高山河谷、山區和高寒山區。境內最高海拔為卡瓦格博峰，即 6,740 公尺；最低海拔為瀾滄江邊，即 1,840.5 公尺。德欽縣是農業和畜牧業並重的半農半牧區域，農業耕地主要集中於金沙江、瀾滄江兩岸的河谷地帶和山區，畜牧業草場則多分佈於雲嶺、碧羅雪山山脈的坡地和高寒山區。夏季草場一般在海拔 4,000 公尺左右的高山草甸，冬季牧場則位於海拔 2,000 至 3,000 公尺的山坡地帶。德欽以藏族群眾為主，畜牧業是其一大經濟傳統，人們歷來對牧場資源極為重視。

碧羅雪山西邊的貢山縣和東邊的德欽縣主要通過兩條山路相連：北線大致以孔雀山埡口為界，西邊為桶當村，東邊為永芝村；南線以蛇拉臘卡埡口為界，西邊為迪麻洛村，東邊為茨中村。德欽縣和貢山縣在碧羅雪山之上都有高山牧場的分佈。一般而言，縣界就是兩地牧民的分界線；但是，在實際中，兩邊經常發生越界放牧的現象。在南線，如果東邊的德欽牧民越過蛇拉臘卡埡口放牧，牧民必須向迪麻洛村委會支付一筆「資源管理費」，通常是以雙方約定的一定數量的酥

4　參見安迪：《迪麻洛村牧場管理機制的創新過程：三個「以社區為基礎的自然資源管理」案例》，《雲南省生物多樣性與傳統知識研究會社區生計部研究報告11》，2005年。

油的形式支付。由德欽過來使用碧羅雪山迪麻洛這邊牧場的牧民，要先去迪麻洛村公所商議牧場的使用價格。如果迪麻洛的牧民要求使用該牧場的話，迪麻洛村委會可以取消先前的安排。有時候，對於牧場的使用並沒有如此和平。

掛職於貢山丙中洛鄉的新農村指導員李洪林為筆者講述了一個由於牧場使用引起紛爭和衝突的例子。2010 年，在碧羅雪山北端的孔雀山埡口附近，發生了一次牧民之間的衝突。由於雙方都堅持享有該地區牧場的使用權，因而爭執不下，最後發生了燒毀木屋和傷牛的事件，雙方牧民一度用弩弓對峙，最後，在兩地政府和公安機關的調解下才解決此事。有些牧民甚至揚言要在埡口附近投放毒藥，要是對方再敢將牛群趕過山來放牧則後果自負，等等。可見，牧民對於牧場資源的使用是極為珍視的，其權利意識也是極為強烈的。在村民們認可的習慣規範內，大家都是一視同仁，公平使用；但是，一旦遇到外地村民的「侵入」，會立即奮起反抗。

二　春秋山腰牧場

山腰牧場是村子通往高山牧場的過渡地帶。山腰牧場距離村子的距離較近，海拔多在 3,000 公尺以下，一般步行兩個多小時便可到達。每年 5 月，牧民們將牲畜趕出村子以後，並不直接趕往高山牧場：一是因為高山上的積雪尚未融化，牧草尚未長高；二是因為在這些半山腰上，同樣有大面積的草場和林間草地，可以供牲畜食草。人們一般在山腰牧場停留兩個月，等到 7 月山腰牧場上的牧草已經差不多被吃光了，這時才繼續遷移，將畜群趕往高山牧場。到了 9 月或 10 月，天氣轉冷，人們又將牲畜從高山牧場趕下來，此時山腰上的牧場經過了幾個月的恢復，又可以繼續為牲畜提供飼草，人們又在此放牧一段時間。等到村子裏的玉米等莊稼收割完畢，牲畜就可以趕回村子裏過冬了。因而，山腰牧場可以在春秋兩個季節裏為牲畜提供飼草，這樣就順利完成了牲畜在一年四季中的轉場。

山腰牧場的使用規則不同於高山牧場。高山牧場基本上都是位於國有林的保護範圍內，在牧場的使用上實行公共放牧，即全村村民都可以上山放牧。而山腰牧場一般位於每個村小組的上方，在權屬上歸村組集體所有。也就是說，每個村民小組都擁有自己固定範圍裏的山腰牧場，其它村小組不能越界使用。在該村小組內，每個家庭都可以在此放牧。如果有其它村子的村民要前來放牧，則需要交一些酥油來作為草場的資源使用費。

迪麻洛位於碧羅雪山腳下，當地村民有很多半山腰牧場可以利用，如那新當、達拉登、齊坡、彭工、榜王、卡木義恰、永達恰等牧場。村裏的村規民約規定，每年 5 月 20 日玉米下種以後，牲畜（雞和豬除外）不能繼續留在村裏，而且在 10 月玉米收穫之前不能回來。另外，也有其它一些規定來處理牲畜破壞糧食的事件，這主要是指那些沒有去高山牧場而在村裏四處遊蕩的豬、雞或者馬造成的損壞。規定要求根據受到破壞的農田的面積賠償相應的糧食。這類問題，或者是由原告和牲畜所有者協商解決，或者由鄰居來裁定解決；如果還不能解決爭議，就由村民小組組長裁定。

玉米下種的準備工作在 4 月末 5 月初就開始了。如果農戶在村寨上面位於半山腰的牧場有第二個住所的話，牲畜就會先被遷移到那裏去。那裏主要是一片一片的樹林，也有大面積的草地和蕨菜林。其中，有一些在 20 世紀 50 年代末就被清除，讓出土地用來種蕎麥；或在 60 年代和 80 年代被用來種藥材，如木香。總之，農戶會將他們的牲畜遷移到他們或親戚房子的所在地。在一個特定地點擁有住所的事實決定了對某一個特定牧場的使用。大多數情況下，這些半山腰的牧場都和村子位於同一座山嶺或者位於村子上方的山嶺上。這些牧場形式上是集體林，但是仍然按照傳統習慣使用，即誰在這裏建了房子，房子周圍的牧場就歸房屋主人使用，其它人不得輕易越界。

白漢村是迪麻洛村戶數最多的一個自然村。由於每個農戶的可耕地面積有限，白漢村的村民主要依靠採集野生植物和打工來賺取現金，再來購買大米和短缺的牲畜飼料。該自然村的牲口數量較大，村民尤其重視牛酥油的價值。每年準備種玉米時，牲畜要麼就被遷移到位於村子上方集體林中的第二個住所，要麼就被遷移到離白漢村 1 小時路程的叫作「達拉登」的牧場。牲畜會在那兒待上一段時間，當草越來越少時，牲畜繼續遷移到海拔更高的高山牧場。在 10 月玉米差不多收穫時，牲畜再被趕回到達拉登，等到玉米收完後再被趕回到村子的居住區。

再來看瀾滄江峽谷的山腰牧場，仍然以佳碧村等為例。佳碧村的春秋季山坡牧場都位於瀾滄江河谷東岸、海拔 3,000 公尺左右的草甸和坡地，共有 4 塊。第一塊藏語名叫「diere」，意為「四家的地」，據說是佳碧村歷史上 4 家奴隸主的牧場，面積大約為 400 畝；第二塊藏語名叫「muqugunian」，意為「斜坡上的地」，面積大約為 900 畝；第三塊藏語名叫「bazhonggu」，面積只有 50 多畝；第四塊面積為 70 畝左右。果念自然村的春秋季山坡牧場只有 1 塊，位於瀾滄江河谷西岸、海拔 3,000 公尺左右的碧羅雪山草甸，面積為 400 至 500 畝。貢坡自然村的春秋季山坡牧場也只有 1 塊，位於瀾滄江河谷東岸、海拔 3,000 公尺左右的草甸，面積為 400 至 500 畝。[5]

山腰牧場作為河谷和高山牧場之間的過渡牧場，是春秋季節人們

5 參見尹倫、趙之銘、梁燁：〈迪慶藏族自治州畜牧業變遷調查研究報告〉，《雲南省生物多樣性與傳統知識研究會社區生計部研究報告23》，2006年。

進行放牧的主要場所，在當地的畜牧業中起著極為重要的作用。有些村民不僅在這些山腰牧場上修建了房屋，而且還在房屋周圍圈圍起一片土地，用來種植一些蔬菜，以供自己食用。在翻越碧羅雪山的途中，我們到達了半山腰上的一戶人家，在那裏停下來休息。該戶人家當時不在，估計是去牧場放牛了。房屋雖然有圍欄保護，但是並沒有上鎖，嚮導便帶著我們進去。嚮導介紹，按照當地的習俗，即使主人不在，路人也是可以進去休息落腳的，只是在走的時候要把自帶的物品清理乾淨。從這一事例可以看出，牧場並不只是簡單的放牧場所，也是當地社會和文化的一部分，體現著當地人慷慨好客的性格和樂於助人的精神。

三　冬季河谷牧場

河谷地帶海拔較低，氣候相對比較溫和，是人口和耕地的主要分佈地，也是人們的主要生活場所。碧羅雪山西麓的怒江及其分支峽谷海拔一般在 1,500,2,000 公尺之間，而東麓的瀾滄江峽谷海拔一般在 1,800 至 2,500 公尺之間。例如，茨中村的海拔即在 1,800 多公尺，是碧羅雪山東麓地勢比較低的村子之一，而在上游的其它河谷地區，村子的海拔差不多都在 2,000 公尺以上。受垂直氣候的影響，在該區域裏，冬季的高山上異常寒冷，而且幾乎都是大雪封山，每年山上的冰雪覆蓋期長達 5 個月左右，因而在這段時間裏山上不能放牧，牲畜要全被趕回河谷的村子。每年秋收過後，正是牲畜陸續被趕回村裏的時間。

從每年的冬季一直到第二年的 5 月，牲畜基本上都是在河谷地帶放養。在這段時間，牲畜被趕往收穫後的玉米地裏吃秸稈，河谷旁邊的菁溝以及村子周圍山坡上的雜草和灌木叢等都是牲畜的飼料來源；

遇到冰雪天氣，牲畜即被趕回家中，餵玉米料以及乾草。因而，牲畜在河谷地帶的放養時間比較長，從每年的 11 月到第二年的 5 月，時間長達半年之久。但不容否認的是，河谷牧場裏的草地資源比較貧乏，大多數牲畜在冬季都出現飢餓的現象，這段時間也是一年之中牲畜掉膘的時間。由於飼料缺乏，奶牛的產奶量也大大下降，很多奶牛所產的奶只能夠用來維持小牛犢的生存，不能再為人們提供牛奶來打酥油。

河谷牧場的使用也是以各個村社為單位，即每個村子只能在自己村子的土地上進行放牧，這些土地包括村子旁邊的菁溝、秋收後的田地和村子周圍的山坡樹林等。當地的土地在秋收以後很少再用來種植小麥和青稞等小春作物，而是大量閒置，這和當地的作物生長期有關，也和當地的畜牧業養殖有關，因為在這樣的放養狀態下，很難保證作物不受到牲畜的踐踏。為了彌補牲畜在冬季飼料的不足，一些村民也嘗試著圈圍起一塊土地，用來種蔓菁和牧草。但是，大面積圈圍土地的成本是極高的，因而牲畜在冬季進行放養的方式短時間裏仍然難以改變。

在有些靠近江邊的村子裏，由於沒有大面積的山腰牧場作為過渡，人們就直接實行村落到高山牧場這兩者之間的輪牧模式。查臘自然村屬於貢山縣丙中洛鄉雙拉行政村，村落位於怒江東岸的臺地上，最低海拔約 1,500 公尺，村落中心海拔為 1,600 公尺左右。查臘自然村處於橫斷山脈縱谷地帶的腹地，東邊緊靠碧羅雪山山脈的分支阿魯拉卡山，西邊瀕臨怒江。阿魯拉卡山海拔 2,800 公尺，山頂平坦，冬季寒冷積雪，夏季氣候涼爽、水草豐美，植被以高山草甸為主。農業和畜牧業是查臘村的主要經濟構成，人們一邊在河谷地帶從事農業生產，一邊在村子高處的阿魯拉卡山上放牧。

阿魯拉卡山山頂有大面積的草場資源，除了一些海拔較低的地方已經被開墾為耕地用來種植大麥、土豆、飯豆等耐寒的莊稼外，其餘的草場主要用來放牧。牲畜的種類主要有黃牛、山羊和豬，近年來也從外地引入了少量綿羊。由於海拔較高，阿魯拉卡山一年中有兩三個月的積雪期。期間牧草被大雪覆蓋，當地村民根據氣候的變化從事遷移性的放牧，夏季把牲畜趕到水草充足的高山牧場，冬天則把牲畜趕回氣候溫和的江邊的家中。為了方便，有十來戶村民專門在阿魯拉卡山上修建了牧屋，便於夏季在山上放牧、擠奶。畜牧業在查臘村民的家庭經濟中佔有較大的比重，通過放牧和出售牲畜，解決了人們日常的肉食來源以及鹽、茶、酒等生活必需品的經濟支出。

第二節 牲畜的種類與用途

農戶從事牲畜養殖，大多是出於生計和文化上的需要。對於牲畜種類的選擇，一方面受實際需要的影響，如犁地或肉食和奶源的提供；另一方面也受到當時當地牲畜種類客觀上的限制。在過去，碧羅雪山西麓的怒族地區的牲畜種類極為有限。清代余慶遠在《維西見聞紀》中曾描寫道：「怒子居怒江內，……無騾馬。」到了 20 世紀 50 年代，黃牛已經傳入怒江地區，但是由於各種因素的影響，畜牧業在當地仍然不發達。《怒族社會歷史調查》中曾寫道：「碧江縣一區九村，由於山高坡陡，水草不豐，飼料缺乏，畜牧業的發展也頗受限制。九村飼養的牲畜只有黃牛、豬、羊三種，無騾馬等畜種。黃牛主要用於耕作，數量很少。以甲加、羅宜益兩村 33 戶為例統計，只有黃牛 21 頭，其中有的還是體態瘦弱的病牛及幼犢，能用於耕作者僅有 11 頭，為耕牛總頭數的 51.16%。羊的數目更少，兩村僅有羊 4 隻。豬的數目相對來說還算多些，平均每戶有豬 1 隻。由於飼料缺乏，管理技術落後，牲畜都是自然放養，牛羊夜不歸廄，亦不過問。

山高坡陡，耕牛跌死事故時有發生。」[6]

相反，在碧羅雪山東麓的迪慶藏族地區，歷史上的畜牧業一直比較發達。其原因主要有兩個方面：一是藏族歷來有畜牧業傳統；二是該地區位於滇藏交通線上，商業運輸一直比較興盛，刺激了人們對牲畜的飼養。北部的德欽地區，地處「滇末極苦之境，地瘠民貧之所，遞年播種蕎麥一次，往往夏遭暴蟻之害，秋有冰雹之慘，三年耕不足供一年之食」[7]，自然條件極為艱苦，農業生產不足，畜牧業成為當地藏族群眾的主要生計來源。人們除了食用酥油和奶渣，還將多餘的牲畜以及牲畜的皮毛、乳製品拿到市鎮出售，換取食鹽和茶葉等生活必需品。50 年代以後，其畜牧業有了極大發展，不僅牲畜的種類有所擴充，而且數量也大大增加了。目前，人們飼養的牲畜種類主要有牛、豬、馬、騾、羊、狗和雞等，每種牲畜都在人們的生產生活中發揮著極為重要的作用。

一　牛

碧羅雪山地區的牛主要有犛牛、黄牛和犏牛三種。牛的分類非常仔細，既有按性別分的，也有按海拔高度劃分的，不同的品種之間都有著嚴格的區別。例如犏牛就有 4 種配種方式：公犛牛與母黄牛配種生下犏牛，母犛牛與公黄牛配種生下犏牛，母犏牛和公黄牛配種生下犏牛，母犏牛和公犛牛配種生下犏牛。犏牛原本是青藏高原地區特有的牛種，現在已經廣泛傳播到滇西北的高原和峽谷地帶。犏牛為犛牛和黄牛的雜交品種。犏牛有真犏牛和假犏牛之分：公犛牛和母黄牛交

6　《民族問題五種叢書》雲南省編輯委員會編：《怒族社會歷史調查》（一）（昆明市：雲南人民出版社，1981年），頁24。

7　王恆傑：《迪慶藏族社會史》（北京市：中國藏學出版社，1995年），頁207。

配所生的為真犏牛，真犏牛體強力大；而母犛牛和公黃牛交配的品種即為假犏牛，這種牛體弱力小，不堪重力，因而在交配的時候要特別講究。公犏牛一般用來犁地和馱運東西，母犏牛主要用來擠奶。

在怒江地區，還有一種特別的牛種叫作獨龍牛，又名大額牛，原來是獨龍族人馴養的一種牛，獨龍語叫「阿布」，主產於貢山縣獨龍江一帶，為半野牛半家養珍貴肉用畜種，現在也已經為鄰近的怒族、傈僳族和藏族等所飼養。獨龍牛毛呈黑色或深褐色，四肢下段為白色；體軀高大，肌肉沿肩部隆起至背中央，豐滿厚實；角向兩側平伸後略向上彎；四肢短勁，蹄小結實，樣子甚為兇猛。獨龍牛有極強的攀登能力，公牛性猛，母牛臨產前隱蔽於叢林或草叢，離群獨居。

在過去，怒江地區牛的數量很少，原因是：一方面，當地的怒族、傈僳族、獨龍族等長期處於刀耕火種的農業生產狀態，耕地唯以刀伐木，放火焚燒成灰即行耕種，並不以牛犁地；另一方面，交通閉塞，外界的牛種也難以傳播和運輸進來。獨龍族地區雖然有一些牛，但是並不用來犁地。《怒俅邊隘詳情》載：「江尾雖間有曲牛（即獨龍牛），並不以之耕田，只供口腹。」[8]「曲、狄各江，雖不用牛犁地，而以殺牛享眾為樂。年獲糧食，悉以造飯煮酒，宰牛殺豬，約集十站內外親友到家，削丈餘木坊五根豎立門外，男女分行鳴鑼亮刀，圍坊歌舞，以牛、豬、酒、肉等項，分享眾人，或五日，或七日，必將此項分享酒肉食盡始散。終歲孜孜，惟在此牛。」[9]清朝乾隆年間，藏傳佛教開始傳入貢山地區，受藏文化的影響，當地居民開始食用酥油等乳製品，牛的飼養開始被重視。

20世紀初，民國政府開始重視對怒江地區的開發，不僅在怒江

8 〔清〕夏瑚：《怒俅邊隘詳情》，方國瑜主編：《雲南史料叢刊》（第十二卷）（昆明市：雲南大學出版社，2001年），頁149。

9 同上，頁150。

地區設置了正式的行政建制，而且還修通了不少人馬驛道。這時候，內地的漢族、白族人員開始大量進入怒江峽谷深處，帶來生產技術。牛耕技術和黃牛在這一時期大量傳入怒江。內地的商人將黃牛、鐵器以及其它生活必需品帶進怒江，當地的少數民族則利用山林中採集來的土特產品進行交換。隨著耕牛和鐵器的傳入，沿江兩岸的土地開始被開墾為耕地，原來在山上從事刀耕火種的怒族和傈僳族等少數民族群眾開始轉向農業生產。到了 20 世紀 50 年代，學者進行怒族社會歷史調查時發現，當地的絕大部分耕地已轉為牛犁地，並在所有耕地中占到了 80%左右。可以說，牛的大量引進，是當地農業生產上的一次革命，這在很大程度上改變了人們的生活面貌。

黃牛一經傳入，立即受到當地少數民族群眾的青睞。人們除了利用黃牛犁地，在每年的祭鬼儀式活動中也離不開它。當地的怒族、傈僳族普遍信鬼，認為自然界中的山林、土地、岩石、江水都由鬼來管理，因而在耕種、打獵前後都要殺牲祭鬼，表示對鬼神的崇敬。在黃牛未傳入之前，人們主要用豬和雞等動物來祭鬼，黃牛在傳入以後則成為當地的一項高級祭品。除了在打獵和農作時祭祀鬼神外，人們在遇到病痛時也要祭鬼。他們普遍信奉巫醫，認為生病是觸犯了鬼神，因而需要殺牲來祭祀，小病殺雞、豬，大病重病則一定要殺牛。很多家庭沒有足夠的牲畜，往往需要向親戚朋友借牲畜來祭鬼。有些富裕的家庭，為了彰顯自己的財富，每年祭鬼至少要殺掉一兩頭牛，多的時候甚至達到三四頭牛。受此驅使，人們出賣土特產所得的收入除了購買布匹農具之外，主要用來購買黃牛。

隨著牛在當地社會中的作用越來越突出，人們對於牛的需求也變得更加迫切。由於每個家庭所擁有的耕牛數量和種類差別很大，為了滿足不同家庭對於牛的不同需要，當地曾廣泛地存在過許多頗為有趣的交換現象。例如，某家以半頭大牛換別家的一頭小牛，用錢購買別人家的半頭牛，用自己家的半頭牛抵債，用半頭乳牛換半頭公牛，用半頭牛交換其它生產、生活日用品，等等。

活牛是一個不可分割的整體，假如一頭牛同時歸兩家所有，各家佔有一半，那麼在牛的餵養上，兩家都負有責任和義務。具體方法是，在農忙時，兩家各養 5 天；農閒時，要麼趕往公共的山地進行放養，要麼各養一兩個月。在使用耕牛的時候，根據各家實際情況進行協商，規定每家各使用一定的天數。至於共養的乳牛，所產的牛奶和酥油則平分。[10]

在當時，牛的價格不菲。一方面，購買牛需要額外的資金；另一方面，飼養一頭牛更是需要消耗大量糧食，這在本來就缺乏糧食的怒江地區不是一般家庭所能承受得起的。於是，幾戶比較貧苦的家庭聯合起來共同飼養一頭牛或者其它牲畜，飼料由共養戶平均分攤，推定由某戶負責飼養；在宰殺牲畜時負責飼養的家庭多分得一個牛頭，其餘部分平均分配，如果牲畜產子，則飼養戶還可以多分得一頭幼子。靠著這種共同合作和相互依賴的社會生產關係，人們頑強地維繫著自己的生存。這一事例證明，在經濟極為低下的生存環境裏，單個家庭的力量往往是很微弱的，不足以應對生產活動中的各種需要，因而需要人們的廣泛合作與互助。這也反證了俄國學者恰亞諾夫在論述農民經濟時的一些疏漏和錯誤，即鄉村地區的農民家庭從來不只是獨立進行生產和存在的，而是和當地的社會發生著緊密聯繫。

在貨幣經濟尚未興起以前，怒江地區的少數民族群眾主要進行物物交換的原始經濟活動。而牛由於其所獨有的實用價值和象徵意義，幾乎成為商品交換中的一般等價物。因為黃牛的使用價值比較固定，

---

10 參見《民族問題五種叢書》雲南省編輯委員會編：《怒族社會歷史調查》（一）（昆明市：雲南人民出版社，1981年），頁81。

而且可以傳給子孫後代，因此，人們普遍將擁有黃牛當作一種財富，每個家庭佔有黃牛數量的多寡也成為衡量其社會地位的標誌。20 世紀 50 年代以前，黃牛曾是買賣土地和奴隸的等價物，一頭中等黃牛可以交換兩三畝土地，一個健壯的女奴可值四五頭黃牛。黃牛還可以用來抵償債務和勞役負擔，也可以作為娶妻的聘禮。娶一個女子一般需要送給對方家庭 4 頭黃牛，有些健壯貌美的女子值更多黃牛，說明怒族女子過去的身價是用黃牛來計算的。同時，黃牛可以用來折合計價。例如，一頭標準大小的黃牛可以折合口徑兩尺寬的鐵鍋三四口。這一切都表明牛在當地社會中的珍貴性和稀缺性。

對於藏族群眾來說，飼養牛更是必不可少的。人們不僅用牛來犁地，還用牛來擠奶、打酥油，酥油和奶渣是藏族群眾日常生活中必不可少的食品。清末有人曾以「夷食」為題作詩形象地描述道：「被體羊毛與苧麻，平生粒米未黏牙；忽來賓客調牛乳，敬接長官奉糌粑。白屑臨風飛雪蕊，青漿羊火漲梨花；圍爐膝坐歡相聚，伴食霜黃憂酪乳渣。」[11]酥油茶和糌粑幾乎已經成了藏民族的代名詞，生活於海拔較低的河谷地區的藏族群眾在食物上雖然已經多元化，不食糌粑而食米飯和麵食，但是喝酥油茶的習慣一直沒有改變。走進藏族群眾的廚房兼客廳，給人印象最深的就是佛像前面的火塘和鐵三腳架，鐵三腳架上放著一銅壺專門用來燒水煮酥油茶。

現在，一些富有的家庭已經改用煤氣，不再在廚房中燒柴火，但是在一些特殊的節日裏仍然會開塘燒火。除了藏族群眾外，貢山地區的怒族和傈僳族人，由於受藏文化影響較深，也保留著喝酥油茶的習慣。由於酥油在該地區人民生活中的重要性，養牛擠奶倍加受到重視。養牛更凸顯了極大的經濟價值。現在，貢山丙中洛地區的酥油價

11 轉引自王恆傑：《迪慶藏族社會史》（北京市：中國藏學出版社，1995年），頁208。

格已經漲到了每斤 50 元左右。這更加刺激了一些農戶對牛群的飼養。

牛的放牧方式很多，這和農戶家庭的勞動力數量、牛本身數量的多少以及對擠奶的重視程度都有關係。就迪厤洛村而言，最主要的放牧方式是村民自己上高山牧場放牧；也有很多村民由於家庭的勞動力不充足和牛的數量少而選擇不親自去放牧，而是將牛託付給親朋好友或其它專門上山放牧的村民代放，代放也稱幫放。要請別人幫放一般需要提供一些糧食、鹽巴、煙或酒，有些村民為了省去或減少這筆費用的支出，直接讓別人看放。幫放的人要替牛主人擠奶和餵玉米粉等；而幫看則不用，只要保證牛的安全就可以了。

在丙中洛的日當村和甲生村，我們發現了另外一種放牛方式，即讓牛自己在山上跑。具體做法是，在 5 月把牛牽到村寨後面的山林裏並將它們留在那兒，每兩個星期、一個月或更長一段時間帶上鹽巴和飼料去看管它們一下；有些村民甚至到 10 月才去看（如果牛當時還在的話）。在碧羅雪山東麓的茨中村，還有一種有趣的放牛方式。一天早晨起床，筆者便聽著牛鈴聲，走到村子的小路上，路上碰到納西族的何大爺。何大爺年近七十，腰上纏綁一條紅絲巾，問其原因，他說是腰疼。這會兒，他趕著兩頭黃牛正要去放，筆者也跟隨著一同前往。到了村子外不遠處，爬上一段山林，牛便進入覓食，何大爺停下稍作休息後便要返回家中。筆者好奇地問道：「牛不用看嗎？」何大爺答道：「不用。」筆者又問道：「下午再往回趕嗎？」何大爺又答道：「不用，牛吃飽了會自己回來。」筆者不禁愕然。

夏天到來，牛大部分都被留在高山牧場上。一方面，這是為了防止牲口破壞正在生長的農作物；另一方面，夏天品質最好的草料都在高山牧場上，而且海拔越高牧草的營養價值越高，因此在最高的牧場上待過的牛其牛奶乳汁率最高。不過，牛的營養狀況不是牧民在夏天考慮的唯一問題。5 月以後，高山牧場上還能找到許多藥材（如蟲草、重婁、黃精果、天麻等），而這些藥材是大部分農戶的重要收入來源。部分藥材能夠邊放牧邊採集，而大部分必須專門去找。因此，夏天農牧民面臨著一系列的選擇：自己去高山牧場上放牛還是請別人代放；如果請別人代放，他們會不會好好照顧自己的牛；請人代放還需要支付一些報酬，是否划算、是否有能力支付；如果是自己放牧，那麼用在管理莊稼上的勞動力夠不夠；等等。總之，對於一個重視酥油生產並擁有幾頭正在產奶的牛的牧民來講，這種放牧方式顯然是不理想的。

二　豬

豬是農民家庭中最為普通的一種牲畜。不管是在瀾滄江峽谷還是在怒江峽谷，不論是藏族、納西族還是怒族和傈僳族，幾乎家家都餵養有數量不等的豬。豬的種類也是多種多樣的，有黑色、白色和黃色的，也有黑白、黃白等顏色相間的。除了一般常見的豬種外，海拔較高的藏族地區還有一種特別的豬種叫「藏香豬」，體格較小，肉味極為鮮美，經過烹調能成為招待客人的一道美食。

豬大部分都是圈養，該地區的豬圈也多種多樣。藏族盛行兩層三楹式的建築結構，一般上層供奉佛像，中層住人和擺設傢俱，下層關養牲畜和堆放雜物。所不同的是，用來關養牲畜的下層開口朝向側面或相反的方向。西麓的怒族和傈僳族地區，人們一般在斜坡上建房，也是中間住人，房子下方的斜坡空處即用來做豬圈。現在，有些富裕的家庭對居住環境有了講究，不再將豬圈建在房子下面，而是專門在院子的角落裏搭建一個小棚子，用來圈豬和餵豬。

豬的飼料來源多樣化，除了玉米粉，不管是剩飯剩菜，還是地裏割回來的青草，都可以拿來餵豬。餵豬主要是婦女的任務，每天早上，婦女就要早早地起來煮豬食。豬食主要是玉米粉，水燒開以後，倒入玉米粉進行攪拌，玉米粉被稀釋和泡軟後即被倒進豬槽。每天飯後，婦女會將剩下的飯菜以及洗碗洗鍋水一起倒入豬槽餵豬。除了餵豬食，還要餵豬草。豬草的割取比較簡單，大人小孩都可以做。用草來餵豬，可以省去不少糧食，降低養豬的成本。在德欽燕門鄉的拖拉村時，筆者的房東藏族阿孃每天都會背兩三次豬草，她的兒子有空也幫忙剁豬食。背豬草既可以用一根長繩子，也可以用籮筐。在山上的村子裏，筆者經常發現肩背籮筐、腰挎砍刀的藏族婦女，一問她們，都說是去割豬草的。怒江地區的群眾平常自己釀酒，釀過酒的糟渣也用來餵豬。

除了圈養，少量的豬還在山上放養。在碧羅雪山上的色窪隆巴和杜窪紮楚牧場上，都能觀察到豬的放養現象。豬多為小豬，在木屋旁邊的草地裏自由覓食，活潑可愛。在杜窪紮楚牧場上，主人將兩頭小豬攬在懷裏逗樂，場景極為融洽。長在牧場上的豬，遍食各種野草，肉質鮮嫩且營養極為豐富，深受人們的喜愛。但是，在牧場上放豬，會對牧場造成破壞，因為豬不僅啃草，還會將草根拱起來。

豬的用途極為廣泛，對於農戶來說，養豬的主要目的是為了獲得肉類，其次是為了積肥，只有在豬繁殖較多或經濟緊張時才將豬出售。在怒江地區的少數民族裏，豬還被用來祭鬼。豬是最好的積肥動物，怒江地區的怒族和傈僳族在過去實行刀耕火種時很少對農地施肥，但是牛耕農業固定下來後，往地裏施肥成為必不可少的事情。當地山多地少，取土不便，人們普遍用樹枝草葉來墊豬圈進行積肥。每年夏冬兩季人們都要上山收集樹枝草葉，背回家後將其剁碎，然後鋪墊進豬圈中，豬的糞便堆積在上面，經過長期的踩踏，樹枝草葉逐漸被踩爛，最後化為成熟的農家肥；到了開春播種之前，再將這些肥料運往田地當中。豬糞是良好的農家肥，肥力極大，對於玉米等作物的生長必不可少。如今，雖然應用化學肥料比例增加，但是人們仍然熱衷於農家肥，按照村民的說法，農家肥種出來的莊稼好吃。在怒江和瀾滄江峽谷地區，豬和玉米基本上形成了一條完整的生產鏈條，即人們用玉米來餵豬→豬為玉米地積肥→豬肥用來助長玉米，如此形成一個生態迴圈。

豬的食用主要有兩種：一種是殺幼豬做乳豬吃，一種是殺過年豬做琵琶肉。在過去，幾乎每個家庭都餵有母豬，但由於糧食飼料缺乏，養不起太肥的豬。母豬產子後一般將種豬和年豬留下，其餘小豬長到兩月大小時就可以殺著吃。乳豬不僅是友人團聚時的重要招待食物，也是招待遠方來客的美食之一。

製作乳豬，要先將乳豬殺死，用火將豬毛燒除刮淨，有些會將豬頭和腸子丟掉。乳豬的具體食用方法有兩種。一種是燒烤。將乳豬肉砍成小塊，用鹽和辣子類的作料將肉拌勻後用一根竹片夾著在火上烤，烤熟後吹一吹肉上的灰渣，就可以吃了；或者將鹽、辣子、蔥、姜等作料一起放入豬的腹中，再將整只豬放在炭火上空，一邊燒烤一邊翻轉，等到乳豬的皮被烤至金黃時即可上桌食用。另一種是蒸煮。將乳豬肉砍成小塊，與姜、蔥等作料一起放入鍋中蒸熟煮爛即可。吃乳豬時，大家圍坐在一起，一邊吃肉一邊喝酒，彼此之間非常隨意，輕鬆而快樂。因而，食物對於人類來說，不僅具有果腹的功能，還是休閒消遣的中介。

在當地，人們一般在過年的時候都要宰殺一兩頭豬做成琵琶肉。琵琶肉是碧羅雪山兩麓地區少數民族非常喜歡的肉食之一。走進人們的家中，常常會發現屋內火塘之上有一個被煙火熏烤得發黑的木架子，木架子上面放著大塊略微呈紅黑色的豬肉，這些豬肉就是當地有名的琵琶肉。琵琶肉是一種經過特殊加工和處理的豬肉，能長時間保存，因而能為人們一年四季的生活提供肉食來源。

除了食用之外，豬還被普遍用作祭品。在怒族和傈僳族地區，過去人們逢年過節時要舉行祭祀，祈求豐收，祝禱平安。祭祀時，由一戶出一口肥豬宰殺，全村每家各戶出一升包穀補償出豬戶，共同負擔祭品。除婦女外，村民都可參加祭禮，喝酒吃肉。人們普遍信奉鬼的存在，認為人生病了是撞了鬼被鬼纏住了，要殺牲祭鬼。鬼的種類很多，有山鬼、岩鬼、水鬼、路鬼、江鬼、核桃樹鬼、咒鬼、房鬼等；除了這些自然界的鬼靈，還有勒墨鬼和怒鬼。祭鬼的方法很複雜，生什麼病，祭什麼鬼，用什麼來祭，都有一定的規矩。一般是先殺雞來祭祀，家裏的老人普遍都會，如果病情不見好轉，就殺豬或羊，最後殺牛。因而，豬在人們的祭祀儀式中也是不可缺少的祭品。

現在，養豬已經成為每個家庭不可或缺的副業之一。鄉村地區的人們，總是想方設法增加自己的收入。由於養豬不需要特別強的勞動，也不需要佔用特別多的時間，因而成為人們青睞的副業。

三　騾、馬、驢

在現代交通工具未出現之前，騾與馬是人類主要的馱運工具。對於道路崎嶇不平的山區來說，使用騾與馬來馱運東西更是必不可少，因為在這些地方，即使木輪車也是難以通行的，單靠人力更是難上加難，如果沒有騾與馬等大牲畜，長途運輸和大宗貨物的補給與販賣都是不可能實現的。如今，雖然人類已經邁進了機械化時代，車輛運輸逐漸取代了原來的牲畜馱運，但是對於交通條件複雜的高山峽谷地區，騾、馬、驢等牲畜在人們的生產生活當中依然佔據著相當重要的地位，在一定程度上說，它們的價值是無法取代的。在碧羅雪山兩麓的怒江和瀾滄江峽谷裏，公路基本上都沿著江邊兩岸修建。然而，很多村莊都分佈於大山深處，或者分佈於陡峭的山腰甚至分佈於遙不可及的山頂之上，這些地方的人們出行大多是靠雙腿，糧食和貨物的運輸基本上都要靠牲畜。

碧羅雪山東麓的迪慶州，地處滇藏交通要道，歷史上就是騾、馬運輸比較興盛的地方。清末，迪慶地區對外貿易進一步發展，商業貿易和貨物運輸大大刺激了人們對騾、馬的需求。各種土特產品和商品的運輸是由馬幫來完成的。迪慶境內從事這些商業活動的有喇嘛寺、土司、農奴主和殷實的農牧家庭，前三者都是靠莊戶和農奴替他們經營。此外，每年二三月和六七月都有大批川藏商人經中甸和維西前去參加大理的「三月三」及麗江的七月騾、馬大會，進行商品交換。[12]其盛況可見一斑。

西麓的怒江地區和東麓迪慶藏族聚居區的情形有著天壤之別。至清代余慶遠在《維西見聞紀》中的描述，怒族地區尚處於「無騾馬」狀態，這主要是由當地交通條件的險惡所致。民國以後，怒江地區逐漸得到開發，除了在當地設置正式的行政建制外，最重要的就是修建了一些人馬驛站，連通了當時怒江峽谷裏的交通往來。《菖蒲桶志》中記載：「菖屬乾道，盡在怒江、俅江兩岸，俅江干道尚未修建，怒江兩岸舊道合計長七百餘里，寬不容掌，坡坎陡險，荊棘滯塞，行人苦之，鳥道羊腸，莫喻險阻。民國十八、十九兩年，經姜委員和鷹、楊委員作棟，次第新修，親身指導，竭兩年之力，始告成功，迄今怒江兩岸乾道均已暢行無阻，牛馬亦可通行。」[13]

從以上描述可知，道路和交通因素限制了騾、馬等大牲畜在怒江峽谷中馱貨通行。伴隨著人馬驛道的修通，騾、馬運輸也開始在怒江

12 參見王恆傑：《迪慶藏族社會史》（北京市：中國藏學出版社，1995年），頁180。

13 菖蒲桶行政委員公署編纂：《菖蒲桶志》，李道生主編：《怒江文史資料選輯》（第十八輯），政協雲南省貢山獨龍族怒族自治縣委員會、政協雲南省怒江傈僳族自治州委員會文史資料研究委員會1991年刊印，頁36。

地區興盛起來。1931 年，菖蒲桶行政委員陳應昌與維西縣協商合修臘咱至岩瓦的毛路。雙方商定，菖蒲桶從臘咱沿碧羅雪山往東修，維西從岩瓦沿著碧羅雪山往西修，最後在阿欠裏匯合。這條山路於 1935 年修通，很快就成為碧羅雪山東西兩麓相互往來的主要通道，維西的商人用騾、馬、驢馱運著茶葉、布匹、針線、食鹽等各種日用品進入到怒江，換取當地的貝母、黃連和野獸皮毛等土特產品。怒江的公路未修通以前，這條山路一直是內地運往貢山的貨物通道。1959 年，被分配到貢山任教的陳鳳樓曾沿著這條路進入怒江。據當時的嚮導說：「運進貢山的物資，全靠這條人馬驛道，每年上千頭騾馬加全縣幾千民工，人背馬馱要從這兒經過，這幾年差不多把路給踏通了。」[14]從這段話中可以看出騾、馬在當時的使用數量極大。

新中國成立後，國家更加重視怒江地區的交通建設，但在當時的技術和財力條件下，所修建的道路仍然以人馬驛道為主，僅在 1951 至 1961 年的 10 年中，政府就先後新修和整修了蘭坪至劍川、蘭坪至碧江、碧江至瀘水、瀘水至雲龍、碧江至福貢、福貢至貢山、貢山至維西、貢山至西藏察瓦龍等多條主幹驛道，全州境內驛道發展到 2,000 多公里，是怒江 1949 年以前所修驛道總和的 3 倍多。隨著大量道路的修建和開通，當地的交通運輸業也隨之發展起來。1954 年，怒江州建起了第一個民間運輸管理站，備有馱馬 1,231 匹。到 1962 年，民間運輸站增加到 8 個，馱馬發展到 2,001 匹，而且還增加了 69 輛畜力車，幾乎每個縣都擁有運送生產、生活物資的民間運輸隊。除了怒江本地的騾與馬運輸，每年開山季節，麗江、迪慶等地都

14 轉引自李道生主編：《怒江文史資料選輯》（第二十二輯），政協雲南省貢山獨龍族怒族自治縣委員會、政協雲南省怒江傈僳族自治州委員會文史資料研究委員會1993年刊印，頁108。

要組織三四匹馱馬來支持怒江的生活物資運輸。[15]這一時期的交通條件和 20 世紀 50 年代相比雖然改善了許多，但是由於大部分道路還是人馬勉強可以通行的山路和狹道，因而行走和運輸極為危險，一旦遇到暴雨或者連續的陰雨天，隨時都會發生塌方、滾石和滑坡的現象，給行人和牲畜帶來災難。

由於用途廣泛和需求旺盛，當地少數民族家庭也開始積極買進騾、馬進行飼養繁殖。對於普通家庭來說，騾、馬等大牲畜不僅可以用來幫別人馱運東西，增加副業收入，而且還可以廣泛地用於日常生活的各種勞動當中，減輕人們的勞動負擔。對於前者來說，幫別人馱運水泥、磚塊和木料等是最為普遍的業務，人們一般按照貨物的重量、路途的距離和跑的次數來計算人和牲畜受雇的工資，對於原本收入單調的山區居民來說，運輸業實在是一種難得的謀生和致富手段。

隨著社會經濟的發展，騾、馬運輸也呈現出不斷的變化。20 世紀 80 年代後，外界市場對於當地山林中的菌類和藥材的需求大大增加，很多商販來到怒江和瀾滄江峽谷收購這些土特產品，幫這些商販和老闆馱運土特產就成為很多家庭的副業。90 年代末，隨著居民收入的不斷增加，旅遊業開始興起，雲南由於其豐富的自然資源和人文資源，每年都會吸引來自國內外的大量遊客。在公路不通的山區，帶客人進山、牽馬、馱運行李又成為當地人的主要經營業務。碧羅雪山北端的卡瓦格博，是藏族群眾心中的神山，每年都吸引著大量前來轉經的藏族群眾和旅遊者。每年 5 月和 10 月，人們成群結隊地牽著馬，馱著乾糧和帳篷，繞著轉經線路轉圈。明永村位於卡瓦格博神山腳下，著名的明永冰川就在明永村落上方的山峰上，每年光是為前來冰川旅遊的客人牽馬和馱運行李獲取的收入就可以達到幾千元甚至上萬元。

15 參見陶天麟：《怒族文化史》（昆明市：雲南民族出版社，1997年），頁31。

2000 年以後，伴隨著大量公路的修建，很多地方都通了車，騾、馬在運輸中的作用開始下降。尤其是國家的退耕還林政策實施以後，騾、馬的數量更是直線下降。以前，人們利用陡峭的山坡地來種植玉米、高粱和一些豆類作物，這些作物和雜糧都是餵養騾、馬不可缺少的精飼料。退耕還林和退牧還草以後，這些山坡地不能再用來種植雜糧作物，騾、馬的飼料要從集市和外地買進，騾、馬的養殖成本大大提高，從而導致很多家庭最終賣掉騾、馬，放棄了對這些大牲畜的飼養。

雖然如此，騾、馬在怒江和瀾滄江的高山峽谷地區仍然存在使用空間，因為公路不能通到山區的每個角落，而人們又居住得如此分散。在進入峽谷的道路旁，筆者依然看到有不少人在趕馬；在碧羅雪山的高山牧場上，筆者也發現河流旁邊正在吃草的成群騾、馬。在高山牧場上放牧，需要定期往山上運送食物等東西，由於道路崎嶇、路途遙遠，單靠人力揹運是不行的。

在保留騾、馬的同時，人們開始注重對驢子的飼養。驢子的馱運能力雖然不及騾、馬，但是也有著自己的優勢，在這些地形複雜的山區，有時候驢子的使用反而顯得更加方便和實用。首先，驢子體小身輕，食量較小，飼料也比較簡單，相比於騾、馬，飼養的成本要低得多；其次，驢子體質結實，日常生活中可以幫助人們馱運燒火做飯的木柴，運送糧食、工具等小型和輕質物品，從而大大節省人們的勞力，方便人們的生活。在崎嶇不平的山區，驢子通常走得更穩。在碧羅雪山的杜窪紮楚牧場，筆者就親眼見到一戶牧民用驢子來馱運上山的糧食，再將山上的酥油和籮筐等物品馱到山下去。下山的時候，驢子走在前面，主人背著手跟在後面，樣子悠然而輕鬆。試想，如果沒有這樣的牲畜來役使，又該是怎樣的一副情形呢？

四　雞

雞也是農民家庭養殖最為普遍的畜禽之一。雞的養殖比較隨便，無論是在內地的漢族地區還是在滇西北的少數民族地區，走進村子裏，隨處可見路上四處奔跑啄食的雞。對於農民家庭來說，養雞主要是為了滿足家庭自己的需要，很少拿去出售，雞肉和雞蛋也是人們比較常見的營養食物。雞的飼料極為簡單。每天吃飯過後，將剩飯剩菜倒入雞槽，即可成為雞的食物。除了餵食，白天人們一般對雞不做過多的管束，任其四處遊走、啄食路邊和草叢中的小蟲子，雞通常也會吃一些地上的小石頭，這樣有助於消化。總之，養雞的成本極為低廉。在碧羅雪山兩麓的怒江和瀾滄江地區，當地的少數民族家庭一般很少修建專門的雞舍，雞通常都是待在豬圈裏，和豬一起生活。當地的干欄式房屋建築比較普遍，房屋下面通常用來關養牲畜，雞和豬等牲畜就生活在下面。由於養雞簡單，成本又低，再加上雞在當地人們生活當中的用途比較廣泛。因而，人們通常所飼養的雞的數量都比較多，多則三四十隻，少的也有一二十隻。

雞的用途極為廣泛。其主要體現在：平常生活或重要節日的時候，殺雞來吃可以改善單調的飲食結構；遇到客人到來的時候，雞是最為普遍的招待食物；農忙時分，請人幫忙幹活，也要殺雞款待；探望病人，雞也是良好的營養補品。

進行祭鬼儀式的時候，雞是經常使用的祭品之一。例如，以前刀耕火種的時候，人們在砍伐林木之前，就要帶著酒水、雞和蛋等供品前往耕種的地方祭神。祭神的方法是：把公雞掛在一棵大樹上，然後由主祭唱祭詞；祭詞唱完以後，將公雞從樹上取下來殺死，用火將雞毛燒掉，開膛取出雞腸等雜碎，將雞砍成小塊，放進鍋裏煮熟，然後連同雞蛋一起放在米飯上，再加上一杯白酒，供奉於大樹下；最後再念一遍祭詞，祈求鬼神保祐莊稼獲得豐收。

雞的吃法也是多種多樣，其中最具特色的當屬「漆油雞」和「下拉」。

五　狗

在農村，狗也是與人們比較密切的動物之一。有人根據考古資料推斷出，人類最早馴化的動物就是狗，時間是在舊石器時代晚期。家犬的產生，使得人們認識到原本野生的動物經過馴化後可以聽命於人，並且可以進行飼養繁殖，從而刺激了人類進一步利用動物的意識，隨後才有了真正的畜牧業。由此可見，狗具有開啟人類畜牧養殖業的重要歷史意義。狗一經馴化，就開始在人們的日常生活中扮演著極為重要的角色。《禮記・少儀》中曾按照狗的用途將其分為三類：「一曰守犬，守禦田舍也；二曰田犬，田獵所用也；三曰食犬，充庖廚庶羞用也。」在當時的農業社會中，狗的用途已經多樣化，不僅平日裏看家護院，保護人和財產的安全，而且被訓練來配合打獵；有時，狗還被殺來食用，滿足人們飲食和享受的需求。

在滇西北的少數民族地區，狗的飼養極為普遍，狗的種類也多種多樣，有的人家往往同時飼養很多隻種類不同的狗。關於狗類是何時在該地區開始馴養的，我們不得而知。在很早的時候，當地少數民族群眾一邊進行刀耕火種的農業生產，一邊從事採集和狩獵，經常過著遷徙不定的遊移生活。從那時起，狗就在人們的生活中發揮著極為重要的作用。一些聰明伶俐、動作敏捷的狗被訓練成獵犬，在人們上山打獵時為人們帶路和尋找獵物；由於到處都是危險的豺狼虎豹等野獸，人們就離不開敏銳警惕性的狗幫忙看家護院，守護家人和糧倉的安全。

在怒族等少數民族地區，狗是人們特別喜愛和尊重的動物之一。傳說在很久以前，當地發生大洪水，只有兩兄妹和家中的狗倖存了下來；後來，兄妹兩人結婚，而狗則上天討得糧食種子，從此，人們才得以繁衍生存下來。時至今日，人們依然保存著一些特殊的習俗來紀念狗對人類的這一貢獻。例如，在過年的時候，人們做好飯後，先要盛出一點給狗吃，然後自己才吃。長年累月，狗對人產生了依賴感和親近感。人們外出時，狗會跟在後面緊緊追隨；主人回家時，狗會飛速地蹭到主人腳下。走在村落附近，最先聽到的往往就是狗叫聲，大多時候最先出來迎接的也是狗。

這樣的例子不勝枚舉。在進入丙中洛的五里村時，剛走到村口，還未見到村民，就先迎出來一隻黑色的狗，對著筆者狂吠。在狹窄的道路上，我們雙方對峙了幾分鐘，最後狗才離去。印象最為深刻的是在捧當鄉的迪麻洛村。迪麻洛村的村莊和房屋基本上沿著迪麻洛河谷分佈，一條公路就從河邊和大山腳下之間穿過。當筆者經過一戶人家的門口時，先後跑出來 3 條大黃狼狗，伸著長長的舌頭，朝著筆者狂吠不止，看那陣勢，隨時都有可能撲上來咬人。正當筆者手足無措之時，一名婦女在院子裏面開始大聲叫喊，隨即出來將自家的狗叫了回去，筆者才得以通過。後來，當地的一位鄉幹部告訴筆者，遇到狗千萬不能跑，越跑狗追得越厲害、撕咬得也越凶；因此，在路上遇到狗時，一定要鎮定自若，適當的時候拿一根棍子或者撿一塊石頭來嚇唬一下它，這樣狗才不會近身。

狗不僅養在村子裏，也養在高山牧場上。相比於人口相對密集的村子，牧場上的環境無疑要複雜很多。高山牧場上，人煙稀少，周圍往往是樹林和高山，相隔很遠才看到一戶牧民的小木屋。在這樣的環境裏，狗不僅是牧民和牲畜安全的防衛者，也是牧民寂寞單調生活的陪伴者。

當地的牧場大多靠近高山上的原始森林，各種野獸出沒頻繁，最常見的為狼和熊。20 世紀八九十年代以來，由於封山育林和禁止打獵政策的實施，山林中野獸的數量有所增加，給人們以及放養的牲畜的生命安全帶來一定程度的威脅。在丙中洛鄉的甲生村訪問的時候，江邊的一戶村民告訴筆者，山上放養的七八頭黃牛都被熊吃掉了，有一個人在山上遇到了老熊，頭皮都被熊抓掉了。

在迪麻洛的色窪隆巴牧場，一個牧民向筆者訴說了在牧場上放牧的危險經歷。上山時，他住在一個簡單的木屋裏。木屋分作兩層，上層住人，下面圍起來關養牲畜，一隻沒有拴綁的大狼狗守在木屋周圍。一天晚上，該牧民正在木屋裏睡覺，突然聽到外面持續不斷的狗叫聲，時間長達半個小時之久；他起床打開手電筒，跑到外面一看，一個黑影便從遠處消失了。據他估計，多半是熊來了。該牧民原來放有 30 多隻羊，有一年全被山上的狼群給吃掉了，最後尋找的時候，發現連骨頭都很少剩下。由於只有他一個人放牧，而且一呆就是幾個月，因而生活極為單調，屋裏的火塘和狗就成了他的夥伴。他為自己的狗專門起了名字，狗對他的主人更是言聽計從。由此可見，在牧場上，狗是不可或缺的，它不僅保障牧民和牲畜的安全，更是牧民的情感寄託。

牧場上除了大狼狗，還有馴養的藏獒。這些藏獒體格健壯，高大兇猛，陌生人見了不禁心生畏懼。幸而一路有嚮導帶路，筆者才得以順利通過。近些年，碧羅雪山已經成為很多中外遊客徒步旅行的絕佳去處。遊客和行人的增多，使得很多牧民將牧場上的狗拴了起來，以保證路人的安全。

以上是對該地區畜牧業中的一些主要牲畜的簡單介紹。在高山峽谷地區，由於地形條件限制，單純發展農業是不現實的，單靠農業種植也解決不了人們在生產和生活中的各種需求問題，這樣，畜牧業就顯得實用而不可缺少。農民從事畜牧業生產，既是適應當地環境的結果，也是為了滿足家庭經濟的需要。其飼養的各種牲畜，既可以自己家裏用，也可以到市場出售。

牲畜種類的多樣化是農民家庭養殖的一大特點。牛不僅為人們犁地，還為人們提供牛奶和酥油；豬不僅可以用來積肥，也可以供人們食用以改善生活；騾與馬不僅可以幫助人們馱運東西，也是一筆固定的財富；雞不僅供給食用，也被用作祭品；狗為人們看家護院，也與人們做伴；等等。總之，畜牧業在土地資源有限的高山峽谷地區，已經成為人們家庭經濟中一個重要的組成部分，其作用是持續而顯著的。

第三節　草場管理以及畜牧業的可持續發展

對於畜牧業而言，飼料來源是決定其存在和發展的關鍵。就該地區來說，當地的畜牧業主要依賴的是山林中的牧草，人工圈養和飼料餵養的比例不是很大，因而牧草資源的面積和品質優劣對於當地畜牧業的發展有重要意義。在一定時期內，牧草資源的面積總是固定的；然而，牲畜的數量處在不斷變化中，牲畜數量的增減反過來又會對草場造成不同程度的影響。當牲畜數量很少時，草地資源得不到充分利用，人們的生活水準很難提高；而當牲畜數量大大增加且超過草地資源的承載能力時，草地就會出現因過度利用而退化的現象，從而不利於人們長期放牧。這樣，處理好牧草資源和牲畜數量之間的平衡關係就顯得極為重要。事實上，從當地畜牧業的發展變化過程來看，人們對於草場資源確實經歷過過度利用的時期，由此也帶來一系列問題。

新中國成立前，由於大多數通往山上的道路尚未修通，碧羅雪山上的高山牧場並未得到有效利用，加之當時每個家庭所擁有的牲畜數量比較少，因而人們對於草地資源的利用處於不足狀態，當地村民的生活水準普遍低下。到了 20 世紀 50 年代，尤其是在實行農業集體化和人民公社化以後，「大躍進」的生產指標不斷迫使人們想盡辦法提高糧食和畜牧業的產量。為此，村落附近的山林甚至半山腰的部分草地和樹林被大量開墾為耕地，山上的牧場不斷被發現。在政府的組織下，人們通過大規模的集體勞動，通往高山牧場上的道路也陸續被修通，牲畜的數量也開始擴大，原來的家庭小規模養殖變成了大規模的集體放牧；另外，政府還積極為當地引進各種牲畜種類進行配種，並且建立了專門的獸醫機構來防治牲畜的瘟疫。這一切都使得當地畜牧業在這一時期迅速發展，無論是在牲畜的數量還是在種類上，都達到了前所未有的規模。

20 世紀 80 年代以後，計劃經濟組織被解散，人們又重新回到原來的家庭經濟模式，畜牧業也變回以家庭為主的小規模養殖。伴隨著市場的恢復，商品經濟重新煥發生機，對肉、奶等畜牧產品的需求擴大，刺激了人們對於牲畜的飼養和放牧。相比於集體經濟時期，這一時期在牲畜的種類上發生了一些變化，但是在數量和規模上大致與之前相當，有些地方甚至有擴大的趨勢。由於交通條件的改善，車輛運輸逐漸興起，騾、馬的作用逐漸被代替，數量呈現了直線下降的趨勢；同時，交通條件的改善又更加刺激了商品的流通和人們的消費，奶牛和肉牛等牲畜的飼養變得更加具有吸引力。為此，很多家庭都擴大了飼養牲畜的數量，為本地和外地市場提供各類肉類和乳製品。

隨著牲畜數量的急劇擴大，當地的草地資源在利用過程中也出現一系列問題。人們往往只重視自家的經濟利益，盲目地增加牲畜數量，而沒有考慮到草地資源的承受能力，很多牧場由於過度放牧而出現草地退化的現象。除了過度放牧外，當地還存在嚴重的粗放型經營方式。人們不僅在草地上放牧牛羊，甚至連豬也採取自由放養的方式。豬對草地的破壞是極大的，豬的嘴尖且牙齒鋒利，人們往往將草皮連同草根拱起，嚴重破壞了牧草的迴圈生長。牲畜生病或意外死亡後，往往任其在地面腐爛，而不加以掩埋，造成瘟疫流行。20 世紀 90 年代以後，菌類和蟲草的價格飆升，從而採集業在當地興起。人們帶上工具，背上糧食，大規模地上山採集菌類、刨挖蟲草，這也給當地的草地資源帶來破壞，很多地方出現土壤裸露的現象。

近年來，伴隨著草地資源的退化，一種名叫土大黃的植物開始在當地牧場中蔓延。牲畜並不食用這種植物，因而不能成為飼料，土大黃的肆虐嚴重威脅到其它優良牧草的生長。調查發現，土大黃主要分佈在牧房附近 150 公尺內的地方,在放牧嚴重的小坡度和低海拔的地方更容易出現,這與當地的放牧方式、牲口和牧民的主要活動地點相吻合。因此,作為一個外來的入侵物種,土大黃的出現、傳播和蔓延都是由當地不合理的放牧方式所引起的。

為了當地民眾的長遠利益，草地資源必須得到保護，傳統的粗放型畜牧方式也必須進行改變。2000 年以來，國家為了保護生態環境，實施了退耕還林和退牧還草的政策，並且劃定了國有林、集體林和自留林。一般來講，村寨周圍的山林屬於自留林，可以適當砍伐作為薪柴，也可以在裏面放養牲畜；村寨上方的半山腰為集體林；再往上則為國有林。國家政策在一定程度上影響了當地的畜牧業狀況。總的來說，由於耕地面積減少，玉米和豆類等糧食產量下降，飼料來源減少，飼料不足迫使人們減少了牲畜數量，尤其是羊和豬等。相較於其它牲畜，羊和豬比較難管理，容易破壞樹苗和莊稼；圈養羊和豬需要修建羊圈和豬圈，成本較大，而且需要專人照看，所耗勞動力較多。因而，人們在經過權衡後，逐漸減少了這兩類牲畜的飼養。以前，每戶人家普遍飼養五六頭豬，現在只餵養一兩頭，用來積農家肥，或者在過年時殺肉吃。至於羊，現在已經很少見到了。在調查的過程中，我們走訪了很多地方，偶而才看到羊群。可見，國家政策確實對當地的畜牧業產生了很大的影響。

雖然國家對山林的權屬做了規定和劃分，但是當地村民仍然按照自己的傳統慣例進行放牧，因為當地的牧場大多位於高山之上的森林之間和河谷空地。儘管國有林和集體林嚴格限制利用，但是放牧依然存在，人們每年都按照季節變化在山腰和高山上進行轉場放牧。不過，在草場日益退化的現實面前，人們又不能無動於衷。其實，很多村民對牧場出現的變化也深有體會。按照他們的說法，以前牧場上的牧草又高又厚，有時甚至高達半米，牧場上的牛與馬總是能夠吃得又飽長得又肥；而現在，牧草已經大不如前了，不僅草的長勢不好，而且牲畜也極易患病，還經常發生牲畜病死的現象。

為瞭解決草場退化的問題，保持畜牧業和生態環境的平衡發展，國家鼓勵實施和推行草場承包政策。在碧羅雪山東麓的迪慶州，那裏的高山草甸基本上採取了家庭承包的放牧方式。

現在的牧場，除了原來的天然牧場，還有人工牧場。天然牧場承包以後，被劃分為兩個部分：一部分是禁牧草場，主要是一些退化比較嚴重的牧場，牧民要對其嚴加保護，不能繼續在裏面放牧牲畜；另一部分是草畜平衡牧場，即按照規定，要保持牲畜數量和草地資源存量的合理水準，嚴防過度放牧。為了確保牧民信守這一承諾，國家採取了經濟上的激勵措施。2011 年，草原生態保護補助獎勵政策開始在雲南省實行，按照該項規定，實施禁牧政策的草場每畝補助 6 元，實施草畜平衡計劃的草場每畝補助 1.5 元。

人工牧場主要是為了緩解天然草場壓力，彌補冬季牲畜飼料不足而實行的。為了鼓勵人工牧場的種植，國家加大了投入力度。人工牧場草皮植入以後，要用圍欄圈圍起來，防止牲畜進入，對於擅自趕牲畜進去吃草的村民要進行罰款；等到牧草長到一定高度的時候，利用人工將其收割，在冬季的時候用作牲畜的飼料。為了節省成本，人工牧場往往是一大片草地相連，周圍再豎以圍欄；在牧場裏面，每家的草場都有界樁來嚴格界定，每戶村民每年只能兩次進草場收割牧草，誰也不敢違反這一規定。

對於國家的牧場承包政策，村民極為理解和支持。有的村民說，承包到戶以前，牧場是集體的，而牲畜是自家的，家家戶戶比著養，一家養得比一家多，在這種情況下，牲畜超載、牧場退化自然是不可避免的，因為誰家都不願意吃虧。現在，牧場承包到戶了，牧場資源的保護以及草畜平衡計劃的實施也有了動力，因為牧場狀況的好壞直接關係到自家牲畜的飼料和利益問題，當人們開始為自己家庭的長遠利益考慮的時候，牧場也就開始得到有效的保護了。有的村民反映說，以前家裏養的牲畜多，但是照看不夠，而且冬季的飼料不足，餓死和病死的多達 1/3，因而是只有數量沒有品質；現在，人們開始有意識地減少牲畜數量，利用有限的牧場資源精心養殖一些品質較好的牲畜，成活率和生長率都大大提高。有些藏族群眾說，他們的生活離不開酥油茶，因此牛不得不養；但是，如果牧場被破壞了，以後的牛也就養不成了，對於他們來說，這是不能接受的情況。

除了遵守和支持國家的政策，村民們也自發地制定村規民約，積極地參與牧場的保護活動。如今，走在天然牧場上，隨處可見一堆堆的牛糞，而這在以前是不可能的。那個時候，村民們都將牧場上的牛糞撿回去給自己家裏的青稞地施肥，用不完的時候還將其拿來做燃料。對於藏族群眾來說，青稞是生活中的寶貝，不僅可以做糌粑，還可以作為牲畜的精飼料，也可以用來釀酒喝；另外，青稞的秸稈也是牲畜冬季的良好飼草。這一切都使得人們對青稞的種植倍加喜愛。但是，牛糞被人們從牧場上撿走就破壞了牧場的生態平衡。牧場由於沒有足夠的肥料來補充和滋潤，因而逐漸變得貧瘠和衰弱，最終造成生長力不足而出現退化的局面。現在，村民們大多已經認識到，牧場和農田一樣重要，牧草和青稞一樣重要，青稞地裏要施肥，牧場上的牧草也需要肥料；因而，人們不再去牧場上撿牛糞，或者只是撿很少的牛糞，以此來促進牧草的生長以及牧場生長力的恢復。

碧羅雪山西麓的怒江地區，在草場利用的過程中也出現了牧草不足和牧場退化的現象，於是村民們也自發地通過一系列的村規民約來保護牧場資源，這裏主要列舉貢山縣迪麻洛村幾個牧場的例子進行說明。

第一種情況是進入牧場的時間過早。新科牧場位於迪麻洛河谷西岸、阿魯拉卡山東面，它基本上由阿魯拉卡山東面 3 個村子的村民使用，但也有其它村子過來的村民在那裏放牧，因為較之其它牧場該牧場更容易到達。近年來，到新科牧場放牧的人數增多了，給這裏的牧草資源帶來一定壓力。2003 年，阿魯拉卡的 3 個村民小組組長通過互相討論以及和村民協商，制定了新的管理規定。這個規定有兩個目的：第一，將在新科放牧的時間推後，以確保那裏的牧草有足夠的生長時間，並防止由於農戶搶先去那兒放牧造成搶草高峰。第二，加強牧場使用者之間的合作。為此，村裏規定，每年 5 月 10 日前務必修通新科牧場，凡在（新科）牧場放牧的農戶務必參加修路，通知後未參加修路的農戶按民主規定處理（每天收取 30 元以下 25 元以上的罰款）；每年 5 月 10 日前任何農戶的牲口不允許進入新科牧場，違者按每天大（小）牲口收 15 元以上 25 元以下罰款。如果其它小組違反以上規定，按規定處理。[16]

第二種情況是在半山腰牧場放牧時間太長，導致牧草供應不足。一般來說，半山腰牧場只是通往高山牧場的過渡牧場，人們只在春秋

16 參見安迪：《迪麻洛村牧場管理機制的創新過程：三個「以社區為基礎的自然資源管理」案例》，見《雲南省生物多樣性與傳統知識研究會社區生計部研究報告11》，2005年。

兩季的很短時間裏在上面放牧。但是，一部分村民為了圖方便，每年在這些半山腰牧場上停留太長時間，而真正去高山牧場上放牧的時間很短，有時只有兩三個月。這樣的結果是牧場資源利用不平衡。一方面，高山牧場未得到充分利用；另一方面，半山腰牧場卻被過度利用，出現草地退化的現象。達拉登牧場就是這樣的例子。達拉登牧場位於白漢村上方，是一個面積較大的半山腰牧場。2000 年起，對達拉登牧場的使用有了新的管理規定。村裏規定，每年的 7 月 1 日起牲畜不能繼續留在達拉登放牧，直到 9 月 25 日後才允許回來。在此期間，在達拉登牧場發現任何一頭牲畜都要對其主人處以每頭每天 5 元的罰款。[17]制定這個規定是為了確保達拉登的牧草每年都有足夠的生長時間，從而確保初秋有充足的牧草供應並且牧草能夠結子（即確保牧草繼續繁盛）。該規定實施以前，一年到頭都有牲畜在那裏吃草，但是很多時候並沒有牧草，因為牧草在生長的時候就被吃光了。通過上述經驗，人們開始採用短期禁牧措施，以恢復牧草的生長。

色窪隆巴牧場是典型的高山牧場，南北走向,起始於迪麻洛村青馬堂社東部千公尺的一個流域。整個流域從海拔 3,200 公尺的齊藏棟牧場開始,一直到接近瓊姑牧場北端海拔 3,850 公尺的最高牧場,長度大約為 8,000 公尺。流域的底部有河流穿過,叫色窪隆巴河；流域的最高處，夏季有明顯的雪覆蓋。流域植被以多年生和一年生草本植物為主,伴有片狀的櫻桃、樺樹和櫟樹林。到色窪隆巴牧場要橫穿海拔大約 4,000 公尺的埡口。2000 年以來，該牧場裏的草地資源退化嚴重，究其原因，主要是放養牲畜數量過多、豬的放養規模過大，以及死亡牲畜的腐爛，造成土大黃的蔓延。為了保護該牧場，村委會最終制訂

17 參見安迪：《迪麻洛村牧場管理機制的創新過程：三個「以社區為基礎的自然資源管理」案例》，見《雲南省生物多樣性與傳統知識研究會社區生計部研究報告11》，2005年。

和出臺了為期兩年的禁牧計劃。禁牧期間，任何村民不得擅自在該牧場放牧，當地村民以及政府決定協力剷除牧場裏的土大黃，同時通過禁牧來恢復牧草的生長。在禁牧計劃剛開始提出的時候，曾遭到很多村民的反對；但經過一系列討論和商議，計劃最終得以實施。

第六章
採集漁獵

採集漁獵是人類直接利用自然界中廣泛分佈的各種生物資源來滿足自身生存和發展需要的主要形式。一般認為，採集漁獵是人類最早的生計方式。採集漁獵是一種掠奪型的經濟生產方式，受自然資源分佈狀況的影響較大。那個時候，由於農耕技術和畜牧業尚未出現，人們需要通過直接獲取自然界中的各種動植物資源來為自己提供食物以維持生存。與此相對應的是，人們在社會組織方式上也同樣過著游牧式的遷徙生活。

但是，現實社會並非如柴爾德所劃分的那麼清晰和絕對。根據以往的歷史記載和民族調查資料，我們可以發現，碧羅雪山地區在新中國成立前曾長期處於兩種不同食物獲取技術混合併存的局面。其中，既有農業種植和少量畜牧業的「食物生產經濟」生計，也有簡單原始的「採集食物經濟」生計。造成這一現象的原因，主要在於當時的農業生產力水準還很低下，僅靠糧食種植遠遠不能滿足人們對於食物的需求，因而需要採集漁獵作為補充，以維持生存。

清末以前，怒江和瀾滄江峽谷一直是比較封閉的地區。由於山高水險，道路崎嶇，內地先進的農業生產技術很難傳入，糧食生產極為有限；另外，釀酒和各種儀式活動也需要耗費大量糧食。這些都導致了當地糧食的嚴重不足。民國時期的《菖蒲桶志》中就有記載：「菖屬設置二十年，並未顆粒積穀。各種夷人不知節儉，一經糧熟則任意煮酒，次年二三月糧食即盡，由各處借糧充饑，借之不獲，即忍飢餓。形容枯槁，垢面菜色，慘不忍睹，足食之家，全境不過數十戶。」[1]這一記載雖然將當地糧食不足的原因主要歸結為人們的「不知節儉」，忽視了糧食總產量不足的事實；但是，對於人們缺糧情況的描述，也足以讓人感到震驚。為了彌補食物上的不足，人們往往成群結隊地上山採集和打獵以填飽肚子。因而，「半年野菜半年糧」是對當地人們生活處境的真實寫照。

新中國成立後，碧羅雪山地區的政治、經濟和社會等方面都發生了前所未有的變化，人們的生存狀況也有了很大改善。牛犁、施肥和灌溉等技術的發展，推動了耕地面積的擴大，提高了糧食的產量；許多山路被修通，高山上的牧場資源開始得到有效利用，畜牧業因而有了很大發展。因此，農業和畜牧業的共同發展很快改變了當地人們以往的食物結構，採集和狩獵不再在人們的食物生產中佔有很重要的位置。

但是，採集和狩獵並未隨著社會歷史的向前發展而漸趨消失，而是以一種新的經濟形式在人們的生計系統中繼續發揮著作用。現代的採集在對象和目的上都與過去有著本質的不同，以前人們主要採集野菜和野果，目的主要是填飽肚子；而現在人們採集的卻是蟲草、天麻和松茸等名貴藥材，目的是為了賣錢，獲取經濟收入。對此，我們應該進行明晰的區分與認識。

第一節　採集

採集的對象主要有兩類：一類是各類野生植物，包括野菜、野果、山貨和藥材等土特產品；一類是昆蟲等小型動物及其附屬產品，

1　菖蒲桶行政委員公署編纂：《菖蒲桶志》，李道生主編：《怒江文史資料選輯》（第十八輯），政協雲南省貢山獨龍族怒族自治縣委員會、政協雲南省怒江傈僳族自治州委員會文史資料研究委員會1991年刊印，頁27。

如蜜蜂和蜂蜜。採集的工具極為簡單，採集野生植物通常有尖木棒、砍刀、小鋤頭和背簍等工具就足夠了，而獲取昆蟲類產品則需要一些特殊的工具和技術,有時候還需要勇氣和冒險精神。

人們將野菜採集回來以後，要通過浸泡、蒸煮、漂洗等處理辦法，進行去毒、去苦、去澀後，方可食用或儲藏。採集食物並不像人們想像中的那樣簡單，不管是在採集的過程中，還是食物採集回來以後的加工處理，都需要具備相應的知識和經驗，而這些知識和經驗無疑需要足夠的生活閱歷才能學會和養成。每年什麼時候在什麼地方生長什麼東西，人們都非常清楚。經驗告訴人們，長毛的蕨菜吃不得，石頭縫裏生長的或顏色鮮豔的菌子不能煮食，否則身體會不舒服，甚至中毒。

因而，採集經驗的教育在人們的生活中就顯得非常重要。一般來說，孩子還在很小的時候，家人便開始教他們辨別周圍一些簡單的植物。等到孩子再稍微長大一些的時候，母親或家人就會帶他們一起上山。大人們在採集植物的同時,也會有意識地借機告訴孩子，哪些東西能吃哪些東西不能吃，哪些東西能夠生吃哪些東西要煮熟後才吃，等等。時間長了,孩子們對各類植物的分佈環境、生長季節和採集時令等知識也就逐漸熟悉和掌握了。

一　野菜和野果

野菜的種類極為多樣,最常見的有各種野生菌、竹筍、雞樅等；野果有板栗、核桃、毛桃和梨等。另外，人們還採集一些澱粉含量豐富的植物根塊，如山藥、葛根和董棕等。

野生菌是一類營養價值極為豐富的真菌，在碧羅雪山地區有大量的分佈。該地區的垂直氣候顯著，山林密佈，植被豐富，山林河谷間分佈著各種菌類，包括雞樅、雞樅花、香菇、黑木耳、木耳、金耳、銀耳、樹窩、牛肝菌、羊肝菌、掃帚菌、蘑菇、包穀菌、青頭菌、臘栗菌、雞油菌、苦蕎菌、喇叭菌、虎掌菌、香菌等。菌子通常多生長於夏季，但是一些氣候溫和的地方一年四季都有生長。

野生菌為真菌，沒有種子，靠產生孢子來進行繁殖，因而主要適宜在陰涼潮濕的地方生長。當孢子落到腐朽的木頭或陰暗潮濕的樹木草叢中時，木頭和土壤就可以為其提供營養供其生長，尤其在雨後，菌子的繁殖和生長極為迅速。

由於野生菌的種類極為多樣，辨認菌子就成為當地人的一門學問。在這些菌類中，有色彩鮮豔的，也有長相普通的；有鮮美可口的，也有苦澀酸辣的；有能用來食用的，也有含毒致命的。對於這些極其細緻的地方性知識，當地各族群眾在長期的生活實踐中已經總結出了一套行之有效的規律。「一般來說，異常美麗、色彩斑斕的菌子多是有毒的，而無毒的菌子多是不起眼的、白色和茶褐色的。人們常說，有菌環、菌托，菌柄基部焦黑的菌子不能吃；有苦、辣、麻等異味的菌子不能吃；豔麗、黴爛、變質、過老的菌子不能吃。」[2]經驗的獲得需要靠勇氣去嘗試，並且需要付出很大的犧牲。很難想像，在人們最早開始採集這些菌類食物的過程中，曾經遇到過多少危險。

記得在碧羅雪山的高山牧場的一個晚上，筆者和當地的一名嚮導在一家牧民的木屋裏過夜，該牧民一邊和我們聊天，一邊用鐵夾在火塘上烤菌子吃。牧民將烤熟的菌子拿給嚮導吃，卻不用此來招待我們這些外地人。他說，這些菌子有毒，外地人一般不能吃，他們當地人從小生長在這裏，吃習慣了，所以請我們諒解。該牧民在牧場上的食

---

2 劉怡、芮鴻編著：《活在叢林山水間——雲南民族採集漁獵》（昆明市：雲南教育出版社，2000年），頁31。

物極為單調，除了一些大米，幾乎沒有蔬菜，因而，他在放牧的同時，就順便採摘一些野生的菌子拿回來作為副食吃。對於他以及山上的其它牧民來說，吃這些東西已經成為一件理所當然的事情，正如他們自己所說，已經習慣和適應了。

雞樅是一種帶有雞肉味的菌子，生長於紅土質的山林中。由於長成時形狀如傘蓋，而長得過老時傘蓋就會披落，樣子就變得像雞羽，因而被稱作雞樅。雞樅菌味道極佳，無論是炒、炸、煮，都十分可口，深受當地群眾喜愛。但是，近年來，當地生長雞樅的土地受到人為破壞：一是為擴大糧食生產而開墾土地；二是在收雞樅的過程中，有人故意深挖雞樅，導致白蟻（雞樅的製造者，不是一般的白蟻）死亡，來年雞樅就不可能再生長。但是，市場上對雞樅的需求越來越多。20 世紀 80 年代，出去找雞樅，可以用籃子去背，人們也只是為了改善口味，偶而才買。現在不同了，雞樅的價格飆升，昆明可賣到每斤 180 元，當地收購雞樅的商人，現場出價每斤 40 至 50 元。由此帶來的後果是，找的人數越多，破壞力越強，雞樅也就越來越難找了。

蔬菜含豐富的植物纖維和維生素，本為人們日常食物中不可或缺的營養物質之一。但是，在 20 世紀 50 年代前的碧羅雪山地區，由於長期的交通封閉，人工栽培的蔬菜種類極少，上山挖野菜成為人們解決食物和蔬菜缺乏的主要途徑。當地的野菜種類主要有竹葉菜、竹筍、大百合、小百合、野山藥、野芋、野粟、野蒜、野蕎、蕨菜等。竹葉菜味道鮮美，是當地人們最為喜愛的野菜之一。竹葉菜生長於高山之上，每年春夏時節，山上的冰雪逐漸消融後，草地和石縫裏就會生長出嫩油油的竹葉菜來。人們將採回來的竹葉菜切碎，混在玉米稀飯裏面一起煮，既好吃，又營養。

竹筍是另外一種採得比較多的野菜。每年的 4 至 9 月間是採集竹筍的最佳時節，這時候的竹筍皮薄肉嫩，食用加工和儲藏起來都極為方便。「採回來的竹筍可以鮮吃，也可以曬乾保存。鮮吃時，將筍去殼，洗淨後切成片或絲，煮或炒均可，也可以涼拌。苦竹筍可以直接燒來吃。也有的將筍尖切細，泡兩夜後做成泡筍；或將筍子剖為數瓣，泡三夜後沖洗，用篾片串掛起來，四五天後食用；或將筍切成片，放入墊有芭蕉葉的竹籃裏沖水，用芭蕉葉覆蓋，做成浪筍食用；或切成片後，塞入竹筒壓緊，做成壓筍，三四個月後食用。若要長期保存竹筍，就將筍切成細絲或片狀，在沸水中稍稍燙一下，做成筍花，曬乾後儲存；或將嫩筍尖剖成兩半，煮後曬乾做成竹乾筍儲存。吃時用水泡軟後炒或煮。」[3]

加工和儲存起來的竹筍等野菜的用途極廣。在不能採集的冰雪季節裏，野菜就成為人們在冬季裏的主要蔬菜來源；在農忙季節，人們也可以將做好的野菜帶到田間地頭佐食來吃；在高山放牧的時候，儲存好的野菜也成為牧民通常攜帶的生活必需品。

除了菌類和野菜，人們還採集各種野果。碧羅雪山上，野果資源極為豐富，各種野枇杷、毛團子、山楂、山瓜、馬蹄、山鳳梨、野芭蕉、毛桃、野梨、酸木瓜、酸棗等，共有幾十種。此外，還有灌木叢中的楊梅、刺蓬中的刺梅、藤子上的藤子果等。這些野果中有的味道十分甜美，不僅小孩喜歡吃，大人也經常上山採摘拿回家裏。

除了這些多種多樣的野生水果，還有野板栗和核桃等堅果。當地的板栗，皮薄且果實厚足，質地優良。板栗一般成熟於七八月間。每到這個時節，大人小孩全出動，上山摘取野板栗。板栗的用途很多，既能當糧食充饑，也能用來釀製板栗酒。和板栗一樣，核桃也是一種用途廣泛的堅果。在怒江和瀾滄江峽谷兩旁的山坡上，分佈著大面積

---

3 劉怡、芮鴻編著：《活在叢林山水間——雲南民族採集漁獵》（昆明市：雲南教育出版社，2000年），頁28。

的核桃樹，既有外殼堅硬的鐵核桃，也有外殼比較脆的棉核桃。核桃仁是一種果實，也是一種油料作物，除了可以當零食食用，還可以用來熬製成核桃油。

植物根塊由於富含澱粉，也是人們經常採集和挖取的對象。當地群眾通常挖取的植物根塊有葛根、山藥和董棕等。其中的葛根和山藥能在一年四季裏生長，因而每個時節都可以挖取。人們將葛根挖回來後，用刀切成塊，然後放在石碓或木碓中舂碎，再用水淘洗，過濾掉雜質後沉澱幾個小時，底部沉積下來的白色物就是葛粉。葛粉加工以後，可以做成餅放在火塘上烤著吃，或者放在鍋裏煎著吃。山藥類植物的根塊也是山區民族的一種主要食物，其做法和葛根一樣，也是先將其舂碎，再做成澱粉來吃。

董棕為棕櫚科大喬木，一般生長在山林深處或者懸崖深澗之中，是早期人們攝入澱粉的主要來源之一。此物的嫩莖可以生吃，味似甘蔗。加工方法是將董棕的莖枝割取下來，砸碎後用水浸泡、揉搓、過濾，除去殘渣，沉澱後即可獲得澱粉。這種澱粉可以用火烤、煮、蒸等，食用起來極為方便。但是，由於其生長在高山密林深處，樹幹又極其高大，因而獲取的時候比較困難。

二　小型動物及其附屬產品的採集

20 世紀 50 年代前，碧羅雪山地區的怒族、傈僳族等少數民族群眾的生活條件十分簡陋，絕大部分人整年只能喝玉米稀飯來維持生活，能經常吃到乾飯的人很少。即使是玉米，由於釀酒和飼養牲畜等其它需要，每年也不夠吃。青黃不接的時候，人們除了去山上採集各種野菜和野果，也去江邊捕捉甲蟲，去田地裏捕螞蚱、螞蟻，甚至掏樹洞裏的螞蟻蛋、林中的鳥蛋、樹上的黃蜂與竹蛆等，將它們燒、煮後作為副食充饑。在這些小型動物中，蜂類的地位顯得最為重要。

蜂類動物的採集主要包括三個部分，分別是蜂蛹、蜂蜜和蜂蠟。蜂蛹的蛋白質豐富，是一種老少皆宜的食物；蜂蜜除了香甜的口感外，還有極高的營養價值；蜂蠟在清朝時期曾被作為貢品，極為珍貴。

莽莽碧羅雪山，每到春夏，這裏的山林河谷中百花盛開、遍野芬芳，是各類蜂蟲活動和繁殖的絕佳環境；同時，也是人們上山採集蜂蛹和蜂蜜的大好時節。蜂蛹的採集對象主要有大土蜂、牛角蜂、土甲蜂、大黃蜂等。由於不同的生活習性，有的蜂將蜂巢築在大樹上，有的築在岩壁上，有的築在地裏面。這些蜂大多體型威猛、毒性強大，如果被蜇得嚴重，常會危及生命，因而採集起來十分危險。

為了安全，人們在找到蜂巢以後，白天先不輕易行動；等到了晚上蜂都進入蜂巢以後，人們才將身體塗上泥巴，臉上用衣服等物品包裹嚴實，來到蜂巢旁邊取蜂蛹。人們先點燃火把，在蜂巢口用煙熏、用火烤，這樣，蜂群競相飛出蜂巢的時候就會全部被燒死。等到蜂巢中的蜂全被燒死以後，人們即可挖開蜂窩，取出蜂巢，然後再將蜂蛹掏出。山上的野蜂往往數量龐大，一個較大的蜂巢可以取出幾十斤蜂蛹。這就可以解釋，為什麼人們會冒著如此大的風險、花費如此大的精力來採集蜂蛹了。

蜂蜜的採集對象一般為岩蜂。在過去，採岩蜂是人們的一項集體活動。尋找野岩蜂的工作主要由婦女和兒童擔任。在山花爛漫的季節，人們一見到野蜂採蜜便立即拔下一根頭髮，在頭髮的一端拴上羽毛後，迅速設法將另一端拴在正在採蜜的蜂腰上，待野蜂採好花粉後，它就會飛回蜂房。當確定了蜂窩的方位後，人們就用誘餌來尋找蜂窩，隨著誘餌的前移，蜂窩很快就會被找到。另外一種尋蜂方法是在旭日東昇或夕陽西下的時候，人們只要背光向天空仰望，便可看見相互追逐的岩蜂；此時再跟蹤追擊，便能發現蜂窩的所在地。[4]

王恆傑通過自己的親身參與和觀察，為我們描述了一段過去傈僳族的捕蜂經過。捕蜂前，人們有的磨刀，有的背簍、編索，有的拿舊麻布、火油和柴草。天明時，冒著落崖和被蜂螫的危險，王恆傑和他們一起出發了。蜂巢架在一個近巉岩邊的大樹杈下，高及丈餘。他們走進樹下後，一場緊張而又扣人心弦的場面展開了。人們拉開一列縱隊，匍匐著接近樹下，搭起一個四人迭起的人梯，最上面的人剛一蹬上，下面的人迅速將火把傳遞上去。火把是用舊布蘸上煤油，綁在一根尺餘長的竹竿頂端。為首的人向前一挺，火把的煙直竄巢下。剎那間，轟的一聲，群蜂飛出，有的繞巢，有的繞人，發出嗡嗡聲。這時，為首的人取蜜，顧不得周圍群蜂襲擊，一隻手不時地揮動著火把，另一隻手從腰帶上解下繩子，把繩子從樹杈上繞過後往下傳，繩的另一頭下面早已經繫好筐了，在接住傳下的繩頭下拉時，把筐弔至巢下，取蜂人用刀子不停地切割蜂盤，同時不時接換順著人傳遞上來的火把，以保持足夠的煙火。這時，拇指大的野蜂，圍著人們嗡嗡亂飛，似乎在為這些不速之客而大聲怒吼。取蜂人的手和臉落滿群蜂，蜂還不斷圍繞著後面人的面孔亂飛，有的落在臉上，使人覺得奇癢難忍。但無論如何也不能去拍打落在皮膚上的蜂，一旦拍打，它會立即邊鳴邊螫，而其它蜂也會隨之群起而攻之，甚至螫死人。所以，取蜜人儘管偶而遭到蜂螫，也不敢去拍打。不到 10 分鐘，火把、柴草也快用光了，磨盤大的蜂巢也剩下不多的一塊了，於是大家放下盛滿蜂蠟和蜜的筐子，背回村。回來後，按照習慣，連蠟帶蜜，取上幾塊，分給村中有老人和初生嬰兒的家庭，屋內先給老人後給孩子吮食。蜂蜜是一種補品，能祛除疾病，強身健胃，所以取了蜜要先敬老人。然

4　參見陶天麟：《怒族文化史》（昆明市：雲南民族出版社，1997年），頁58。

後將蜜兌水酒，連同豆子般大小的蜂蛹，邊喝邊吃。對於蜂的蜇痛，人們一般用唾液或童子尿來予以緩解。[5]

為了更加方便地吃到蜂蜜，人們也把蜜蜂引回家中飼養。其方法通常是用一根圓木鑿成一個木筒，製成蜂窩巢，然後懸掛在房屋下面或橫架在一根木頭支柱上，在春夏百花盛開的時節吸引蜜蜂前來。要想養好蜜蜂是很不容易的。首先放置蜂巢的地方要冬暖夏涼，其次周圍要有野花、野果樹，還要栽種桃樹、梨樹等果木花草，使蜜蜂有活動和採花的地方。為了使蜂巢保持一定的溫度，冬天冷了要保暖，夏季天熱要灑水降溫。平時還要不斷地對蜂巢進行觀察，防止蜂群突然飛走。一旦發現新的蜂王出現，就要迅速分窩，以免群蜂因內亂而飛走。秋季取蜂蜜時，要注意給蜜蜂留下過冬的蜂蜜。如果平時割取蜂蜜過多，陰雨天就要向蜂巢裏餵一些蜂蜜，沒有蜂蜜便用糖水代替。

三　山貨藥材的採集

藥材是當地人採集的另外一項主要對象。和野生食物不同，藥材的採集主要是為了和外界商品進行交換，以滿足人們對生產和生活必需品的需要。碧羅雪山地區的山林草地中，生長著黃連、貝母、蟲草、茯苓、黃山藥、秦艽、當歸、木香、紫膠、青歸等大量山貨藥材。

黃連是早期人們採集最多的藥材之一。至少從明代起，怒江地區的少數民族群眾就已經大量挖取黃連，一來作為藥用，即用黃連汁為發燒的人退熱；二來用於對外交換。那時候的黃連價值極高。《怒江文史資料選輯》中曾記載了福貢縣在解放以前關於黃連的一些情況。接受訪談的胡德清老人回憶，「當時一頭牛值十五塊大洋，有的商人

5　參見王恆傑：《傈僳族》（北京市：民族出版社，1987年），頁81-82。

從內地趕來牛，三斤黃連換一頭，這樣一斤黃連就值五塊大洋。一隻羊子賣大洋二塊五、三塊不等，有時，兩隻羊子才換一斤黃連。先付預購定金的黃連價格低一些，現買現賣的黃連價錢又高一些」。路阿奪老人回憶說，「黃連值錢，大理、麗江和蘭坪的商人紛紛趕來做生意。為此，當地人已經不限於採集山上的野生黃連，而是開始大規模種植黃連。黃連成熟期快要到時，商人們直接到山上的黃連地裏搭棚子、蓋房子，帶來酒、臘肉、衣服、棉被、鐵鍋來和當地群眾交換黃連，一件麗江土布可以換取一斤或一斤半的黃連」。[6]如此，足見黃連經濟效益顯著。

貝母也是一種需求量比較大的藥材。《纂修雲南上帕沿邊志》中載：「貝母：入藥用，產於碧羅、高黎兩大山寒冷之處，一莖直出，無分枝，杆尺餘，花白色，開於頂莖，如胡葵。其根小如豆，名曰雀嘴貝最佳。比如算盤子者次之。亦係草本，現在價甚昂貴。每年三四月間，怒、傈結伴往碧羅、高黎兩山採取，各得數兩至十餘兩者為多。含水甚重，需兩三斤始曬乾一斤，仍銷內地。」[7]

雖然藥材的經濟價值顯著，但是由於道路險阻、交通不便、運輸困難,因此和外界的交換受到嚴重制約。為了改變這種困境，民國以後的當地政府官員都非常重視對道路的疏通與修建，為此也做出了很多努力。臘咱至岩瓦的道路開闢以後，在一定程度上促進了維西和貢山兩地的交往。每年七八月高山冰雪融化時，維西的小商販背茶葉、布匹、針線等來換取貢山的貝母、黃連、獸皮等山貨藥材，名曰「趕

6　參見李道生主編：《怒江文史資料選輯》（第二十二輯），政協雲南省貢山獨龍族怒族自治縣委員會、政協雲南省怒江傈僳族自治州委員會文史資料研究委員會1991年刊印，頁50。

7　《纂修雲南上帕沿邊志》，《怒江傈僳族自治州文物志》編纂委員會編：《怒江傈僳族自治州文物志》（昆明市：雲南大學出版社，2009年），頁344。

藥會」。[8]

迪麻洛村位於碧羅雪山腳下，其中的白漢等村民小組位於兩個小時路程的半山腰上。這裏樹林密佈，草木豐盛，從海拔 1,500 多公尺的河谷一直到海拔 4,000 多公尺的山頂，分佈著不同植被和野生植物。迪麻洛是一個天然的野生藥材生長基地，其所在的各個樹林、草地和山谷中分佈著大量的黃精果、蟲草、重婁、天麻、蘭花和木香等珍貴的山貨藥材。迪麻洛還是碧羅雪山東西兩麓的一個重要連接點，19 世紀末的法國傳教士就是從碧羅雪山東麓的茨中等地翻越大山到迪麻洛的，並且在此修建了著名的白漢洛天主教堂。由於當時怒江沿岸的道路尚未全部修通，碧羅雪山就成為怒江地區和瀾滄江地區相聯繫的重要通道。

20 世紀 50 年代以前，這裏的怒族、藏族等少數民族群眾就已經開始採集各種山貨藥材與德欽、維西、麗江等地的商人進行物物交換，一些當地群眾還主動帶上自己採集的土特產品和手工製品到維西等地的市場去出售，然後再購回鋤頭、鐵鍋、鐵三腳架、布料等生產生活用品。新中國成立以後，政府對當地的藥材曾實行過統購統銷，藥材價格相對比較穩定，很多家庭不僅上山採集野生藥材，還利用山坡荒地人工種植藥材。改革開放以後，市場經濟逐步獲得發展，內地的土特產開始銷售到國外，由於野生藥材的品質極高，受到國外消費者的青睞，因而價格不斷飆升，尤其是蟲草、天麻和松茸等山貨藥材。受此利益驅使，當地的少數民族群眾在農牧業生產之餘，大規模地上山挖藥材、採松茸。通過出售山貨藥材，當地人的收入普遍提高。

根據調查和訪問，當地村民目前採集的主要對象有黃精果、蟲草、重婁、羊肚菌、天麻、蘭花、木香、青歸和竹筍等。黃精果的採

---

8 參見陶天麟：《怒族文化史》（昆明市：雲南民族出版社，1997年）。

集時間為 7 至 10 月，價格比較便宜，每千克只賣幾元，遇到下雨，要在樹林裏將其用火烘乾，是一件比較辛苦且麻煩的工作；蟲草的採集時間是 5 月底至 6 月底，其價格為目前所有藥材中最貴者，往往按對出售和計價，一對蟲草即可賣得好幾元錢；重婁的採集時間為五六月，每千克可以賣得 30 多元；羊肚菌的採集時間為三四月，出售的時候必須晾乾，20 世紀 90 年代每千克可以賣到上千元，2000 年以後價格逐漸下降，現在每千克只能賣到兩三百元；天麻也是一種名貴藥材，其採集時間多在五六月，每千克可以賣到幾百元；蘭花的採集多在春夏季節，價格因種類而不同，普通品種一般幾元錢一株，一些知名的品種可以賣到上萬元，但是已經很難找到了。

採集藥材是一件非常辛苦的工作，由於現在藥材的數量越來越少，人們要跑很遠的路才能找得到，僅路程一般都要走上半天或者一天。蟲草的採集更加麻煩，有些人要專門跑到西藏境內去採挖，因而還要買車票搭車才能去。採集也是一件極其耗費時間的勞動，由於路程較遠，而且要保證採集效果，人們往往一去就是好幾天，有些甚至長達十天半個月。為此，人們每次上山，都要準備大量工具和生活用品，包括大米、洋芋、豬肉、油、食鹽、香煙、白酒、茶葉、鐵鍋、砍刀和扁擔等，為了保證安全，人們往往三三兩兩地結伴而行，食物吃盡以後再返回。

人們將自己採集到的藥材晾乾和簡單處理後，便會出售。出售的方式也有很多種，既可以拿到集市上去賣，也可以直接賣給來村子裏收山貨藥材的商人。由於山貨藥材交易中的巨大利潤，很多外地人進入到怒江和瀾滄江地區從事藥材收購生意，他們有的在鄉鎮街道上專門設點開店，常年收購當地的各種土特產，有的直接將收購點設在村子裏。可見，在這些收購者中，競爭也是很激烈的。

貢山縣的丙中洛鄉，是一個盛產野生藥材和菌類的地區，丙中洛的鄉政府所在地是該地的一個重要貨物集散地，街道上分佈著大大小小幾十個店面，其中就有 3 家土特產品收購店。為了瞭解藥材收購的詳細情況，筆者來到周大姐的店裏跟她聊天，並進行訪談。周大姐今年 30 多歲，四川資中人，來到丙中洛已經 8 年多時間了，丈夫開了一家摩托車修理店，自己專門經營藥材收購生意，家裏還有一個小女兒。周大姐的店裏面擺放著各種藥材、菌類等土特產品，並且還出售玉石、弩弓等當地的一些其它物品。她向我們詳細介紹了靈芝、松茸菌、山黃菌、木海、三七、貝母、天麻、藏黃連（也叫雞角黃連）、竹葉菜、紫草、雪茶、雪蓮等各種菌類和藥材的名稱、用途與價格等，甚至對每種藥材最終賣向何處都十分清楚。例如，松茸菌主要出口到日本，據說可以防核輻射，山黃菌銷往韓國，等等。據周大姐回憶，開始的時候，她和丈夫去山上的村民家裏收藥材，當時的藥材數量多、價格好，人們賣得的錢都是一沓一沓的。現在，平日裏的生意已經不多，附近的村民們主要在趕集日才到街上賣藥材。

丙中洛鄉的趕集日為每周星期二。每到這一天，遠近的村民們都會來此買賣各種物品。這時候，店主們也會主動出擊，他們在街道上的人群中尋找自己的交易對象，因為這個時候收購藥材的人很多，競爭很大，因而要自己爭取來賣藥材的人，坐在店中等到的機會是很少的。看到肩上背著袋子的村民，店主和藥材收購商人就會追上前去問是否有藥材要出售。在一家經營副食生意的店門口，一個老闆成功地收購到了大約 1 斤的天麻。賣者是一位中年婦女。對於這次交易，很顯然是有利於買方而不利於賣方的。因為該婦女在拿到錢的時候仍然顯得很猶豫，而店老闆一邊掂量手中的天麻一邊露出了滿意的笑容。

對於藥材的實際價格，村民們其實並不真正瞭解，他們大多是根據往年和別人所賣的價格來衡量自己貨物的價值。但是，老闆也可以用「今年的行情不好」之類的託詞來故意壓低藥材的價格，對於平常很少出門瞭解外面世界的普通村民來說，他們大多時候只能無奈地接受。在丙中洛的秋那桶村，筆者還發現了另外一種藥材收購方式，就是商人將收購點直接設在村子裏。秋那桶村位於怒江旁邊的山坡上，往北翻過大山就進入西藏境內，附近的山林中盛產松茸和藥材。一個從昆明來的商人常年在此收購藥材和松茸，並且還專門運來了烘烤箱等設備。據他說，現在的生意不好做，來賣藥材的村民很少。在村子裏收購藥材，雖然可以在第一時間裏收到一些生意；但是，畢竟覆蓋範圍太小，能收購到的藥材總量也很有限，再加上現在公路修通，很多人寧願選擇到集市去出售藥材，而不願意在村子裏出售。

除了私人的採集和挖掘，當地政府也曾專門組織人員進山挖藥材，以此來增加經濟收入。1959 年，在貢山縣茨開人民公社丹珠大隊民族工作隊工作的李華，被縣上派往西藏察隅縣察瓦龍境內交涉挖貝母等藥材的事宜。當時的察瓦龍盛產貝母等藥材，但是人煙稀少，藥材資源不能得到很好的利用，貢山縣獲知這一情況後，決定派人前去挖取。經過雙方協商，最後達成一致，由貢山縣支付給察瓦龍資源租讓費，不管挖得多少，由雙方對半分配。察瓦龍境內共有 7 處貝母山，每處貝母山又包括幾塊貝母地，每塊貝母地有 1530 畝。李華的採挖隊一共被分到 3 處貝母地。交涉成功以後，李華便留人在當地準備糧食和糌粑，彙報縣裏以後，縣裏通知丙中洛公社抽調 80 人、捧當公社抽調 70 人、普拉底公社抽調 10 人，總共 160 人前往察瓦龍挖藥材。此外，還出動騾、馬 30 多匹。到達目的地以後，他們受到當地藏族頭人的熱情招待，並獲贈酥油和奶渣等禮物，採挖隊則以茶葉和鹽巴等物品回贈。出發當天，當地村民派出 30 多頭騾、馬和犛牛為採挖隊運輸各種行李物品，到達山上以後，採挖隊用食鹽和茶葉加以酬謝。採挖前，隊員們在山上搭建棚子住下來，並且準備好曬貝母的工具。李華發現，當地的貝母極多，漫山遍野都是，並且估計每人每天可以挖兩三斤貝母。有一次，李華在一個石頭堆下面竟然發現了儲量達四五斤重的貝母，回來一說，才知道原來是遇到老鼠的過冬倉庫了，那裏的貝母多得都已經成了老鼠的食品了。幾天後，採挖隊返回。經過統計，全縣共挖得貝母乾貨 3,696 斤，人均挖得 22 斤，折合人民幣 44,300 多元。這一數字對於當時經濟收入極低的貢山縣人來說無疑是驚人的。此後，貢山縣每年都派一部分群眾前往西藏挖貝母，這一活動一直持續到 20 世紀 70 年代。[9]

然而，採集活動具有很大的隨機性和不確定性，它只能是人們在正常的農牧業生產之餘的一種副業，而不能成為人們完全依賴的生計來源。另外，採集藥材有時候也會和正常的農業生產發生矛盾，由於很多藥材和菌類產品的採集季節多為春夏之交，而人們每次外出挖藥材需要很多天，這個時候也正是村民犁地和種玉米的時間，因而難免會耽誤正常的農業生產安排。此外，山區的農業勞動需要的勞動力較多，人們一般沒有多餘的勞動力專門從事採集活動；如果由於採集藥材而耽誤了農業生產那是得不償失的，事實上，也甚少有村民這樣做。

經過長時間的大規模採挖，目前碧羅雪山地區的各種野生藥材和其它山貨已經不再像過去那樣多了，採集也不再像過去那樣容易，人們要跑更遠的路，花費更多的時間，有時候也不一定能得到理想的結果。即使如此，採集藥材等土特產品仍然在一些家庭的經濟中佔有相當比重，它們是換取現金的重要途徑。

9 參見李道生主編：《怒江文史資料選輯》（第十八輯），政協雲南省貢山獨龍族怒族自治縣委員會、政協雲南省怒江傈僳族自治州委員會文史資料研究委員會1991年刊印，頁134。

第二節 狩獵

狩獵是人類一項古老的生計方式。人類天賦發達的智力，能夠製作工具，並且利用社會組織的形式來征服自然界中的野獸，進而達到為其所利用的目的。動物的血肉可以為人們提供營養豐富的脂肪和蛋白質，皮毛可以為人們避寒保暖；在原始社會，人類的祖先甚至利用動物的骨頭來磨製成縫製衣物的骨針和盛裝東西的容器。在工業化以前，世界各地分佈著大量的狩獵民族，如澳大利亞的土著人、美洲的印第安人、北歐的愛斯基摩人、非洲大草原和熱帶雨林中的部落等。就我國來說，20 世紀 50 年代前的很多少數民族仍然保持著狩獵的生計方式。例如，我國東北的鄂倫春和鄂溫克人，他們在莽莽的白山黑水中以馴鹿為生，西南橫斷山區的傈僳族和怒族人也普遍保留著上山打獵的習慣。

碧羅雪山地區山高林密，各種野生動物資源極為豐富，當地的傈僳族和怒族群眾很早就有了上山打獵的習慣，在過去，幾乎每個成年男子都是狩獵高手。《維西見聞紀》中記載道：「栗粟，近城四山、康普、弓籠、奔子欄皆有之。……喜居懸崖絕頂，墾山而種，地瘠則去之，遷徙不常。刈獲則多釀為酒，晝夜尤酖，數日盡之，粒食罄，遂執勁弩藥矢獵，登危峰石壁，疾走如狡兔，婦從之亦然。獲禽獸或烹或炙，山坐共食，雖猿猴亦炙食，烹俟水一沸即食，不盡無歸。」[10]
清代《麗江府志略》上卷《官師略・附種人》中也有記載：「怒人，居怒江邊，……茹毛飲血，好食蟲、鼠。其最遠者名曰怒子。」

以上各種描述表明，到明末清初，採集和狩獵在碧羅雪山地區的

10 〔清〕余慶遠撰：《維西見聞紀》，于希賢、沙露茵選注：《雲南古代遊記選》（昆明市：雲南人民出版社，1988年），頁125。

各族人民的生計中仍然居於重要地位。雖然用「茹毛飲血」來形容可能有所誇張，因為當地很早就已經有了火的發明，但是食蟲鼠卻是真真切切的，人們在山林裏挖取植物根莖和捕獲禽獸來作為食物也是非常普遍的。

時至今日，當地群眾上山打飛鳥、捉山鼠的習慣仍然存在。他們從小就跟隨年長者參加農業勞動，進行狩獵活動，有著豐富的狩獵經驗。最開始，他們在村子周圍對鳥獸進行追擊，稍微長大一些便幫助大人做一些狩獵工作；等到十四五歲之後，便可以正式出獵。老獵手經驗豐富，能根據獵物的氣息、聲音、碰傷和咬食過的食物，判斷經過的是什麼動物、動物的大小甚至經過的時間等信息。總之，各種動物都有自己相對固定的活動場地和出沒時間。

人們從事狩獵，也依據一定的季節。《傈僳族簡志》中記載，傈僳族過去把 1 年分為 10 個月，分別是花開月（3 月）、鳥叫月（4 月）、燒山月（5 月）、饑荒月（6 月）、採集月（七至八月）、收穫月（九至十月）、煮酒月（11 月）、狩獵月（12 月）、過年月（1 月）、蓋房月（2 月）。除了平時碰上野獸進行捕打，一般是在 11 月以後進行冬獵，因為這時已經進入農閒階段，野獸的皮毛增厚，膘肥肉美。另外，4 月以後也是狩獵的好季節，這時人們已吃完糧食，播種完玉米，種完農田，山上的野獸也已經產完了幼子，從藏身的地方開始走出來。

出獵前要做好充分的準備。男人們要修裝弩弓，削制竹箭，熬製毒藥，打磨砍刀，整製繩套、網籠以及上山用的雨具等必需物品；女人們則為男人們縫製皮衣，煮水酒，炒炒麵，烤玉米餅，做臘肉。總之，大家要進行一番緊張的準備工作。春季時分，野果稀少，野獸多吃一些雜物，要到臭水塘來找水喝，喜歡喝帶鹹味的水；到了秋天，大量的野果成熟了，動物都來樹上吃野果。這些時候都是狩獵的好時節，所捕獲的野獸肉可以食用，皮毛可以禦寒以及製作袋囊和交換他物。就獵場而言，各村寨和家族一般是固定的，主要是村寨和家族所佔有的山林河谷，通常不越界狩獵。

在過去，人們出獵時，要先請經驗豐富、德高望重的老獵人主持祭祀山神儀式。當地群眾認為野獸屬於山神、獵神的家畜。如果要獵取就必須用酒肉及其它供品與獵神做交換，否則獵神就會發怒，降禍於人。通過祈求神靈，使得野獸能夠跑入布下的套扣，進入陷阱，保祐自己箭不虛發，獲取更多的獵物。此外，還要抽竹簽進行小卦，占問出獵的時辰、獵人和獵犬的吉凶以及能否有所獲，從而決定是否出獵。

一　狩獵的方式

在過去，人們的狩獵方式主要分為三種，即靜獵、尋獵及圍獵。[11]

靜獵是指通過設置「扣子」(活套)、陷阱、地弩、地槍、鐵夾、網等工具獵捕動物的一種方式。靜獵通常是個人在秋冬季節進行。獵人捕到動物後平均分給全村人或邀約大夥一起享用,但頭及皮子歸獵人自己,獵人用動物頭祭祀獵神之後便把頭骨掛在家中作為獵捕動物的記數,同時顯示自己的狩獵本領。近年來,獵人獵捕到動物後，一般都是背到公路邊出售給臨近的餐館或外鄉人。

尋獵一般是指上山尋找可獵捕動物的狩獵方式。尋獵的主要獵捕對象是羚牛、斑羚、黑熊、野豬、獐子等遠離人類生活區的大型動物；出獵前要選吉日，祭祀山神及獵神。獵人尋獵常帶的工具有火

11 參見艾懷森：〈高黎貢山地區的傈僳族狩獵文化與生物多樣性保護〉,《雲南地理環境研究》1999年第1期。

槍、弩箭、長刀等，還有食物、食鹽等，通常 3 至 5 人結伴而行，上山 5 至 7 天；獵捕到動物後，幾個人一起剝下動物的皮,肉平均分配,頭、皮及其它有重要價值的部分（如熊膽、麝香等）歸射中動物者，肉在山中用火烤製成乾巴，便於攜帶和儲藏。

圍獵是指村民集體狩獵的方式。該種狩獵以各人自備糧食、武器，自願結合而成。為了明確辨認擊中野獸的獵人，各人的箭都不盡相同，先擊中者得頭、皮及一條腿；如果一頭野獸被兩人先後擊中，則後者得尾巴及另一腿，其餘的肉則是圍獵的眾人各得一份。當地人普遍信仰山神，每個獵人家裏都在火塘上方供有神像，旁邊擺上或掛起一些獵物骨頭，如野豬獠牙、鹿角等，以求狩獵順利平安。

根據傈僳族老人回憶，以往每年進入秋季的時候,老獵人帶領全村的年輕人到傳統的狩獵山上,在山頂的每一個路口布置一個射手,其餘的人在山麓中放獵犬；獵犬向上追趕動物，當動物跑到山頂時，射手便將其射殺。圍獵結束，由老獵人確認第一隻被射殺的動物,大夥便在這只動物被射殺的地方燒起篝火，將獵物的四條腿取下燒烤；燒熟後先割下 9 小塊肉，向 3 個方向（除村莊以外的方向）分別丟 1 塊以感謝山神，丟 3 塊進火塘以感謝火神，將剩下的 3 塊收起來，等回家時丟在回家的路邊以免野鬼跟著回家。然後，大家便分食烤熟的肉。這時大家可以邊吃肉邊喝酒唱歌,或者大聲地喧鬧或戲耍。吃完後以人為單位平均分配獵物：所有內臟歸獵犬，並且還要從每只動物身上割一小塊瘦肉給獵犬，頭腳及皮子歸射中獵物的人，其它民族的人或外村人遇上圍獵也可以分到同等的一份，最後還要留一份給獵神。

回到村莊後，大夥帶上獵神的那一份肉到祭神的地方煮熟後祭祀獵神。祭祀活動由老獵人主持,整個過程莊嚴肅穆。大夥只能心中默默地祈求獵神保祐今後的日子裏能獵捕到更多的動物，主持祭祀活動的老獵人則高聲地念誦狩獵祈禱詞。各地的祈禱詞大同小異,其大意是：偉大的獵神啊，我們空著身子上山，現在已背著動物回來了，您賜給我們這些獵物我們不敢先嘗，請您先嘗吧，請您再保祐我們，請您把動物趕到我們設下的扣子，請您把動物趕到我們的槍口上，請您把動物趕到我們狩獵的地方。我們代代敬奉，請您年年保祐我們。祭祀結束時大夥便悄悄地分食祭品，然後悄悄地走開。[12]

二　狩獵的工具

狩獵工具有大、中、小各種弩弓、火藥槍、長刀、鐵叉、鐵矛、麻繩網以及各種式樣的扣子，此外還有必不可少的獵犬，等等。

（1）套繩和扣子。套繩是出獵必須準備的工具。扣子就是用細繩做成的活套，動物一旦經過，觸動機關，就會被繩套勒住而難以逃脫。下扣子是最常用的一種捕獵方法。下扣子捕捉的多為一些鳥類和鼠類等小型動物。下扣子的地點多種多樣，根據所要捕捉動物的具體情況而定，一般選擇在動物喜歡取食的地方和經常經過的地方。例如，松鼠一般喜歡吃野果和核桃，因而扣子就設在樹枝上；山鼠多在地面活動，就將扣子設在地面上。下扣子捕獵比較隨便，人們在上山砍柴和種地的途中順便設下幾個扣子，等到回來的時候便會收穫幾隻小鳥或松鼠，可以拿回家中佐餐。傈僳族人喜歡在橫穿山澗的藤條上放置扣子，因為山中的松鼠和各種老鼠一般都會從此經過，在這些地方下扣子很少會撲空。

（2）弩弓。弩弓是當地最主要的打獵工具。獵人離不開弩弓，從射取飛鳥到制伏兇狠的熊、野豬等，都要靠弩弓才行。弩弓可以在

12 參見艾懷森：〈高黎貢山地區的傈僳族狩獵文化與生物多樣性保護〉，《雲南地理環境研究》1999年第1期。

遠距離的地方射殺野獸，大大降低了人們打獵時的危險性，而且易於瞄準，成功率也極高。

根據使用目的和對象的不同,弩弓也被製作成多種類型。例如，怒族地區過去的弩弓有大、中、小三種：大弩弓是作戰時的主要武器，也可以用來射殺一些兇猛的大型野獸，其弓背長達 1.5 公尺，固定架在設置的木樁上，射程可以達到 100 至 150 公尺；中號弩弓背長約 1 公尺，是狩獵和作戰的主要武器，射程達 80 公尺；小弩弓主要用來射擊一些小型的飛禽走獸。[13]時至今日，在當地村民房屋的牆壁上仍然可以看到各種懸掛著的大小弩弓。

要製作一把高品質的弩弓是件不容易的事情。從弩弓的選材、加工、製作到弩弓的弓身、弩牙、弩機、弩柄、弩弦，每個部分都是很有講究的。以下簡單介紹弩弓的構成和製作方法。

1）弓背。為弩弓前面的彎曲部分，弩弓就是靠它的彈力而把箭射出去的。彈力大小決定了箭的射程和威力，這就要求製作弩背的木料必須非常堅硬，彈性要強。弓背多用岩桑木製成，這種桑木長在岩石縫中，質地好、韌性強。做弓背時，先將木料煮軟，再折成弓形，兩端固定，放在火上熏烤，定型後再將表面打磨光滑即可。

2）弩柄。弩弓中間的直線部分，是整個弩弓的支架。前端從弓背中間穿過，上面鑿刻箭槽，中間用來安置弩牙和弩機。人們在射獵的時候，要用一隻手托住弩柄，掌握弩弓的平衡。弩柄的製作多選用堅硬和質地細密的栗木或青岡木。

3）箭槽。箭槽相當於步槍的槍管，直接關係到箭的準確度和射出的速度。因此，鑿製箭槽的淺渠時，一定要非常平直和光滑。

4）弩牙和弩機。多用動物的骨頭製作而成。弩弓被拉開以後，

13 參見《怒族簡史》編寫組：《怒族簡史》（昆明市：雲南人民出版社，1987年），頁44。

弩弦即被扣在弩牙上面。需要射箭的時候，扣動下面的弩機，箭便迅速射出。

5）弓弦。用牛筋或麻繩等搓製而成。在弓背的兩端各穿鑿一個小孔，繫綁結實。射擊的時候，只需將弓弦拉伸到弩扣部位停住，搭上箭，瞄準目標，扣動下面的扳機，箭受到弓弦的巨大彈力，便會猛力射出。

（3）箭及其配件。

1）箭。箭一般用竹子削製而成，長短根據弩弓的大小而定，箭尾安有小翼，用來掌握平衡。箭分為普通箭和毒箭兩種。毒箭的毒藥是用草烏熬製而成的，呈黑色。草烏又名烏頭，採自山林之中。這種藥箭，稱得上見血封喉，箭頭如果擦破動物或人的皮膚，一旦沾到血，毒藥就會迅速沿著血管蔓延，傳遍全身，一直麻到心臟，最後死亡。熊、豹等兇狠的野獸，被射傷以後，開始還以為是被普通蚊蟲叮咬了一口，但是走不了幾百公尺，便會倒伏在地。由於毒性劇烈，人一旦被這種藥箭傷到，必須立即紮緊傷部，用刀剜掉傷口處，方能免去毒藥的擴散。為了避免毒箭誤傷人畜，人們常常在山洞和一些隱秘的地方泡製毒藥，完成後，加工過毒藥的器具都要封閉，用石頭壓好。人們平時把毒箭放在小竹筒中，與無毒的箭分開。有的毒箭是要等到使用時才臨時沾製。

2）箭袋或箭囊。兩者均是用野山羊、麂子或熊等動物的皮毛加工製成，既防潮又防雨，內裝放箭的小竹筒。箭袋的製作，通常是把動物的腿根或細身部通體裁下，挖空中部骨肉，以使全筒不用縫合。除此之外，箭囊還可以用來供獵人在露宿時作枕頭用。

3）箭筒。箭並不是直接裝在箭袋裏，而是先分類裝在竹筒裏，再將竹筒裝入箭袋中。箭筒用竹管截成，即將一根較粗的竹子從中間砍斷，留下下面的節疤。人們在上山打獵時，箭袋裏一般裝有 3 個箭筒。一個用來裝無毒的箭，一個用來裝有毒的箭，另外一個作為備用。因而，每一個細節都是極為講究的。在貢山丙中洛鄉的甲生村調查時，一位熱情的村民拿出自己家裏的弩弓、箭袋和箭向我們充分地進行了展示。

（4）獵犬。每次出獵時，獵犬也是不可或缺的必備「工具」。王恆傑通過對傈僳族的調查，對獵犬進行了精彩的描述。挑選、訓練、指揮和利用獵犬等一整套技術，也是一個獵手必須學會和掌握的。要挑選和培養一隻好的獵犬，不是一件簡單的事情，當地有一套獨有的馴服和使用獵犬的技術。待栽培的獵犬要從一般的小狗中選出，狗的腰部要長，腿細而長，嘴要尖，尾巴要短，兩耳挺立，牙齒整齊鋒利，嗅覺、聽覺靈敏，目光尖銳，跳躍時靈活敏捷，身體健壯，生性威猛。選中的小犬從小就被施以各種訓練，長到 1 歲時，獵人出獵要帶它到山野河谷有獵物出沒的地方，尾隨著老獵犬追捕各種野鳥、山雞、夜貓、野兔、麂子等常見的小型動物，練習伏藏、跳躍、奔跑、追擊、迂迴、恐嚇和糾纏野獸的本領和技巧。獵人還會將捕獲的小動物掛起來弔在空中，任小獵犬去撲抓、撕咬，平時讓小獵犬練習吃生肉、舔生血，培養其野性。主人還要訓練獵犬辨別和區分各種不同的指令信號，包括聲音和手勢等，訓練其反應。這樣，當主人向獵犬發出某種信號時，它就會做出相應的反應，和主人共同對付獵物。

當主人出獵時，獵犬會東奔西跑來回嗅聞地面，追尋野獸留下的氣味，找出野獸藏身的地方，將野獸引出山林。警覺的獵犬能夠分辨出各種異樣的氣味、聲響，方向性好，能夠正確判斷守候與埋伏的位置。一旦發現獵物後，獵犬便會發出急促而緊張的叫聲，對主人進行預報。機敏的獵犬，在離主人較遠的地方，為了節省體力，會斷斷續續地發出叫聲，主人能夠根據其發出的叫聲判斷野獸的距離範圍。如果獵物轉向主人的相反方向，準備逃跑時，獵犬會迅速判斷獵物將要逃跑的路線，找出捷徑進行攔截，並且會不斷以狂吠、虛假的襲擊動作糾纏和迷惑獵物，以等待主人的到來。

此外，獵犬還會幫助主人追捕受傷的獵物。一些飛鳥或岩羊中箭之後，常會墜入深澗或懸崖峭壁上，獵犬會將其叼取回來。在獵物過多時，獵犬還會幫助主人用嘴叼送。遇到兇猛的野獸，如熊、虎與主人對峙時，獵犬會來回嘶叫，分散野獸的注意力，擾亂野獸，以便主人有充足的時間放射弩箭與更換箭支和武器；當主人遇到猛獸的突然襲擊，有生命危險時，它會衝上去和野獸廝打。主人對獵犬一般也是極為疼愛，出獵時不會輕易將其放出，以免被兇狠的野獸咬傷甚至咬死，因而主人會根據獵物的實際情況來控制和使用獵犬。獵人在得到獵物以後，一般都要給獵犬一份。[14]

三　獵物的種類與捕打方法

（一）中小型獵物及其捕打

（1）山鼠。在怒江兩岸的高山叢林中，山鼠很多。明清時期，當地群眾不僅用各種網套捕捉山鼠為食，而且還將山鼠製成鼠乾，向當地的傈僳族頭人和統治者納貢。當時繳納的貢品有三種，分別是官貢、貸貢和大貢。貢品的內容包括酒、竹篾器和山老鼠乾等。其中，官貢需要納山老鼠乾 3 串（每串約 50 隻），貸貢需要納山老鼠乾 6 串，而大貢則需要納山老鼠乾 9 串。[15]從這一描述中可以看出，山老鼠在當時應該是一種比較珍貴的美味，被人們大量地當作食物來捕殺。怒族群眾為了繳納貢品，各個家族便劃分捕捉山鼠以及砍伐竹子

---

14 參見王恆傑：《傈僳族》（北京市：民族出版社，1987年），頁87。

15 參見《怒族簡史》編寫組：《怒族簡史》（昆明市：雲南人民出版社，1987年），頁25。

的山林地界，將歷來屬於氏族和村寨公有的領地進行分割。在繳納的每一種貢物中，山老鼠乾都是必不可少的組成部分。可見，當地少數民族群眾對於老鼠乾這種野味是多麼的喜愛和重視。

（2）飛鼠。眼大、耳短、尾巴長，樣子和蝙蝠相似，前肢和後肢之間有皮翼相連，能在樹枝上攀爬和樹間滑翔，以松子、橡實、漿果、嫩樹枝葉為食，秋末常儲存堅果等食物過冬，主要在傍晚和夜間活動。我國古代就有對飛鼠的記載。《荀子・勸學篇》中說，「鼯鼠五技而窮」，能飛不能上屋，能緣不能窮木，能游不能渡谷，能穴不能掩身，能走不能先人。飛鼠有六個比較明顯的生活習性：一是不壘窩，居住在現成的岩壁石縫或洞穴中；二是喜安靜，膽小；三是有「兩怕」，既怕寒冷，又怕高溫；四是晝伏夜出，覓食鳴叫；五是定點排便；六是滑翔，一旦遇到敵害及特殊情況，展開飛膜從上往下滑行逃走。人們可以憑藉這些特徵來尋找和捕獲飛鼠。

由於飛鼠是一種晝伏夜出的動物，因而人們捕打飛鼠也多在晚上進行。飛鼠的眼睛會反光，這在夜晚的山林中特別明顯。人們根據經驗，看到反光的地方就用弩弓射擊，將飛鼠從樹上和空中擊落。飛鼠白天一般睡在樹洞裏或樹杈上的草窩裏，人們就去這些地方尋找飛鼠。人們用砍刀或木棍敲打樹幹，飛鼠被驚醒後，就會露出頭來，這樣就會被人們發現，隨即被捕捉或打死。人們將打死的飛鼠燒掉毛，取出內臟，進而曬乾保存。

（3）豪豬。在山林中，一些動物藏身或生活於地面、岩壁的洞穴中。捕捉這些動物，最好的辦法是用煙火熏烤。豪豬生性機警，所居之處掘有前洞、後洞，還有一些岔洞以便隨時脫身。豪豬喜歡把自己的洞口用草和樹枝塞住，獵人根據這一特點來尋找豪豬；找到豪豬的洞口以後，將其它洞口全部封死，只留唯一的洞口，然後在洞口燃起火堆，使煙不斷進入洞裏，不久，豪豬便會經受不住煙嗆而跑到洞口附近，獵人聽到動靜之後便能輕而易舉將其捕獲。人們不僅用這種方法來捕捉豪豬，還用此來捕捉山鼠和竹鼠。

（4）竹鼠。當地竹林多，竹鼠也多，而且體型較大，是當地人非常喜歡的一道美味。竹鼠喜歡吃竹筍和竹子的根莖，它的爪、齒都很鋒利，喜歡在堅硬的沙石上挖洞。如果發現竹林中有連續的竹子枯死，附近就一定能找到竹鼠的洞穴，一旦找到了竹鼠的洞口，就可以用煙熏的辦法將其趕出而捕捉了。也有用水淹的辦法捕捉竹鼠。人們找到竹鼠藏身的洞口後，一部分人守住洞口，一部分人便迅速背水灌進洞口；灌滿水以後，人們準備好棍棒，一旦竹鼠的腦袋露出洞口，便迅速將其打死或打暈。這樣，一隻接一隻，直到將洞裏的竹鼠全部捕獲。

（二）大型動物及其捕打

除此之外，野驢、山羊、熊、老虎、獐子、麂子等大型動物也是人們的獵取對象。清朝以後，山驢、麂子、虎和熊的皮毛等又成為向中央王朝進貢的珍貴貢品，這就更加刺激了人們對這些動物的獵取。

對付不同的野獸，需要使用不同的捕獵技術手段。例如，對付虎、豹、豺、狼等，就要設置暗弩毒箭；如果要獵取野牛、野豬、山驢、麂子、羚羊、岩羊等野獸，就要設置陷阱；等等。

（1）麂子和獐子。麂子嗅覺靈敏，行動疾速，喜歡群居，尤其在求偶季節裏更是如此。聰明的獵手，製作小巧精美的麂子哨，引誘麂子前來，放射弩箭，就可以捕到麂子。獐子也是一種嗅覺靈敏、行動飛速、不輕易上當的動物，但凡有風吹草動即跳躍奔跑而逃。獵手們沿著獐子經過的地方挖下陷阱，內插竹簽，上面鋪以浮草和浮土，這樣，獐子向前跳躍時，正好落入陷阱內，被竹簽紮住。有些地方會根據獐子、麂子經過所留下的足跡，判斷動物是否折回，在路上伏上橫線，路旁的樹叢中架起弩弓，等到獐子和麂子經過並且觸動伏線並帶動弩弓的機關，弩弓發射便射中動物。在獐子等動物出沒和經過的地方，要埋設套扣。設埋時，把繩子的一頭拴在路旁的青竹或灌木枝上，將另一頭做成活扣，再把樹枝或竹條彎倒在地上，將繩套平放在地面上，上面蓋好浮土，樹枝上面壓上石塊；一旦動物踏入繩圈，蹚動石塊，機關便被觸動，拴綁套繩的樹枝在石塊滾落後，便會立刻彈起，進而拉動繩套的活扣，帶扣子的一端就會拉住獐子腿部的上方，這樣，獐子越是掙扎反而綁得越緊。一旦獐子無法擺脫綁在樹枝另一端的繩套，就成為獵人的獵物。

（2）虎和豹。虎、豹為夜行動物，白天多在深山密林中潛行，晚上出來伺機襲擊行人和牲畜。對付虎、豹，有兩種常用的辦法，即挖陷阱和埋地弩。挖陷阱的方法很普遍，陷阱中往往還要下竹簽。下竹簽就是將堅硬的竹子削尖，在野獸經常出沒的地方挖陷阱，將竹簽埋入其中，上面用樹枝或茅草覆蓋。虎、豹一旦踩上去，便會掉入其中，被竹簽戳死。每到秋冬季節，山林中的野果已經食盡，虎、豹的食物變得稀少，它們便會走出深山密林，到離人群村寨比較近的地方活動與覓食。這時候，往往也是最佳的獵取時機。

射虎、豹所使用的地弩比一般的弩弓要大，殺傷力也更強。常用的弩弓射程一般在 100 公尺，而地弩的射程可以達到 150 至 200 公尺。當獵人們掌握了虎、豹的行蹤後，就在其必經之路上埋設地弩。方法是先挖一個土坑，用木樁固定弩身，在扳機上繫一根細而結實的線，線上的另一端拴上誘餌；一旦獵物去抓誘餌，就會觸動弩弓的扳機，毒箭跟著射出，獵物即被捕殺。

（3）猴子。對付猴子，人們主要是採用驚嚇的方式。例如，用一根寬大的帶節的竹子，竹筒處劈成兩半，竹節處仍然相連，將其中的一片固定在地面上，另一片向上拉開，並且用繩子固定；再設置以絆繩，當猴子經過碰到絆繩時，拉開的兩塊竹片便會迅速合上，發出巨大的撞擊聲，這樣，猴群就會受到驚嚇，奪路而逃，在山坡陡峭的地方，往往會掉入獵人設下的陷阱。

在每年玉米快要成熟的時候，成群的猴子就會前來糟蹋糧食。猴子是掰玉米棒的高手，往往是一邊掰，一邊往胳肢窩裏夾，不到一夜工夫，一片玉米地就會被糟蹋殆盡。因而，對於猴子，當地人是深惡痛絕的。人們一旦發現猴子進入玉米地以後，便會從四周圍上去；當猴子正玩得高興的時候，人們便突然敲起銅鑼，放土槍，大聲吶喊，猴子便會嚇得四處逃竄，要麼掉進人們挖好的陷阱裏，要麼為人們活捉。人們將抓獲的猴子戴上紅布巾，身上穿上花衣服，頭上塗上油漆，再在脖子上繫上幾個銅鈴鐺，等到其它猴群來吃玉米時，將其放入猴群之中，猴群一見到同類變成這幅怪模樣，都會被嚇得無影無蹤，甚至幾年都不敢再來。

（4）熊。熊也是糟蹋糧食的高手。對付老熊，則採取地皮插矛、高處弔餌的方法。選一棵較為粗硬的樹，砍去頂梢部分，只留下一個很高的樹樁。樹樁的上面砍成凹陷狀，再取兩根長可到頂的直栗樹，綁成一個人字梯，另架一個略短的梯橫於樁頂的凹陷處，使其可以滑脫傾下。初始要以篾捆綁一下，橫梯的另一端綁上狗、狼等動物腐屍，與此同時，在方圓數米的地面上插滿露出地面 40 至 60 公分高的四五十根堅硬而鋒利的竹簽。當熊聞到氣味尋至時，看到懸弔在樹樁上的動物屍體，便會爬上人字梯，到達樁頂，走到橫梯上吃肉。由於肉被綁住，熊便使出渾身解數拼命撕拉腐屍以致將橫梯拉脫，熊便連梯砸下墜入矛叢，從而被獵人輕易捕獲。[16]

（5）岩羊。岩羊多飛奔於岩石間，肉味鮮美，是獵人喜愛的獵

16 參見李月英：《「三江並流」區的怒族人家》（北京市：民族出版社，2005年），頁34。

物。岩羊嗅覺靈敏，難以接近，但它怕蚊蟲叮咬，喜歡在晨曦迎著微風蹲伏在岩石峭壁上打盹，小耳朵不停地擺動，這時獵人如果悄悄地摸近到岩下，施放弩弓或獵槍，便會將岩羊打倒。

（6）野牛。野牛也是獵人喜歡的獵物之一。普通野牛一般身高1.4公尺，身長約2公尺，它的皮可用來交換，一頭野牛往往不下百斤肉。但野牛生性兇猛，人若被它襲擊，會頓時喪命。野牛奔跑迅速，嗅覺又靈敏，順風可以嗅出遠距離之外的人的氣息。月明星稀之夜，野牛會成群結隊地到有鹵水的地方去喝鹵水，這便是捕殺野牛的大好時機。偵查員在樹上觀察清楚野牛群的移動方向後，獵隊的領導者便組織那些膽大心細的獵手埋伏於野牛必須經過的岩石和樹叢旁邊，屏住呼吸，靜靜地等待獵物的到來。獵手們放箭的數目需要事先確定並且按照順序具體落實到每個獵人的頭上，每個獵人只能放一箭，不得多放。當野牛喝足鹵水後就會如醉漢般地沿途返回，步履緩慢。第一號射手向牛群的最後一頭野牛放箭，第二號、第三號射手依次有間斷地向倒數第二、三頭野牛放箭，絕不可亂序，直到數量達預期目的時便停止射殺。由於獵人使用的是塗有見血封喉的毒箭，野牛只要被刺破毛細血管，便會立刻斃命。這樣，牛群的隊形因未受到驚擾而保持不變。下個月野牛還會來舊地喝鹵水。[17]

領頭牛一般是最兇猛的，如果射殺的是領頭牛，受傷的領頭牛會狂奔亂竄，牛群頃刻間便會大亂，野牛之間會相互頂撞，造成很大傷害，從此以後，這群受到驚嚇的野牛就不會再光顧此地了。由於人們對食物的儲存技術並不發達，獵物太多一時消費不了，就會造成白白浪費，因此獵手一般都不會射殺走在前面的牛，更不會亂放箭，而只射殺落伍的和走在隊伍最後面的一頭野牛。獵手們一旦被受到傷害的

17 參見陶天麟：《怒族文化史》（昆明市：雲南民族出版社，1997年），頁62-63。

野牛群發現，便會遭到追擊。就算你爬到樹上，野牛也會拼命將樹撞倒；就算你躲入洞中，野牛也會在外面等著報復。唯一的自救辦法就是撲臥在地，不動彈、不出氣，用裝死的辦法來騙過野牛。野牛被射死後，獵人們要迅速將中箭的部位連皮帶肉割掉，盡可能地控制毒液的擴散，如果野牛體內的毒藥含量太高，人吃了野牛肉後也會中毒。

獵取熊、野豬以及喜歡群居的岩羊、麂子和山驢等動物，人們過去也多採用圍獵的方式。獵人們一般選擇兩面為峭壁、出口為懸崖的地點作為圍獵的目的地。圍獵前，獵人們先放出獵犬四面出擊，接著手持火把，吹響號角，狂敲竹木器物，吼聲震天，用弩弓、滾木礌石等打擊獵物，嚇得獵物四處逃竄，沿獵人設計好的路線逃命，最終鑽入獵人布下的口袋。獵物逃到懸崖處時，獵人和獵犬們又在後面緊隨不捨，這樣，獵物就最終被趕下懸崖，摔傷或身亡。獵人們用這種方法往往能捕到很多獵物，但是，在這一過程中，一些母、幼野獸也在劫難逃，從而不利於野獸的繁衍生長，大大減少野獸的數量。怒族人狩獵前有很多禁忌，最典型的如婦女不能參加祭祀獵神活動。人們還認為，如果在狩獵途中遇到了行人就可能獵不到野獸。

野獸不僅對人們的安全構成威脅，對莊稼也有著極大的危害。例如，野豬會把成片的莊稼拱倒在地，而且一般極為兇猛，一旦嗅到人的氣味便會逃走。但是，野豬貪吃，只要不驚動它，便能將其射中；被射中的野豬會一直奔跑、打滾，直到死去。熊怕熱，有冬眠的習慣，平常喜歡吃玉米，因此常常竄入玉米地，所吃不多，但是破壞性極大。人們從很遠的地方就能聽到熊在「咔嚓咔嚓」毀壞玉米的聲音，一旦發現了熊，人們便可以集體進行圍獵。熊中了一般的槍箭，還能繼續奔跑，人們可以繼續尾追並拼命地叫喊，不讓它停下來休息；如果趕上順風追則最好，熊的面部長毛會遮住面孔從而影響其視線，不易反撲過來，這樣，熊就很容易被抓到。

第三節　捕魚

除從事狩獵活動外，人們還從事捕魚活動。由於江水湍急，適合捕魚的地方並不多，人們也不以捕魚來作為生活的依靠。但是，在一些適合捕魚的地方，人們也不會讓資源白白浪費掉。

捕魚多單獨進行，很少有集體進行的。魚的種類不多，皆無鱗片，皮甚厚且可食，鮮美可口。在怒江北端的怒族和獨龍族地區，過去人們將捕魚的地方叫作「魚口子」，即地勢和水流較為平坦、平緩之處。每個村子或家族都有自己的魚口子，但是界限不嚴，偶而可以越界捕撈；但是，在一些對捕魚依賴比較大的地方，界限就比較嚴格了。

捕魚一年分成兩個時間段進行。第一個時間段是桃花盛開的時候，一般為 4 月，這個時候，一天內有好幾個時間段可以捕捉到魚，即太陽剛升起時、中午、太陽落山時、晚上天黑不久、午夜，大小魚都可以捕撈到。錯過這些時候，魚不向江邊遊，就很難捕撈到了。到了 7 月底和 8 月，在這個時間段，按照當地人的說法，也就是到了一年中可以吃青包穀的時候，又是一次魚汛。等到 9 月，江水變清了，就可以直接用漁叉來叉魚了。經驗豐富的人一聽到河水流動的聲音就知道是否可以撈魚。

捕魚的方法和工具多種多樣，全憑人們的經驗和喜好程度而定。

（1）漁叉。漁叉是用堅硬的厚竹片削成尖利的燕尾形作為叉頭，或者利用廢舊砍刀製作成像內地的釣魚鉤形狀，繫於竹竿上，再在竹竿上繫兩丈左右的麻繩而製成的，主要用在 9 月江水清澈以後叉魚。在江水清澈的季節，捕魚者手持漁叉，站立在江水較淺的地方，或者站立在水中的大石頭上，等待魚兒游近身邊的時候，瞄準後猛力戳刺，常能捕獲幾斤重的大魚。

（2）夾網。所謂夾網，就是在兩根長竹竿的中間架上一張漁網，兩根竹竿頭部相交處用繩子綁起，網的另一頭則保持敞開，這樣形成一個三角形的夾網，網的中間部分呈下陷的凹狀。夾網的網面一般寬 1.52 公尺，長約 2.5 公尺，漁網兩側的竹竿長度大約為 3 公尺。在怒江邊上的甲生村的一戶人家裏，我們就發現了這一特別的捕魚工具。剛一開始，拿起這一又長又窄的東西，真的有點看不明白。在主人的示範下，我們才明白了它的使用方法。使用這樣的夾網，需要很大的臂展和臂力。為了節省體力，人們想出了一個好辦法，即在手握竹竿的一端繫上一條繩子或帶子，用來掛在捕魚者的頸上，這樣就節省了人們提舉夾網所使用的力氣。用夾網捕魚的時候，捕魚者雙手分別握住兩根竹竿，竿的外端分別夾在兩臂中間或搭在肩膀之上，然後彎腰將網心盡力送向水中，等待一段時間，或者感覺網裏有動靜時，便將竹竿夾起、提出水面，看是否有魚入網。通過這樣的一張一合，就可以把魚撈上來。

（3）單竿短繩。這一釣法就是我們最為熟悉的普通釣法。即用一根竹竿，頂端繫一根四五公尺長的細麻繩，綁上一塊小石頭作墜，再將細麻繩拴上鉤，套上小蟲作誘餌，投入江邊淺水中。捕魚者雙手緊握竹竿，或將竿插於岸邊，觀察到魚已經上鉤時，便迅速將漁竿提起。有時候，將釣繩投擲於離江岸數十公尺遠的江水中，還可以捕獲到大魚。

（4）漁簍。漁簍是一種杯狀的竹篾編織器具，縱向以竹條為骨架，橫向以竹篾參差纏繞而成。上口較寬，直徑約為 30 公分，裏面設有倒刺，底端寬 58 公分，高度通常為 60 至 70 公分。捕魚的時候，在漁簍底部裝置魚餌，為了增加漁簍的重量使其能夠沉入水中，有時還會在裏面放置幾塊石頭，用一根長繩繫緊以後投擲於江水之中，這樣，魚兒一旦進入簍中吃餌，就很難再出得來了。等上一段時間之後，牽住繩子將漁簍從水中撈出。

（5）網兜。筆者在茨中村的時候，曾跟隨當地幾個人一起去瀾滄江邊捕過一次魚。捕魚的工具極為簡單，在一根結實的長竹竿前端，綁上一個圓錐形的大網兜，網口的直徑大約為 60 公分，網的長度約為 150 公分，網口用一根圓形的粗竹子或鐵絲固定住，再將網口部分固定在長竹竿上。捕魚的時候，人站在江邊或者稍微靠近江水裏面的大石頭上，舉著長竹竿，將網兜放入江邊的淺水處或者放在兩塊石頭的中間或一些暗角里，不斷撈起，查看是否有魚兒進入網兜。

在兩個多小時內，我們一共撈到了 17 條扁頭魚，身軀都很小。當地吃魚的方法很特別，即用魚來做「下拉」。回到住的地方，只見房東劉老師的兒子用一根細鐵鉤將魚的內臟掏掉，洗乾淨，加入作料，用酥油翻炒，再用白酒進行蒸煮。這樣，既能吃魚肉，又可以喝酒湯。據介紹，「下拉」極富營養，是一種良好的補品。

（6）豬槽船。在怒江邊的一些地方，如貢山的甲生和五里等村，人們也用自己製造的豬槽船（有的地方也用竹筏）到江中捕魚。豬槽船就是獨木舟，是用一根粗大的樹木掏空而成的。關於豬槽船，在後面的章節裏將專門介紹，此處不詳述。用豬槽船進行捕魚多在秋冬季節進行，這個時候汛期已過，江水變得平緩而清澈，適合豬槽船的行駛和操作。

除了江水，人們也在山上的溪流中捕魚。在溪流較淺的地方，用石頭將水流攔住，然後在出口處設置一個又大又長的漁簍。關於漁簍，上面已介紹過，因為漁簍裏面設有倒刺，魚兒進去以後便很難再遊出去。這樣，將漁簍在水流的出口處放置一個晚上，就能捉到不少的魚。

有的時候，乾脆把溪水上下兩頭截住，再將溪流裏面的水淘盡，採用涸澤而漁的辦法，最後將大小魚一起捕捉乾淨。還有一種土方法就是分河汊捕魚。先選好地形地段，把河的幹流分汊，使其成為幾道不同流向的小支流，用青核桃樹葉或青核桃果皮粉末拋入河流，用木棍攪拌一番，使其均勻漂流，等到魚兒受到刺激鑽出水面時，便可以用手捕捉或者用細網兜進行捕撈了。

總之，由於絕大多數地方的江水湍急，兩岸峭壁林立，平緩處極少，因而適合捕魚的地方較少。每年，魚除了在一定的季節往江邊游之外，大部分時間均在江心遊動；再加上捕魚工具簡單、水的流速大，人們無法到江心深水處撈魚，限制了漁業的發展。因而，捕魚在人們的生計中所佔的比重較小。

第七章
瀾滄江畔的傳統鹽業

瀾滄江峽谷，因其地質成因，在南北走向的狹長谷地內多有鹽泉；從青海玉樹的囊謙縣開始，北到南一直到雲龍縣，各處都有零星的傳統製鹽業記載。其中比較有影響力的鹽場或鹽田要數青海囊謙縣的鹽場、西藏鹽井的鹽田和雲南雲龍縣內的諾鄧鹽場。其中，囊謙縣的鹽場和鹽井的鹽田，都採用傳統的曬鹽技術製鹽，而雲龍縣的諾鄧鹽場採用煎煮的製鹽技術製鹽。諾鄧鹽業在歷史上曾一度影響了整個滇西地區，民族學、人類學研究者已從不同的角度關注諾鄧的鹽文化，僅博士論文就有兩篇，且已相繼出版。[1]但是，曾經有過輝煌歷史的諾鄧鹽業，如今已經銷聲匿跡，而僅靠風吹日曬的鹽井鹽田至今還保留著自己的魅力。

第一節　生命之鹽

眾所週知，人類賴以生存的地球上，鹽的資源儲備極為豐富。據美國第四屆科學論壇，世界上鹽的總儲量為 6.4×108 多億噸，礦鹽為 2.1×108 多億噸，河湖和地下水中的鹽為 3.1×102 億噸。可以說，鹽是地殼中普遍存在的物質。其易溶於水，因此通常被水帶進河川再流入大海。據推算，每年從陸地流入海洋的鹽大約為 1.1 億噸。

1　舒瑜：《微「鹽」大義：雲南諾鄧鹽業的歷史人類學考察》（北京市：世界圖書出版公司，2010年）；朱霞：《雲南諾鄧井鹽生產民俗研究》（昆明市：雲南人民出版社，2009年）。

全球海洋所含的鹽分是最高的，在 4,500 億噸以上。[2]鹽在中國的儲存量比較豐富，並以多種方式存在，大體可分為海鹽、湖鹽、井鹽、池鹽和礦鹽五種。其中，海鹽儲藏量最多，主要分佈在東部沿海地區，如廣東、山東、江蘇、海南、福建、浙江、臺灣等地，這些海鹽鹽產區一般沿海岸線分佈；其次是湖鹽和井礦鹽，主要分佈在四川、重慶、雲南、湖北、江西、安徽等地。相對來說，池鹽分佈較少，主要分佈於中國的西北部，包括西藏、新疆、青海、甘肅、寧夏等地。

鹽在人類生活中極為重要，被稱為「生命之食糧」。「人類各種動物，以至於原生動物，凡具新陳代謝之生理功能者，無不需要一定的鹽分供給。愈高級，至於人，需要之量愈多；苟完全脫離食鹽（氯化鈉），即不能活；不惟食欲為之衰退，排泄發生困難，即血液迴圈亦將發生奇變。牛、羊、馬、鹿等草食獸，每牧至鹽泉浸漬處，恆舐土不肯去。家畜消化不良時，微飼以鹽，即能康復。人類之天然食物中，雖具有鹽分，足以保其生命；若當運動劇烈時，則需要食鹽之量亦必增加；此生理之自然，非可以嗜好擬之也。」[3]

人類對鹽的需要，首先要從人類的生物性個體的需求進行分析。成人正常情況下每天鈉需要量為 2,200 毫克。我國成人一般日常所攝入的食物本身大約含有鈉 1,000 毫克，需要從食鹽中攝入的鈉為 1,200 毫克左右。因此，人每天至少要攝入 3 克食鹽才能滿足需要。鹽是維持人體正常滲透壓的主要元素。它可以使人體的滲透壓、酸鹼度、水鹽代謝保持平衡，有效促進神經、肌肉在正常的生化條件下進行工作。[4]人如果吃鹽過少會造成體內的含鈉量過低，從而出現食欲

2 參見王仁湘、張徵雁：《中國滋味：鹽與文明》（瀋陽市：遼寧人民出版社，2007年），頁5。

3 〔清〕任乃強：〈說鹽〉，《鹽業史研究》1988年第1期。

4 參見夏建軍編著：《說鹽與用鹽》（北京市：人民軍醫出版社，2008年），頁36。

不振、四肢無力、暈眩等現象；嚴重時還會出現厭食、噁心、嘔吐、心率加速、脈搏細弱、肌肉痙攣、視力模糊、反射減弱等症狀。反之，如果食鹽過量，對身體也是不利的。這可謂「微『鹽』大義」。[5]

鹽作為一種生命構成要素的存在，有其重要的意義。自從人類發現以來，鹽在漫長的人類社會發展過程中發揮著特有的作用，漸漸佔有特殊的地位，並在生命個體—家庭—民族—區域—國家—全球一系列環節中扮演不同的重要角色。鹽的重要性足以影響一個地區的政治、經濟和文化。在未能發明高度集中的工業化的製鹽技術之前，人類往往只能通過煮鹽或曬鹽的方式獲得食鹽，產量相對較低。而曬鹽往往在海邊大規模進行。對於邊遠的高原地區，食鹽成為比糧食更加急需的生活用品；在鹽極度匱乏的地區，食鹽成為影響和聯繫家庭的重要紐帶。

在西南、西北少數民族地區，一家人平日不可能吃到鹽，只有到節日或是一定時間間隔後才能嘗到鹽。因家中的鹽儲藏量小，無法滿足家人的需求，所以不是將鹽直接放入食物或蔬菜中，而是將鹽掛在正堂內的大樑上，到實在需要補充鹽分的時候才拿下來，每人輪流舔一下，所以有些地方稱其為「舔鹽」，在這種情況下，鹽成為增進情感的一種方式。不僅人需要補充鹽分，家庭飼養的動物如牛羊也是需要補充鹽分的。經常放牧的人都知道（筆者從小在家放牛羊，有此體會），牛羊經常會「光顧」一些岩石，舔那些石頭。起初筆者感覺比較奇怪，後來有經驗的牧人告知，那些岩石帶有鹽分。有經驗的牧人，一般放牛羊時身上都會放一包鹽，到下午五六點時把鹽撒在石板上，並吆喝幾聲或喊羊聲（咩咩聲），讓牛羊去舔。次數多了，只要

5　參見舒瑜：《微「鹽」大義：雲南諾鄧鹽業的歷史人類學考察》（北京市：世界圖書出版公司，2010年）。

用同樣的方式喝喊，羊群馬上就會來到你身邊，牛會緊跟著羊群而來。這種方式通常對羊是最有用的。人和牛羊之間也就因為鹽而產生一種關係，人因掌握了牛羊對鹽的需要而利用此法讓羊群來到自己旁邊而節省勞力。特別是在找不到羊群的時候，這實為一種好的辦法。

鹽與一個民族的飲食有特別密切的關係。生活在高海拔地區的藏人因氣候和海拔的原因，對鹽的需求比生活在低海拔的人的要大，藏人喜歡喝酥油茶，以此來補充揮發的鹽分。這種飲食習慣逐漸發展成為一種民族特徵，從各地來藏族地區的漢人，往往到藏人家中定要品嘗酥油茶。因此，酥油茶也變成藏族同胞歡迎遠道之客的一種方式，增進了不同民族之間的友誼。鹽與食物的關係還表現在，冰箱、冷凍櫃未發明之前，為了長時間保存富含蛋白質的食物如魚和肉等，採用了醃製的方式。據記載，14 世紀時，醃魚的工藝便出現了，這表明人類的日常生活和鹽有著密不可分的關係。

雖然鹽與民族的興起不是必然的關係，但在一定的條件下鹽有利於民族隊伍的壯大，抑或起到增進民族認同和民族團結的作用；但是，有時也會因為鹽而戰火連綿。而且，往往戰爭—鹽—民族是緊緊聯繫在一起的。關於鹽的戰爭甚至出現在神話傳說裏。相傳黃帝和蚩尤在河東為鹽池之地進行過一場激烈的戰爭，其根本原因就是兩個部落為了競相開闢中原豐富的鹽資源。氏族部落間也可能因鹽而結成軍事聯盟。[6]

鹽井一帶就曾發生兩次為了鹽而征戰的重大事件：一為藏族民間故事「姜嶺大戰」，儘管還未能印證發生的具體時間和經過，但絕不是空穴來風，因為民間故事的題材都源於現實生活，「姜嶺大戰」的

6 參見王仁湘、張徵雁：《中國滋味：鹽與文明》（瀋陽市：遼寧人民出版社，2007年），頁218。

出現表明古老的民族之間的衝突是受利益驅使的。二為明代萬曆年間木氏土司佔領鹽井後，帶來了鹽業的變革，鹽在藏東廣袤地域內發揮了重要的作用，解決了生活在這裏的各民族缺鹽的問題。根據1976 年對西藏察隅縣僜人地區的調查，人們發現緊靠鹽井的察隅一帶的「僜人地區鹽十分缺乏，常用挖到的黃連或偶而得到的其它貴重藥材向藏區換回鹽巴。鹽貴時，用 1 克糧食只能換回一小碗鹽，有時還根本換不到鹽。在僜人中一個罐頭筒所盛的鹽（約 1 公斤）一家人要吃一年左右。平時為了節省，吃一般的野菜就不放鹽，只有在野菜十分麻苦時才放點鹽。有客人來吃飯時才多放些鹽」[7]。鹽的來源途徑少，極度稀缺，使鹽變得比黃金還貴，窮苦人家更是很難吃到食鹽，更談不上家裏有儲藏。

第二節　傳統的製鹽技術

鹽以多種方式存在於自然界中，有的以固態的岩鹽存在，有的以液態的方式存在於水中。根據所處的環境不同可將其分為池鹽、湖鹽、海鹽、井鹽、岩鹽。中國最早發現並利用的自然鹽之一是池鹽，其產地多在晉、陝、甘等廣大西北地區。另一種自然鹽就是岩鹽。關於鹽的製作技術，在《說文解字》中有「古者夙沙初鬻海鹽」，即為一種通過煮海水而得到鹽的方法。早期的人工鹽主要有海鹽和井鹽兩種：海鹽資源易暴露，易於開採，而且來源不竭；而對於井鹽來說，資源隱蔽，較難開採，來源也有一定的限制。因此，在人工鹽中，海水煮鹽又往往先於鹵井煮鹽。在宋元以前，海水製鹽較為普遍，不管

7　中國社會科學院民族研究所：《僜人社會歷史調查》（昆明市：雲南人民出版社，1990年），頁59。

是傳統的煮海水為鹽，還是採用海邊曬鹽，都是人們經常採用的製鹽方法。因此，海鹽總體上產量高，占整個製鹽業的比重最大。隨著科學技術的發展，現在人們所食用的鹽，絕大多數是通過海水加工而成的海鹽。

從井鹽的生產來看，在宋代以前主要採用傳統的工具，挖掘大口井，利用絞盤車牽引鹵桶或牛皮囊，從井下汲取鹵水，然後燒火煎熬。[8]井鹽技術較為發達的地方當屬四川，北宋時期已經出現了「卓筒井」技術，「在全世界首次採用圜刃銼鑽頭和衝擊式頓鑽技術」[9]。儘管如此，川鹽（井鹽）絕大多數採用的是煎熬的製鹽方式，即通過火來燒煮盛有鹵水的器皿，待水分蒸乾後便可獲得鹽。這種方法，往往需要較多的燃料，如木柴、煤炭、石油及天然氣等。

西藏鹽井的鹽也被稱之為井鹽，但是和川鹽的井鹽在製鹽方法上不同。鹽井的井鹽採用的是天然的日曬風吹法，鹽民往往「就岸架廂，汲水灌注，風吹日曬，即可成鹽」[10]。為什麼當地的鹽民不採用煎熬的方法，而採用風吹日曬法，筆者認為主要有兩個原因。

第一個原因是煎煮法成本較高。煎煮的方法，往往需要大量的燃料，要麼是木柴，要麼是煤炭、天然氣。但是，鹽井一帶植被覆蓋率低，木料來源缺乏，即便有木柴來源，也是路途遙遠，山路陡峭，運輸困難。且鹽井根本沒有煤炭和天然氣。因此，清人金飛所著《鹽井縣考》道，「此間既無煤礦，又無柴薪，鹽民攤曬之法，構木為架，平面以柴花密鋪如臺，上塗以泥，中間微凹，注水寸許，全仗風日」[11]；並直接提及鹽井「附近無煤，山峻高而樵路遠，成本幾增二十餘

8 參見郭正忠主編：《中國鹽業史・古代編》（北京市：人民出版社，1997年），頁244。

9 唐仁粵主編：《中國鹽業史・地方編》（北京市：人民出版社，1997年），頁635。

10 〈鹽井縣紀要〉，《邊政》1931年第6期。

11 金飛：〈鹽井縣考〉，《邊政》1931年第8期。

倍」[12]，「擬改用煎熬之法，曾經試驗，一經提煉，色味俱佳。惟關外向無煤礦，全用山柴，成本幾增二十餘倍，只可暫仍其舊」[13]。顯然，鹽井的製鹽技術不是不想改進，而是「改良殊難」[14]，只能保持這樣的傳統方式。

第二個原因是自然氣候條件。儘管我們提及鹽井木柴少、無煤炭，無法改進方法，不利於採用煎煮法，但是另一個自然條件卻為鹽井長期進行曬鹽提供了保障，這便是鹽井的氣候。鹽井所處位置屬高原溫帶半濕潤季風性氣候，「常年多南風」[15]，四面環山，有瀾滄江流經，日均氣溫可達 18℃。鹽井常年乾燥，氣溫較高，使得鹵水容易蒸發。段鵬瑞在其《巴塘鹽井鄉土志》中曾對氣候做了記錄：「鹽井四季氣候溫和，而鹽井暑令熱度至七十度[16]止。」

另外還有一種可能性值得商榷。鹽井一帶人煙稀少，銷售範圍內的總體人數少。儘管木料來源困難，但是一旦採用煎熬的方式，勢必能提高效率，在一定程度上減少成本。之所以未採用這樣的方法，是因為即便效率得到提高，銷售的量也無法提升，那麼生產出來的鹽只能大量積壓，也就無法彌補成本高的問題。鑒於上述情況，鹽井的製鹽技術一直保留著傳統的方式，從明代萬曆年間開始到現在，一直不變。這種技術歷代在納西族和藏族之間傳承，到目前為止已經歷 700 多年的歷史，不能不說是種奇跡。鹽井的鹽田隸屬 3 個自然村，這些

---

12 金飛：〈鹽井縣考〉，《邊政》1931年第8期。

13 四川省民族研究所《清末川滇邊務檔案史料》編寫組編：《清末川滇邊務檔案史料》（中冊）（北京市：中華書局，1989年），頁446。

14 金飛：〈鹽井縣考〉，《邊政》1931年第8期。

15 〔清〕段鵬瑞纂：《巴塘鹽井鄉土志》（影印本）（北京市：中央民族學院，1911），頁4。

16 此處應為華氏溫度，轉換為攝氏溫度為21.1℃。其轉換公式為：℃=5×（℉-32）/9，即攝氏溫度=5×（華氏溫度-32）/9。

鹽田分別是東岸的加達村加達組的鹽田、西岸上游的上鹽井鹽田及下游的下鹽井鹽田。

劉贊廷在鹽井任職期間留有一詩，專為鹽泉、鹽田、鹽民而寫：

滄江水灝淼，中蘊瀉鹽泉；
未識通咸海，翻來噴大川。
浮雲低靄護，修埂汲藍田；
天意憐民苦，隨風共日煎。[17]

從這首詩中我們可瞭解到，瀾滄江邊有鹵水自然地流出，人們修了和水田相似的鹽田即可曬鹽。儘管鹽井樹木覆蓋少，但是上天好像故意憐憫鹽井人的疾苦，只靠風吹和日曬就能獲得食鹽。

一　製鹽前的工序

（一）鹵水井

根據地下水迴圈路徑的差異，鹽井一帶地下水的類型分成兩類：一類是受本地侵蝕基準面控制的淺表迴圈地下水系統，多為兩側山地高海拔地區接受降水、融雪水補給；另一類則是迴圈路徑深大長遠的地下熱水系統。據芒康、鹽井地區構造演化史，有關鹽井鹽泉的生成史分為如下水文地質時期：

（1）晚三疊世早期，本區東、西和南側形成濱海相—海陸相交互沉積。

---

17 〔清〕劉贊廷：《鹽井縣志》，《中國地方志集成》編輯指導委員會：《中國地方志集成・西藏府縣志輯》（成都市：巴蜀書社，1995年），頁385-386。

（2）晚三疊世中期，海水自西北方向侵入，產生了一個寬緩的碳酸鹽岩緩坡，在中生代拗陷東西側形成淺灘相，在鹽井地區形成水體波動較強的淺海環境。

（3）晚三疊世晚期，海水向北西退出，濱岸—淺海相碎屑沉積廣泛覆蓋全區；侏羅紀，本區大部隆升為陸，氣候逐漸變得乾燥起來，並在晚些時候發育著石膏和鹽岩。

（4）近代淋濾作用，係指新生帶以來的整個時期。[18]

經過上述四個時期，形成了現在鹽井一帶穩定的鹽泉補給循環系統，使得「鹽井鹽泉分散於露於左岸上下的鹽井和右岸的紮達村，順瀾滄江岸長約 1.5 千公尺、寬 300 至 500 公尺的範圍，鹽泉溫度一般在 40℃ 左右，以典型的自流承壓特徵小股流出」[19]。鹽井的鹵水井正是分佈在這個區域內的瀾滄江邊上，通過兩個循環系統來補充鹵水。鹽民就在江邊開鑿深井，獲得源源不斷的鹵水。

由於瀾滄江峽谷左岸和右岸的土質不同，導致曬出的食鹽顏色不同，從表 7-1[20]來看，紅鹽和白鹽含鹽量差不多，但是紅鹽含的雜質比白鹽含的雜質量多。

表 7-1　白、紅鹽成分分析

項目 種類	水分	不溶物	鐵鋁氧化物	硫酸鈣	硫酸鐵	硫酸鈉	氯化鈉
白鹽	4.35%	4.23%	0.93%	0.19%	0.11%	0.295%	68.60%
紅鹽	4.50%	12.92%	2.14%	0.18%	0.54%	0.586%	79.33%

18 參見漆繼紅、許模、張強等：〈西藏鹽井地區鹽泉同位素特徵示蹤研究〉，《地球與環境》2008年第3期。

19 參見漆繼紅、許模、張強等：〈西藏鹽井地區鹽泉同位素特徵示蹤研究〉，《地球與環境》2008年第3期。

20 崔克信：〈鹽井縣之地質及鹽產調查〉，《西康經濟季刊》1994年第8期。

根據宣統元年（1909 年）王會同的調查，當時的鹽井共計四五十口，「瀾滄江東岸有井二十餘口，其西岸有井二十口。東岸井深，鹽質頗厚。西岸井淺，含有硝質，色味較遜」[21]；從金飛在鹽井調查到的結果來看，「東岸井二十四口，西岸井三十一口，兩岸井共五十五口」[22]。兩者之間相差不大，鹽井的數目可以肯定在 50 餘口。據 2012 年在鹽井的實地調查來看，東岸有鹵水井 61 口，西岸有鹵水井 17 口。鹽民反映，有些鹵水井因江水沖積或長期未使用而廢棄。

2006 年，瀾滄江古水水電站工程建設前期勘測工程開始，來自西藏、陝西、四川的考古人員組成隊伍，對鹽井製鹽工藝、貿易和生產管理等方面進行了調查。調查資料顯示，加達村有 32 口鹽井（鹵水井），以石砌為主，有方有圓，大小與出鹵水量無關，而與人力有關，或具有隨意性。其中，最早的鹽井已沿用數百年，近兩三年新挖了 6 口新井。有公共鹵水井 1 口，私人鹵水井 10 餘口。公共鹵水井，往往井深，出鹵水多。上鹽井有公共鹵水井 2 口，私人鹵水井有 20 餘口。下鹽井共有鹵水井 20 口，其中公共鹵水井 2 口，私人鹵水井 18 口。[23]

從「產鹽之井，逼近江干。相傳明初木氏所開，其子孫世守土職，居麗江府。當時皆係遣調滇邊工匠為之，方圓深淺不一」[24]來看，當時的鹽井已經有在江中開鑿的深井，該技術相傳是木氏土司開創，當時還有雲南的工匠一起進入鹽井。

---

21 四川省民族研究所《清末川滇邊務檔案史料》編寫組編：《清末川滇邊務檔案史料》（中冊），（北京市：中華書局，1989年），頁446。

22 金飛：〈鹽井縣考〉，《邊政》1931年第8期。

23 參見哈比布、張建林、姚軍等：〈西藏自治區昌都地區芒康縣鹽井鹽田調查報告〉，《南方文物》2010年第1期。

24 金飛：〈鹽井縣考〉，《邊政》1931年第8期。

民國三十年（1941 年），崔克信[25]冒著生命危險從巴塘跟隨馬幫，喬裝成商人在鹽井進行了為期 17 天的調查，寫有〈鹽井縣之地質及鹽產調查〉一文，一方面是從地質學的角度，論述了鹽井鹽成鹽的因素和各種礦物質含量的比例，另一方面對有關生產技術、組織、產銷、交通以及鹽井鹽技術層面上存在的不足和建議方案等問題進行了論述。這為我們從技術的角度探討鹽井鹽業生產提供了重要的依據。但是，出於專業角度，崔克信並沒有過多關注物質生產背後人的關係；此外，受時局的影響，未能做詳細的調查，更無法進行專業的技術測定。因此，他的研究還存在一定的不足。

崔氏對鹵水井的描述有：鹵水是「因之水浸入井中，將鹽層中之鹽質溶解而成鹽水，井在江之右岸者，直徑普通約有一（又）五公尺，深自二公尺，亞五公尺不等；而以深二三公尺居多，井口均鑲以木，（或呈）長方，或呈長方、呈正方，最長者有一（又）五公尺，短者半公尺至一公尺，井周圍鑲者僅一井，其距江邊最遠者，不過五公尺，最近者僅一公尺」[26]。現在，瀾滄江邊的 80 多口井，相隔也就 115 公尺不等，多數在 1.55 公尺之間，有的兩口井之間僅一壁之隔。鹵水井的形狀多為方形，少數為圓形；深度在 25 公尺屬正常範圍，最淺的鹵水井在 1 公尺左右，最深的可達 11 至 12 公尺；直徑一般在 12 公尺。現在，開鑿的井不再是在井邊鑲嵌木頭，一般都採用水泥拌沙和石頭一起砌成，這樣壘砌而成的鹵水井往往比較堅固。

鹵水井面對的最大問題是，一到雨水季節，洪水暴漲，「江水之漲落，由四五月起，至七八月，水勢暴漲數丈，波濤洶湧，兩岸鹽井盡沒」[27]。這將嚴重影響鹽業的生產。儘管人們為防止鹵水供應短

25 崔克信：畢業於北京大學地質系，曾任西康地質調查所所長；新中國成立後，任中國科學院地質研究所研究員。

26 崔克信：〈鹽井縣之地質及鹽產調查〉，《西康經濟季刊》1944年第8期。

27 金飛：〈鹽井縣考〉，《邊政》1931年第8期。

缺，每到六七月就提前將鹵水運送至儲鹵井，並不斷地將儲鹵井擴大，但依然難以解決鹵水井被淹沒、鹵水竭盡的問題。最後人們想出了一個辦法，經常監測漲水的位置，然後選擇鹵水比較多的鹵水井，並將其井口不斷加高以超過漲水時的位置。有時候需要增高 35 公尺才能達到預期的高度，但是這畢竟要耗費大量的工程來增加鹵水井井口的高度，因此只能選擇少部分鹵水井，很難從根本上徹底解決問題。

在 20 世紀七八十年代，人們為了避免漲水影響曬鹽而修建的鹽井，有的高達 5 公尺，用石頭堆砌而成，下面留有通道，只可一人通過。洪水漲過後，鹽民首先要做的一件事情就是處理鹵水井，將沉入井中的泥沙掏乾淨。金飛記有「宣統元年江水驟發，壞鹽箱數百」[28]，使得暴漲的江水不僅淹沒了全部的鹵水井，而且破壞了高出鹵水井 5 公尺以上的鹽田。這些經過都有詳細記錄：

> 水極大時，即鹽廂雖居高處，亦有沖倒之虞。水退井眼皆為泥沙壅閉，淘汰頗須時日，歷年皆然。鹽戶之勤敏者，設法於江水未發之先，預為池蓄水，以備井沒。奈水源既竭，勢難持久。欲彌其缺，首在衛井，除築堤而外，有就井圈牆一法。怒濤驟作，聲振山谷，起落數丈，非鉅款不能成事，即令款足，又必須預籌修築之策，工堅料固，始能一勞永逸。且地勢甚長，上下十餘里，一經潰防，井遭覆壓，其淘濬之功，等於修築，故衛井之說，必籌畫盡善，始能舉行。[29]

因此，鹽民不僅要不斷地修整鹵水井，有時還需要重新選擇地點。開鑿新的鹵水井，先在江邊選擇可能出鹵水較多的地方，用鋼板

28 飛：〈鹽井縣考〉，《邊政》1931年第8期。

29 金飛：〈鹽井縣考〉，《邊政》1931年第8期。

鋤或十字鎬等工具進行挖鑿；有時候則需要有經驗的鹽民來判斷，或在以前廢棄的鹵水井旁進行開鑿，直到找到鹽泉為止。

（二）鹽田

鹽田是在受地理環境制約的情況下，納西族受到水田的啟發依照地勢修建的曬鹽場地。這表明人類不斷適應自然環境的同時會適當對自然進行改造。可惜的是，木氏土司進入鹽井開創鹽田的整個過程，未能給人們留下筆墨，至今對這段歷史只能靠想像或猜測，當時鹽田的情況也無法準確掌握。

有關鹽井的文獻記錄最早屬段鵬瑞宣統元年（1909 年）形成的《巴塘鹽井鄉土地理志》，又稱《巴塘鹽井鄉土志》或《鹽井鄉土志》。幾乎在同一時間，金飛在調查鹽井的基礎上著有《鹽井縣考》。除此之外，《清末川滇邊務檔案史料》中收集的改土歸流過程中涉及鹽井的一些奏摺和電文。

在《巴塘鹽井鄉土志》中提到「鹽田之式，土人於大江兩岸層層架木，界以町畦，儼若內地水田」[30]，說明一直使用架木法建鹽田，即以木柱為支撐，平鋪木料，蓋上沙土，在瀾滄江兩岸的坡地上建鹽田。據《鹽井縣考》記載，鹽民「構木為架，平面以柴花密鋪如臺，上塗以泥，中間微凹，注水寸許，全仗風日。山勢甚削，其寬窄長短，依山高下為之，重疊而上，櫛比鱗次，彷彿町畦，呼為鹽廂，又名鹽田」[31]。這種曬鹽方式使得程鳳翔在 1908 年進軍桑昂路過鹽井時寫有「鹽樓鱗比數千，歲緡累鉅萬，誠天生利源也。齊西螺旋而上百

30 〔清〕段鵬瑞纂：《巴塘鹽井鄉土志》（影印本）（北京市：中央民族學院，1911年），頁12。

31 金飛：〈鹽井縣考〉，《邊政》1931年第8期。

餘盤始至噶翁寺」[32]的感歎。「鹽田多為長方形，普通長約三公尺，寬約二公尺，也有因地勢所限，建成橢圓形或圓形的鹽田。」[33]

宣統元年（1909 年）的資料顯示，當時鹽田有「二千七百六十有三」[34]塊。《鹽井縣考》記有：「東岸鹽廂一千二百四十二，鹽池八百零二；西岸鹽廂二千七百二十四，鹽池四百七十四。兩岸共鹽廂三千九百六十六，鹽池一千二百七十六。」[35]產量達到「一萬馱之譜」，共計「一百二十萬斤鹽」。[36]在當時來說這個數量不小了；而根據段鵬瑞的記載，這個數目「不止一萬馱」，「應有一萬八千馱之多」。

崔克信在其文章中也描寫了鹽田的情況：「鹽田分六區，均位於瀾滄江之兩岸，江之東岸自鹽田五曰葛然擦音（『擦音』即為『鹽田』之義）均彼此毗連，位於江之右，六曰夾達擦音則位於（左岸），一曰不頂擦音、二曰西登卡擦音、三曰生曲龍擦音、四曰亞卡擦音，東南夫縣治平距一二公里，惟縣治位於一扇形沖積臺地之頂，高出江面，約達三百公尺，路多崎嶇盤折，故實際路程，則又一四公里之遠。」[37]另外，括弧內「左岸」是脫文，筆者根據上下文的意思所加。加達村、上鹽井村和納西村的鹽民，共同在瀾滄江邊上曬鹽，但波濤洶湧的瀾滄江將加達與上鹽井、納西村分隔兩岸，之間往來無可供直接通過的橋樑。段鵬瑞談到：「瀾滄江俗名溜筒江，其自發源以至達安南境為湄公河，而入海盤屈八千餘里之中，惟雲南永昌郡明

---

32 轉引自吳豐培輯：《川藏遊蹤彙編》（成都市：四川民族出版社，1985年），頁444。

33 轉引自崔克信：〈鹽井縣之地質及鹽產調查〉，《西康經濟季刊》1944年第8期。

34 〔清〕段鵬瑞纂：《巴塘鹽井鄉土志》（影印本）（北京市：中央民族學院，1911年），頁12。

35 金飛：〈鹽井縣考〉，《邊政》1931年第8期。

36 四川省民族研究所《清末川滇邊務檔案史料》編寫組編：《清末川滇邊務檔案史料》（中冊）（北京市：中華書局，1989年），頁446。

37 崔克信：〈鹽井縣之地質及鹽產調查〉，《西康經濟季刊》1944年第8期。

季曾建霽虹一橋，鐵繮十六廣十有六尋，此外無聞也。」[38]因而兩岸之間多以溜索為交通工具。

對此，崔可信也有描述：「江之兩岸交通，純賴索橋溜渡，索由兩股竹篾編成，直徑約三公釐，共三條，斜跨於兩岸木樁上，長約五十公尺；自東岸斜向西岸，兩條位置較低，長各約為四十公尺，一自東向西斜，一自西向東斜；中部以重力影響，均略顯弓形，索之長陡處，約有十度。渡時以皮帶環於兩大腿上，復繞一環，套於頸上，帶中穿瓦式木槽，將木槽覆於索上，兩手相握，置於木槽頂，頭稍偏，將重力懸空斜滑而過，極為迅遠，人畜皆可擊渡，惟有相當危險；自鹽田至縣治，率可通行牲畜，尚屬便利。」[39]溜索為臘翁寺雇人所造，需要到達對岸的人們必須交一定的稅才能從溜索上通過。一般情況下，夏秋兩季由於洪水上漲、水位高、浪高洶湧，一般採用溜索渡江；但是，在冬春兩季，由於江面水位不高，且波浪小，可用牛皮船渡江。相比較之下，夏秋時節的「溜繩來往，甚為險絕」[40]。

鹽田的修建方法為：「首先順山勢走向豎立 35 排直徑為 0.10 至 0.16 公尺的木柱，柱間距 0.50 至 1.15 公尺不等，木柱長短視地表高低不同而各不相等。」[41]影響木柱間距、數量、長短的原因主要在於地勢的坡度和地基的平度。「柱之長短多少，視坡度大小及地基堅固與否而異，地坡平緩地基堅韌者，承柱短而少，反之需柱長而多，……鹽田柱之最多者，可達十餘根，當通直徑五至十公分，柱頂縱橫架一

38 〔清〕段鵬瑞纂：《巴塘鹽井鄉土志》（影印本）（北京市：中央民族學院，1911年），頁18。

39 崔克信：〈鹽井縣之地質及鹽產調查〉，《西康經濟季刊》1944年第8期。

40 〔清〕段鵬瑞纂：《巴塘鹽井鄉土志》（影印本），中央民族學院1911年，頁3。

41 哈比布、張建林、姚軍等：〈西藏自治區昌都地區芒康縣鹽井鹽田調查報告〉，《南方文物》2010年第1期。

木梁，間隔約三四公寸」[42]，整個工程若修民房，因此當地人也將鹽田稱為木樓。木樓高矮和大小均由所處地勢決定，最高的可達 7 公尺，最矮的只有 2 公尺左右；整個木樓上的鹽田分小塊，大的木樓則可分 10 至 20 塊，小的則分 4 塊左右。整個山坡上的鹽田，依地勢而建，逐層往上，有的在十幾公尺的高差之間建有六七層鹽田。整個峽谷內的鹽田，在兩岸之間南北延綿 1.5 公里，頗為壯觀。

鹽井的鹽田西岸全部屬加達村加達小組村民所有；東岸分兩個部分，一部分屬上鹽井村，一部分屬下鹽井村（納西村）。加達的鹽田靠西岸，受地球自轉運動的影響，西岸地勢稍微平坦，鹽田地理座標北緯 29°02'49.2 至 29°03'7.5"、東經 98°35'30.9 至 98°35'36.2"，海拔 2,315 至 2,328 公尺。上鹽井村鹽業組，位於瀾滄江左岸，地理座標北緯 29°03'04.2 至 29°02'50.9"、東經 98°35'41.8 至 98°35'36.7"，海拔 2,305 至 2,346 公尺。下鹽井村的鹽田隸屬於納西鄉納西村宗格組，地理座標北緯 29°02'29.9 至 29°02'35.6"、東經 98°35'50.6 至 98°35'51.3"，海拔 2,315 至 2,329 公尺。[43]東西兩岸鹽田合計 3,249 塊。據加達村村長介紹，最近五六年，鹽田的數目多有變化，鹽田的所有者也局部發生了變化。究其原因主要有以下幾個方面：

一是自然因素。即每到雨季 5 至 8 月，瀾滄江的水位上陞，河水暴漲，衝擊兩岸的鹽田，雨量多的年份，水位可上漲十幾公尺，不斷衝擊河岸，使得離河面較近的鹽田沖毀情況嚴重。「所最難防者，即江水之漲落，由四五月起，至七八月，水勢暴漲數丈，波濤洶湧，兩岸鹽井盡沒。水極大時，即鹽廂雖居高處，亦有沖倒之虞。」[44]一旦

42 〔清〕崔克信：〈鹽井縣之地質及鹽產調查〉，《西康經濟季刊》1944年第8期。

43 參見哈比布、張建林、姚軍等：〈西藏自治區昌都地區芒康縣鹽井鹽田調查報告〉，《南方文物》2010年第1期。

44 金飛：〈鹽井縣考〉，《邊政》1931年第8期。

地基受到嚴重的沖毀，很難在原來的基礎上再次修建鹽田。

二是轉讓或出售。子女工作後，一旦離家較遠（多在芒康縣城，部分在昌都縣城），難以照顧年紀漸大的老人，只得將父母接到縣城。此時，家裏的鹽田要麼轉讓給親戚或他人，要麼出賣。最近幾年，當地鹽的銷量不好，而且鹽民覺得製鹽的工作較累，就放棄部分鹽田。例如，上鹽井村原村長子女在芒康上班，最近兩年他被女兒接走後就再也沒有回鹽井來，他家的鹽田只能轉讓給親戚。

三是轉行。越來越多的鹽民開始從事商業活動，難以顧及家裏的鹽業，久而久之生意做好了，就直接放棄鹽業。

總體來看，鹽井的鹽田總數還是保持在 3,000 塊以上。鹽田的規格多為長方形、橢圓形、不規則四邊形，一般長 36 公尺、寬 23 公尺。在地勢較陡的地方建鹽田，為了節省空間，一般在鹽田下面直接建鹽倉，為的是方便收鹽、放鹽以及放置一些製鹽的工具，這樣的鹽倉大小在 1050 平方公尺。

鹽田的修整需要注意以下幾個問題：

一是選址。各家各戶都有自己的鹽田選址範圍。由於鹽田與鹽田之間距離比較近，又因地勢險要，有可能上一層的木柱就立在下層鹽民的鹽田邊上，因此選址一般比較精確，誤差不會超過三四十公分。一旦越界，就會造成口角，甚至會上陞到打架鬥毆。「其鹽廂不時拆卸修理，互有增減。因地勢逼窄，基址則尺寸不能假借，偶有侵佔，必全力以爭。」[45]長期以來，人們都十分重視這些細節的問題。選址時關鍵要看清地勢、坡度等，以便按照所需的長度和數量購買木料。

二是選擇木料。現在木料越來越難以獲得，價格不斷上漲，選擇木料變得尤為重要；一般要選擇比較直的木料，支撐的時候受力才均

45 同上。

勻，而且在平鋪的時候不需要過多的修理。

三是請木工師傅。修建鹽田的前兩天，一定要請有經驗的師傅，其目的是掌握修建鹽田的整個木樓的結構。木式結構的樓房關鍵在於木料之間的結構承受力，一旦結構不穩固，幾個人同時在一個鹽田中曬鹽會很危險。

四是鋪完木料後，還需要鋪上一層沙土。這個時候一定要仔細平整鹽田的水平面。如果高低不平就會影響曬鹽和收鹽；如果一邊高一邊低則會出現鹵水嚴重往下滲透，導致鹵水大量損失，影響產量。這些關鍵步驟準備好後，就要請 10 至 13 人，用一天的時間來搭建鹽田。所請的人多為親戚，或是同為鹽民，這樣大家都比較熟悉工序。

鹽田的修整一般分臨時修整和定期修整。臨時修整是指發現鹽田有漏鹵水或木料腐朽之處，立即修理。一般每天收鹽結束後都會繞鹽田看一圈，檢查是否存在上述問題，一旦發現立即處理，才能保證鹽的產量和鹽田上操作者的安全。定期修整則指每隔 1 年左右的時間，對整個木樓或鹽田局部進行統一修整。包括更換腐爛的木柱及所鋪的第一層中腐爛的木料。為了降低工程量，一般在修整前，先將沙土挖出，堆放在鹽田周圍，並將所拆除的木料放入儲鹵池中。這是因為木料中有長期滲透下來的鹵水浸入，放入儲鹵池浸泡以便將木料中的鹽分溶解出來，避免浪費鹵水。定期修整還包括 10 年左右進行全面的重建木樓和鹽田。

（三）儲鹵池

儲鹵池為鹽民暫時存放鹵水而建的形如窩狀的小池塘。其作用有三：一是將鹵水倒入儲鹵池中，便於鹵水與結晶鹽的充分結合，加快成鹽的速度；二是從鹵水井人工背到儲鹵池（或水泵直接抽到儲鹵池）的鹵水，往往溫度高，大多在 30 至 40℃，為了保證成鹽的品質，必須將出井後的鹵水溫度降低到常溫，一般在 20℃；三是每到 5 至 8 月，瀾滄江河水暴漲，洪水一旦氾濫，將會把鹵水井全部淹沒，鹽民為了能繼續生產食鹽，並且保證產量不會受到影響，就只能預先將大量的鹵水存放在儲鹵池中。這便是「鹽戶之勤敏者，設法於江水未發之先，預為池蓄水，以備井沒」[46]。總體來說，儲鹵池的作用就是中轉站。

由於西藏在解放以前沒有現代工業技術生產的水泥等高凝固性強黏合力的材料，儲鹵池一般僅用石頭壘砌而成，因考慮其受力，往往壘壁很厚，需要大量的石料，而且只能修建成「窩」狀。因此，人們進入鹽田同時還會看到「數田之間有鹽窩，狀類田而稍深，用以囤積鹽水，春暖夏融，江汜井湮，鹽戶取田泥浸諸其窩以取鹽，仍與井水相若。鹽樓鱗比數千，歲產緡累鉅萬」[47]。但是，隨著結構力強的水泥生產出來，人們不再需要建較厚的池壁，只需將沙和水泥拌勻後，倒入事先做好的木製模子，兩三天後儲鹵池就能形成，這時拆掉模子，儲鹵池即可成型；同時，池壁不需要佔用大量的土地面積，也不會耗費大量的石料，而且形狀正規（呈長方形或正方形），堅固而不易滲透鹵水。

儲鹵池的數量，從宣統元年（1909 年）金飛記有「東岸鹽廂一千二百四十二，鹽池八百零二；西岸鹽廂二千七百二十四，鹽池四百七十四。兩岸共鹽廂三千九百六十六，鹽池一千二百七十六」[48]來看，鹽廂即為鹽田，鹽池就是上述所提及的儲鹵池。一般而言，為了方便取鹵水，在鹽田邊各家有一個儲鹵池，有時在非常集中的地方也

46 金飛：〈鹽井縣考〉，《邊政》1931年第8期。

47 吳豐培輯：《川藏遊蹤彙編．喀木西南紀程》（成都市：四川民族出版社，1985年），頁444。

48 金飛：〈鹽井縣考〉，《邊政》1931年第8期。

會修建大型儲鹵池，供幾家鹽戶共同使用。崔可信則將儲鹵池稱為水塘。他描寫道：「鹽田均有水塘，以給儲水之用，在夾達擦音，皆建於鹽田之下，他區則分別建於鹽田之河邊平坡中，形狀不一，大者長可四公尺，深不及一公尺。」[49]此時的儲鹵池容積並不大。

儲鹵池在沒有使用水泥澆築技術前，經常需要檢查是否有鹵水滲透的現象，這個過程如同檢查鹽田一樣重要，需要格外細緻。在2007年以前，鹽民的鹵水基本上靠的是婦女人工揹運。鹵水十分沉重，使得揹運時比較辛苦，一旦儲鹵池漏水將會白費工夫。因此，常常每星期要仔細查看儲鹵池四周一遍，一到年底就要進行修整。現在使用水泥澆築後，基本不用擔心漏水，只是使用的時間長了，需要打掃儲鹵池底部的各類垃圾。

二　製鹽工具

（一）水泵

水泵是輸送液體或使液體增壓的機械，通過原動機的機械能或其它外部能量傳送給液體，主要用來輸送包括水、油、酸城液、乳化液、懸乳液和液態金屬等液體，也可輸送液體、氣體混合物以及含懸浮固體物的液體。在鹽井，水泵從2007年以後才開始大量使用，目前基本上不再使用傳統的鹵水桶揹運鹵水了。用水泵抽鹵水工作效率非常高。用人工揹運100立方公尺的鹵水，以原來揹運鹵水使用鹵水桶的規格來看，假設底直徑為26公分、高為60公分，根據圓柱體體積公式 V＝πr2‧h，那麼一桶鹵水的體積約為3.14×（0.26/2）2×0.6＝0.031（立方公尺），則 100 立方公尺的儲鹵池需要3,226桶，以每

49 崔克信：〈鹽井縣之地質及鹽產調查〉，《西康經濟季刊》1944年第8期。

次揹運一桶鹵水的時間為 25 分鐘、一天工作 8 小時計算，則需要 100 天才能裝滿；而一般的水泵正常的抽水量為 3045 立方公尺，則 100 立方公尺的鹵水，兩個多小時就能抽滿，效率大大提高，省去了大量的勞動力。

（二）鹵水桶

鹵水桶為納西族、藏族婦女揹運鹵水的工具，由於加達村地勢平坦，較少使用，多為上鹽井村和下鹽井村所用。金飛記有「凡汲水攤曬等工作，多女子任之」[50]，其中揹運鹵水是最為辛苦的工作。在高低不平的鹽田裏，納西族婦女要不斷地揹運鹵水。從早上 7 點多鐘開始，加達、下鹽井、上鹽井三村的婦女們便開始背鹵水了。

鹵水桶近似圓柱體，但是底端直徑要稍微小一些，越往上越粗，這樣的構造是木工師傅有意為之，為的是減輕肩上的負擔。桶底的直徑為 20 至 25 公分、桶口為 22 至 27 公分，桶口比桶底寬 2 公分左右。「桶壁由 27 片木條縱向接合而成，外邊用鐵絲橫向箍起。桶外高 61.5 公分，桶內高 59.5 公分，口徑 25.5 公分，底徑 25 公分，壁厚 0.5 公分，木條寬 2.53 公分，鐵絲間距 6.5 至 12 公分。」[51]

鹵水桶還必須配有背帶，一般由細羊毛編織而成，主要特點是質地軟、耐性好、韌性強；長約 1.5 公尺，一般由桶的直徑來確定，寬約 4 公分。其次是墊子，羊毛織成，平面呈方形，外麵包有布，用手工縫製而成。墊上墊子為的是減少腰部直接和桶底與桶壁摩擦，減輕負重時對身體的傷害。

---

50 金飛：〈鹽井縣考〉，《邊政》1931年第8期。

51 哈比布、張建林、姚軍等：〈西藏自治區昌都地區芒康縣鹽井鹽田調查報告〉，《南方文物》2010年第1期。

（三）鹵水瓢及其它

鹵水瓢是用來將鹵水盛入鹵水桶的工具，主要用在兩個地方，一是將鹵水從鹵水井中打入鹵水桶中，一是將儲鹵池中的鹵水舀入鹽田。一直以來，人們常常用樺樹皮製作鹵水瓢，其「口部長 20 至 22 公分、寬 11 至 16 公分，底部長 19 公分、寬 8 公分，高 9 公分，壁厚 3 公分」[52]，後來慢慢使用葫蘆瓢。隨著鐵製水瓢的傳入，人們開始喜歡使用鐵製的鹵水瓢，但鐵製瓢容易氧化，很快就壞了。再後來，人們使用塑膠製作的水瓢，好用且耐用。

刮鹽板、鹽筐、掃帚、鹽箕、木槌等工具主要用在曬鹽的過程中。刮鹽板呈梯形狀，用木製成，長 3040 公分，厚度 2 公分，用來刮鹽田上的鹽。鹽筐用來盛放曬好的鹽，一般用竹篾編織而成，呈圓錐狀，下窄上寬，筐口呈圓形，直徑在 50 公分左右，深約 40 公分；一般盛滿鹽的話，大概重 50 市斤左右。掃帚和漢人所用笤帚基本相同，一般由竹子的最尾部編紮而成，用於將鹽掃入鹽箕中。鹽箕為暫時盛放鹽的器皿，竹篾編制而成；底邊平，便於鹽能直接掃入其中，上邊成三角形狀。木槌為修整鹽田所用的工具，整體由一塊木頭砍制而成；底邊平整，發現鹽田有不平整之處就輕輕拍打，直到和周圍一樣平。

三　製鹽過程

總體來說，製鹽的過程分三步。第一步將鹵水運送至儲鹵池，再將冷卻後的鹵水運到鹽田，實為取運階段。第二步為曬鹽，鹽民不需要直接參與，只需靠風吹和日曬便可生產鹽；具體來講，曬鹽的一般

52 同上。

過程為將儲鹵池中的鹵水倒入鹽田，一般為 3 公分左右即可。第三步為收鹽，將鹽直接放入鹽袋之前要不斷地翻曬，確保水分基本蒸發。整個曬鹽過程中最為辛苦的是第一步，即取運鹵水。

製鹽的過程極為簡單，崔可信在調查報告中有描述。具體如下：

> 製鹽第一步驟，汲鹽水，在夾達（現在的加達村）擦音（「鹽田」之義），係以木製水桶自鹽塘中汲取鹽水挑送鹽田，其餘則均以長形水桶揹運，並置獨木梯，以便上下，鹽水入鹽田後，藉風力及日光照為吹曬，鹽即徐徐結晶而出，待干時，以擦斯板隨意刮數次，再曬乾後，復徹底刮之。掃之成堆，裝入「羊毛織成之袋」即成。鹽掃除後，鹽田表面沙泥已因刮鹽而不平緊，需用□鍬錘之□緊密。並稍曬後始能再加鹽水。[53]

整個製鹽過程技術性不高，關鍵是一個細緻的體力勞動過程。最費體力的是運送鹵水的過程，這段路程離鹵水井近的不到 500 公尺，但是需要耗費大量的勞動力，也花費了大量的時間。

傳統的製鹽方式直接受天氣、雨季、風力等因素的影響。每年 3 至 6 月，峽谷內的風力較大，鹵水結晶快，產量較高，被稱為旺月。五六月為漲水季節，七八月為退水季節。江水漲退的遲早情況，視當年的雨水多少而定。一般在漲水前，鹽戶要晝夜不停地運鹵水，存放在儲鹵井中，以待江水淹沒鹵水井後曬鹽之用。到了七八月，鹵水基本斷絕，鹽戶只能將鹽田拆了，將拆下來的泥沙和木料浸入儲鹵井中，以溶解滲在其中的鹽質。經過 35 天，鹽質全部溶解在儲鹵井中，其曬鹽的產量不減於旺月，故在普通人看來也當旺月。9 至 11

---

53 崔克信：〈鹽井縣之地質及鹽產調查〉，《西康經濟季刊》1944年第8期。

月陽光不足，風力較弱，產量最少，只占旺月的十分之三，其中，又以 10 月、11 月兩個月產量最少，臘月、正月兩個月產量漸漸增加，是旺月的十分之五左右。[54]

> 旺月期間，夾達擦音每三日掃鹽一次，約得鹽一斗，其餘擦音間，每日掃一次，每田灌鹽水兩桶半，得鹽斗半；其中獲鹽約為一斗。掃一次掃時復分三次，計第一次，當鹽水幹約七成時，用擦斯板將鹽面刮一遍，稍再將浮面花鹽刮入鹽袋中，袋至於鹽田及水塘間提上，浸出鹽水，即注入塘中，不至損失。第二次掃時，待鹽乾後，先用掃帚輕掃一遍，再用擦斯板將鹽刮起，倒入袋中。第三次，將餘鹽掃淨，以沙泥濕，故多摻入鹽中。第一次刮取之鹽質最純，屬桃花鹽；第二次次之，稱二道鹽；第三次最劣，稱三道鹽。
> 十月期間，夾達擦音（加達鹽田）復九日掃鹽一次，其餘擦音期間日掃一次，每次每天產鹽一斗左右，部分花底。其中，以十冬兩月為最劣，不若其餘各月所產之潔白，九十冬三月，每日掃田灌水半桶，臘正二三月，即則灌水兩次，日仍需加水半桶，始能維持產量不減。[55]

以上便是鹽田產鹽和收鹽的基本情況。從調查結果可見，整體上東岸的上鹽井村鹽田和下鹽井村鹽田因地勢坡度大，幾乎都建在懸崖邊上，因此，鹽田不集中，不像加達鹽田幾乎連成一片。另外，由於東岸純鹽戶少，地勢不佳，人們對鹽田重視程度不高，這可從鹽田大

54 崔克信：〈鹽井縣之地質及鹽產調查〉，《西康經濟季刊》1944年第8期。
55 崔克信：〈鹽井縣之地質及鹽產調查〉，《西康經濟季刊》1944年第8期。

量被毀、只有橫七豎八的木料以及無人修建等情況得到證實。從數量上看，加達鹽田也要多於東岸的鹽田。

第三節　鹽業貿易

一　交換方式

「人們創造自己的歷史，但是他們並不是隨心所欲地創造，並不是在他們自己選定的條件下創造，而是從直接碰到的、既定的、從過去繼承下來的條件下創造。」[56]鹽業從開創那天起，就必然擔負一種社會性的責任，不斷為人類所消費，其歷史在這種物質不斷被生產、分配、消費的迴圈過程中延續；一旦人們的需求沒有了，這種生產也將隨著消失。鹽自從被生產出來就進入了商品交換的行列中，既然「商品生產和商品流通是極不相同的生產方式都具有的現象」[57]，那麼只要有需求，交換和流通就成為必然。

但是，我們要看到發展的不平衡性，長期以來鹽井的鹽民所生產出來的鹽還是處於以物易物的階段，是一種傳統的交換方式。金飛在其《鹽井縣考》中描寫到：「蠻民舊俗，不知權衡為何物，不知貨幣之流通。其出入皆以蠻鬥，名之為魁，其交易皆以鹽易貨。」[58]

根據 1976 年對西藏察隅縣僜人地區的調查，人們發現靠近鹽井的察隅一帶的「僜人地區鹽十分缺乏，常用挖到的黃連或偶而得到的其它貴重藥材向藏區換回鹽巴」[59]。交換的方式為以物易物，僜人常

56 《馬克思恩格斯全集》（第8卷）（北京市：人民出版社，1991年），頁121。

57 馬克思：《資本論》（第2卷）（北京市：人民出版社，1975年），頁128。

58 金飛：〈鹽井縣考〉，《邊政》1931年第8期。

59 中國社會科學院民族研究所：《僜人社會歷史調查》（昆明市：雲南人民出版社，1990年），頁59。

常用黃連、天麻、貝母、麝香、熊膽、蜂蜜等和藏族交換刀、鐵鍋、鹽巴、酥油等。顯然，鹽是最為重要的交換物品。

1910 年，趙爾豐進入察隅一帶，首先給當地帶來的就是鹽和「證書」，僜人老人達卜榮寧・賽剛清楚地記得趙爾豐給家裏送過一袋鹽。[60]清代夏瑚進入怒江貢山一帶時也記錄了鹽的交換情況：「菖（貢山縣）屬盡食砂鹽，產於西康省鹽井縣，由察瓦隆蠻人運販，概係以糧穀持換，用銀幣購買者少。因察瓦隆產糧甚少，故運鹽換糧，運回自食。」[61]清代以來，在三江並流地帶一直保持著這種鹽糧交換或以物換物的方式。在清宣統以來，趙爾豐在鹽井的治理取得了成效，鹽業的生產逐漸規範起來，各地商人依託茶馬古道紛紛來鹽井採購鹽。金沙江對岸的「巴塘城區、東南區、康寧寺也有部分騾幫專門經營鹽業。他們從鹽井低價收購，運到巴塘以後經較高價出售給坐商，後者以更高價銷售給顧客，或再轉手運往康南其它地方」[62]。鹽業貿易，刺激了川邊地方間的經濟互動。

在清末民初，漢人王緒在鹽井開了一間雜貨鋪，並在門前貼有一對聯，云：

> 說什麼天涯海角，總是為安家樂業；
> 哪管他異域奇城，只求得貿易通商。

上述對聯道出了他在鹽井的真正目的只不過就是經商，獲得財

---

60 中國社會科學院民族研究所：《僜人社會歷史調查》（昆明市：雲南人民出版社，1990年），頁32、223。

61 轉引自菖蒲桶行政委員公署編纂：《菖蒲桶志》，李道生主編：《怒江文史資料選輯》（第十八輯），政協雲南省貢山獨龍族怒族自治縣委員會、政協雲南省怒江傈僳族自治州委員會文史資料研究委員會1991年刊印，頁48。

62 紮西朗嘉：〈巴塘運鹽古道〉，《巴塘新苑》第3期。

富；更加說明來到鹽井經商之人，已經有了很濃的商品交換意識。這樣的人應該不只是王緒一人。

崔克信在《鹽井縣之地質及鹽產調查》一文的序言中也談及兩個重要的信息。第一，他裝扮成商人隨巴塘來鹽井運鹽的馬幫進入鹽井，表明巴塘和鹽井之間已經形成了鹽的貿易關係。第二，他談及「統計此行（從巴塘到鹽井）為時月餘，而在鹽井前後停留十有七日，以環境特殊，未敢公然調查。時而藏□亂石叢草中，偷作測繪；時而穿經商賈大道，暗作記錄。而大部時間，則尚需消耗於商幫中以策萬全」[63]。「穿經商賈大道」和「消耗於商幫中」都說明了當時鹽井的貿易逐漸發展起來，人們從各地來到鹽井進行鹽的交換，所以馬幫和商人較多，形成商賈大道。這時的馬幫急劇增加，每天到鹽井馱運鹽的商人、馬匹絡繹不絕。

隨著西藏的解放，各地的交通運輸線開始修建，特別是 214 國道從雲南到鹽井一段的打通。1958 年 9 月，由雲南省交通局公路工程第一處負責，在中國人民解放軍四十二師工兵營的配合下，開始修建滇藏公路中甸至德欽段。1959 年 9 月 30 日竣工，路面為四級，寬 7.5 公尺，沙石路，全長 182 公里，其中德欽境內 113 公里。1964 年 7 月，由雲南省交通局公路工程第六處施工，開始修建德欽至西藏芒康縣的滇藏公路末段，因逢「文化大革命」，修路受衝擊，直到 1973 年 8 月才竣工。又因出德欽縣境 51 至 60 公里地段流沙大，路基差，1973 年，這段路改由瀾滄江西岸分別建架紅星橋和向陽橋，復修 10 公里路；1973 年年底，德欽至西藏芒康縣鹽井區段公路竣工，全長 113 公里。[64]至此，雲南到鹽井的交通暢通起來。昔日行走

63 崔克信：〈鹽井縣之地質及鹽產調查〉，《西康經濟季刊》1944年第8期。

64 參見德欽縣志編纂委員會編：《德欽縣志》（昆明市：雲南民族出版社，1997年），頁124。

在滇、藏、川間的馬幫開始冷淡下來，很多人都賣了馬匹，從事其它行業。取而代之的是現代的運輸車，各類貨車開始了在川、滇、藏間的征程。

鹽的交換隨著商品經濟的發展逐步走向了市場化，交換方式也不再是傳統的物物交換，而是貨幣交易。我們也看到，便捷的交通同時帶來了現代化工業技術生產的產品，採用傳統生產方式的鹽業無疑受到了來自各大鹽產地通過現代技術和加碘技術生產的鹽的衝擊。從這個時候開始，鹽井的鹽業貿易再一次跌入低谷。更為嚴重的是，這裏的鹽民沒有土地，沒有其它經濟來源，地理因素束縛著他們的生產生活。他們只能依靠鹽井四周及昌都一帶長期受風俗和飲食習慣影響喜歡食用鹽井鹽的人們的購買力，維持基本的生活。

現在的鹽民，更願意將鹽轉換成貨幣，通過貨幣購買自己需要的貨物。也有少數鹽戶賣了鹽卻捨不得花錢買自己想要的東西，就為了供孩子或親屬上大學。

我家（有個）侄子，在河南鄭州上大學，每個學期開學就要七八千元，一開學我們就頭疼了。所以，每次賣了鹽，只能將錢（積）攢起來，不敢買東西。一到開學家裏就沒什麼錢了，不過我們還是希望他好好上學，以後不用像我們這麼（辛）苦。[65]

2006年5月，瀾滄江古水水電站的開發報告出臺。這意味著水電站一旦建成，鹽井的鹽田將永遠浸沒在庫區的瀾滄江之底，鹽民的生活也將面臨另一種選擇。鹽井的鹽業從坐地待售，到集體化經濟，再到個體銷售，走過了600多個春秋，這段歷史曲曲折折。如今，歷史又面臨著選擇。鹽井傳統鹽業將何去何從，依然是一個未知數。

65 2012年8月筆者在鹽井的訪談資料。

二　鹽價和衡器

鹽井鹽的交換方式，經歷了從物物交換到貨幣交換兩個階段。在物物交換的年代，多以鹽換糧或其它生活用品，甚至有時候只要能換得有用的貨物就得以滿足。20 世紀五六十年的調查顯示，察隅一帶的「僜人地區鹽十分缺乏，常用挖到的黃連或偶而得到的其它貴重藥材向藏區換回鹽巴」[66]。說明物物交換的時代，沒有固定的交易對象，鹽井人主要是用鹽來換糧食。僜人社會一隻中等的雞可換得 1 斤鹽，最貴的時候，1 克（約 30 斤）糧食（玉米一類）只能換到一小碗鹽，甚至有時候還換不到鹽。[67]該情況說明鹽的價格是昂貴的。《巴塘運鹽古道》記載：「特別是夏季雨水季節，無法生產鹽時，有達兩三批糧食買一斤鹽。」交易時不是用臺秤、桿秤等稱量工具，而是用極原始的磨（音）來稱量，每磨裝滿鹽時重量約為 10 斤。[68]

清末改土歸流時，趙爾豐將鹽業收歸官辦，設立專門機構進行管理。考慮到鹽的重要性以及對地方社會有重要的影響，避免先前受臘翁寺管轄時鹽民積極性不高、市場混亂、管理方式比較死板的情況，趙爾豐決定「不拘四季，以商情大順為主」[69]，決定利用市場調節的能力，推動鹽民和商人之間的貿易關係。

商鹽局創立後，在宣統元年（1909 年）十二月制定了 30 條章程。其中第三條指出：「鹽歸該商統買，鹽價應由地方官就近體察情形，與該商及商販、鹽戶等按春夏秋冬四季定價。鹽有高下之分，價

66 中國社會科學院民族研究所：《僜人社會歷史調查》（昆明市：雲南人民出版社，1990年），頁59。

67 同上。

68 參見陶宏：〈茶馬古道上的鹽務重鎮——鹽井鄉〉，《中國文化遺產》2005年第5期。

69 轉引自楊仲華：《西康紀要》（上）（北京市：商務印書館，1937年），頁150。

亦有貴賤之別。事前出示曉諭，俾眾週知，以免賤買貴賣之弊。」[70]該條章程關注了鹽戶、鹽商、商鹽局三者之間的利益平衡關係，因此要求地方政府必須按照實際情況來定價，這就包括了不同等級的鹽應該有不同的價格，乾濕程度不同的鹽的價格也應該有差異。在第四條章程中進一步明確，「四季鹽價，地方官必須知會商鹽局協同鹽戶、商販公平議定，限日懸牌曉諭。春季則以正月初一日，夏季則以四月初一日，秋季則以七月初一日，冬季則以十月初一日為定」[71]；第五條開始，逐項明確了商鹽局的責任，「按季定價，由地方官懸牌之後，無論鹽戶曬出何項鹽質，商鹽局均應照定價收買，發給現價，不准稍有抑勒」[72]。又指出「商鹽局收買鹽戶之鹽，無論何等鹽質，出入均用官秤，賣價照買價出售，不准增減分釐」[73]。在地方官定價之後，商鹽局還必須將本季度的鹽價情況與各類詳細報表報給邊務大臣備案。

《鹽井縣考》指出：「自設立鹽局以後，以漢法曉之，每馱定為一百二十斤，出井鹽價，合藏元兩元，抽釐銀藏元一元。」[74]在所附的《鹽井初辦捆商時變通規則及議定鹽價》中詳細說明：「兩岸鹽質本有上中下之分，而收鹽納鹽亦略有干濕之別。蓋以人有勤惰，路有遠近，納濕鹽者固多，納乾鹽者亦居十之二。傳集鹽戶、商人，共同面議，鹽價原有三等，乾濕之間亦應區別，始能平允。且鹽價雖分四季，天之晴雨，水之漲落，互有參差。今不拘四季，以商情大順為

70 四川省民族研究所《清末川滇邊務檔案史料》編寫組編：《清末川滇邊務檔案史料》（中冊）（北京市：中華書局，1989年），頁512。

71 同上。

72 同上，頁512-513。

73 四川省民族研究所《清末川滇邊務檔案史料》編寫組編：《清末川滇邊務檔案史料》（中冊）（北京市：中華書局，1989年），頁513。

74 金飛：〈鹽井縣考〉，《邊政》1931年第8期。

主，嗣後每議一次，稟報一次。茲先將目前議定鹽價開列於後：上鹽藏元一元，濕鹽六斗、乾鹽五斗；中鹽藏元一元，濕鹽七斗、乾鹽六斗；下鹽藏元一元，濕鹽八斗、乾鹽七斗。以上所定鹽價，商鹽局隨收隨買，出入一律。」[75]

從 2012 年調查的情況來看，瀾滄江西岸的加達村所產的紅鹽價格和東岸上鹽井和納西村所產的白鹽價格有區別之處。由於受地質影響，瀾滄江西岸的土層為紅色，且紅鹽一般含雜質較多，白鹽則質地好、色澤較白。因此，兩者之間的價格差距在 0.2 至 0.5 元之間。現在的白鹽價格維持在每市斤 1 元，而紅鹽的價格則在每市斤 0.5 至 0.7 元。一般而言，頭道鹽和二道鹽為人生活所用；而三道鹽含雜質較多，一般作餵養牲畜所用，三道鹽的價格也就只能為每市斤 0.2 至 0.3 元。

在趙爾豐川邊改土歸流收回鹽井之前，鹽井的買賣交換，均未採用衡器，通常處在混亂的物物交換當中，很多時候人們只能靠經驗猜測重量。因此，有「蠻民歸俗，不知權衡為何物，不知貨幣之流通」[76]，交換往往是以鹽易貨，人們當時根本就沒有商業意識，也不會過於計較準確的重量。即便有些人開始採用衡器，但是「各處夷漢雜處，權量衡量不惟與內地不同，即大小、輕重、長短亦異」[77]。這使得市場混亂，交易不公平，存在很多隱患。

趙爾豐將鹽井收回官辦後，規定「即照庫平為定，量制則照每斗三十斤為定；度制則照營造尺為準」，「令民間一律造用，不准任意大小不齊」。[78]在制發官斗官秤的告示中指出：「照得中國量衡，原有斗

75 同上。

76 金飛：〈鹽井縣考〉，載《邊政》1931年第8期。

77 吳豐培編：《趙爾豐川邊奏牘》（成都市：四川民族出版社，1984年），頁82。

78 同上，頁83。

秤為憑，秤以庫平十六兩為一斤，一兩為十錢，一錢為十分，一分為十釐。斗以十勺為合，十合為升，十升為斗，十斗為石，內地漢民，無不知之，各處一律。惟關外蠻民不知，所用之蠻秤錢兩不分，且無標準，而斗則稱為克，並不知升合，又不以石計，只有所謂批者，其大小並不一律，或十餘批為一克，二十餘批為一克不等。」[79]趙爾豐考慮到必須由官方指定統一的標準才能控制局面。為此，「定制斗秤各一，發交地方官作為官斗官秤，無論收發糧物，均以官斗照平斗量之，不准高入平出」[80]。民間百姓所用衡物必須「輕重以此為準，不准大入小出」[81]。

趙爾豐統一量衡的標準，不是針對鹽井，而是在整個川邊地區盡力推行，光緒三十四年（1908 年）直接下發打箭爐廳統一量衡的秤。考慮到來自各地的標準都不同，況且漢族和少數民族聚居的地區，各種衡器不僅名稱不同、長短不一，而且度量之間存在差異。為了今後的市場不再混淆，制定權衡之制勢在必行。「照庫平為定，量制則照每斗三十斤為定，度制則照營造尺為準，視由省制購庫平秤 10 把，前來交發。」[82]隨後，趙爾豐又在川邊各縣發放了官秤，總計共發放了 10 杆官秤，每秤標明號數，以便檢查驗收，其中標號為八的官秤就是發放給鹽井縣的。

三　貿易範圍

總體來看，鹽井鹽的銷售範圍為附近的幾個縣（州），主要是西

79 吳豐培編：《趙爾豐川邊奏牘》（成都市：四川民族出版社，1984年），頁82。
80 吳豐培編：《趙爾豐川邊奏牘》（成都市：四川民族出版社，1984年），頁82。
81 吳豐培編：《趙爾豐川邊奏牘》（成都市：四川民族出版社，1984年），頁82。
82 吳豐培編：《趙爾豐川邊奏牘》（成都市：四川民族出版社，1984年），頁83。

藏境內的芒康、昌都、察隅、左貢等縣，四川的巴塘、德榮等縣，雲南的貢山、德欽、維西、中甸、大理等。絕大部分的鹽本地消化；少部分的鹽出售臨近的各縣：往西到達怒江，往東越過金沙江，可謂穿越三江，行走三省。《鹽井縣考》在《民情及銷路》中描寫到行銷範圍「東至河口，西至紮夷，北至江卡，南至鎮邊中維一帶。橫縱千餘里，銷路不為不寬。惟地廣人稀，夷情除煎茶以外，即餵牛馬，需鹽之處甚少。益以山路崎嶇，轉運不易，鹽值雖低，銷售不暢通」[83]。劉贊廷在《鹽井縣志》中說：「此鹽（鹽井生產的鹽）銷於康南各縣及雲南邊西一帶。」[84]自鹽井設縣以來，其疆域為：「東界至坎布、莫岔等村一百二十里；東南界至茶裹大雪山頂一百九十里；南則滇界，未經勘劃，仍至必用工；西南界至江外歐曲卡一百一十里，西北界萬山叢沓，地勢遼闊，直接怒江之外（如悶空劄夷等處），現已投誠，惟未經勘劃立界；北則仍以昌多四十里為界。」[85]由此來觀察鹽的銷售範圍，可看出鹽基本上是在本地銷售，但不是整個銷售範圍，地域上可以再擴大一些。

崔克信根據調查指出：「鹽井之鹽，銷路甚廣，南至雲南德欽、維西等縣，北至江卡乍雅以至昌都，西至雜公察隅及邦大寺，東至德榮、定鄉、理化、巴安、白玉。」[86]這基本上劃定了鹽井鹽所銷售的範圍。據 2009 年三省（自治區）聯合的考古學鹽井調查組分析，西藏鹽井鹽戶自己向外銷售的鹽運輸線路主要有 3 條：一條為鹽井—雲南佛山—德欽。一條為鹽井—查果西溝—徐中鄉。一條為鹽井—松木

83 金飛：《鹽井縣考》，載《邊政》1931年第8期。

84 〔清〕劉贊廷：《鹽井縣志》（北京市：民族文化宮圖書館複製，1962年4月），頁37。

85 〔清〕段鵬瑞纂：《巴塘鹽井鄉土志》（影印本）（北京市：中央民族學院，1911年），頁1-2。

86 崔克信：〈鹽井縣之地質及鹽產調查〉，《西康經濟季刊》1944年第8期。

達電廠溝，然後分為三路：①比達—察隅縣—察瓦龍；②堆拉山—察隅縣—察瓦龍；③堆拉山—左貢縣比多鄉。運往德欽的鹽現用汽車運輸，運往察隅、左貢的還要依靠騾與馬。[87]

雷加在 20 世紀五六十年代的調查記錄中有：「每年雪山開化後，山區首先需要的就是糧食。他們也缺少鹽、茶和日用百貨，甚至棉衣。在維西售價一角八分的食鹽，運到貢山只要一角五分。」[88]再根據劉曼卿的描述：「阿敦不產食鹽，民食皆由西康、鹽井運往，滇省設鹽稅局以徵收鹽稅，復設鹽務稽核所以嚴查價漏。一馱鹽稅，比鹽價反超過之。或以之詢亨者則答曰：『因這西中、維、阿數縣均不產鹽，若由本省戶鹽各區運至，則運輸實感困難，若儘量讓康鹽入口，則恐康鹽傾銷太多，影響滇省經濟，故高其稅率以徵收之，微寓保護稅之意。』顧慮之周、措施之妙令人欽佩。」[89]這反映雲南德欽、維西、貢山、中甸一帶都有鹽井鹽的交換。

2012 年，筆者赴雲南德欽和貢山調查，在貢山縣丙中洛鄉的秋那桶村，一位 80 歲老人提及這裏吃鹽的情況，證實是從西藏察瓦龍運來的。據資料顯示，察瓦龍不產鹽，鹽應該為察瓦龍臨近的鹽井所產；甲生村的村長也說到，當地用來製作琵琶肉的鹽多用西藏鹽井運來的鹽，一般都是用糧食交換所得。清代末期，德欽縣彈壓委員夏瑚進怒江貢山縣（時稱菖蒲桶），提及「菖（貢山縣）屬盡食砂鹽，產於西康省鹽井縣，由察瓦隆蠻人運販，概係以糧穀調換，用銀幣購買者少。因察瓦隆產糧甚少，故運鹽換糧，運回自食」[90]。這證實了怒

87 參見哈比布、張建林、姚軍等：〈西藏自治區昌都地區芒康縣鹽井鹽田調查報告〉，《南方文物》2010年第1期。

88 雷加：《白馬雪山碧羅雪山四莽雪山》（昆明市：雲南人民出版社，2011年），頁18。

89 轉引自馬大正主編：《國民政府女密使赴藏紀實：原名〈康藏軺徵〉》（北京市：民族出版社，1985年），頁149-150。

90 菖蒲桶行政委員公署編纂：《菖蒲桶志》，李道生主編《怒江文史資料選輯》（第十

江交通閉塞，內地鹽沒有進入貢山的時候，所食鹽為鹽井所產。2011 年 8 月，筆者在德欽東北角靠近四川的羊拉鄉做調查，當地的老人也談及民國期間這一帶的鹽是靠西藏的鹽井供給，經過徐中鄉到達羊拉。中甸人說：「鹽是鹽井來的，鹽井距中甸約有八天路，鹽色紅，呈顆粒狀。鹽中沙極多。」[91]

鹽井的下關老人談及當年他是隨父母從大理下關來到西藏鹽井的，為了讓他知道自己的家鄉，父母特意取名下關；當時，他的父母來鹽井做生意，將一部分的鹽往南運往中甸以及大理的劍川、下關、賓川一帶，往北最遠到達拉薩。

總體上看，鹽井所產鹽的銷路，依託茶馬古道以及滇藏和川藏之間的商業交往通道。長途運輸多以馬幫馱運，在短距離內，也有靠人力揹運；馬幫在整個滇西北是極為發達的，在抗日戰爭期間，往往能組織上千馬匹的馬幫運輸軍用物資。而西藏地區由於交通不便，馬成為人們馱運貨物必不可少的交通工具；在西藏的其它地區還有人用羊來馱運食鹽，「1774 年 11 月，英國人波格爾（George Bogle）來到 Painam（即今白朗縣），發現有來自 Dospa 地區的羊幫，約有一千二百隻，這種羊較大，他們運鹽至 Giansn（今江孜縣），馱回糧食，每隻羊馱 20 至 25 磅」[92]。

現在鹽的銷售主要有兩條途徑。一是周邊的幾個村，包括鹽井鄉

八輯），政協雲南省貢山獨龍族怒族自治縣委員會、政協雲南省怒江傈僳族自治州委員會文史資料研究委員會1991年刊印，頁14。

91 《中甸縣人民團體簡況》，國家民委《民族問題五種叢書》編輯委員會、《中國民族問題資料・檔案集成》編輯委員會編：《中國民族問題資料・檔案集成〈民族問題五種叢書〉及其檔案彙編（第5輯）》（北京市：中央民族大學出版社，2005年），頁118。

92 房建昌：〈西藏鹽業及鹽政史略〉，《西南民族學院學報》（哲學社會科學版）1993年第1期。

內不產鹽的農戶，這一部分佔了 70% 以上。有些人會直接和鹽戶聯繫進行購買，也有人通過專門收購鹽井鹽的商戶購買。離鄉政府不到 100 公尺的地方就有一家店鋪專門收購鹽井鹽；但是幾次觀察，買的人不多，有幾次經過看到的是店門緊閉的現象。二是鹽井外的銷售。包括臨近鹽井的幾個鄉鎮和芒康縣城，部分銷售到昌都、巴塘，這一部分僅占 30%左右。有個小學四年級的學生告訴筆者，2011 年她舅舅（讀大學）放假回家，因為有個同學在巴塘，瞭解到巴塘比較喜歡鹽井的鹽，就和他商量運一車鹽去巴塘試賣，結果一下子就賣空了。但是，回來一算還是覺得利潤不高，運費佔了很大的比重，以後就再也沒有打算將鹽運到遠的地方進行銷售了。

第四節　鹽民的生活

> 鹽田像白紙一樣鋪蓋在江邊，
> 我卻沒有一塊紙一樣的鹽田。
> 山頂上積雪有融化的日子，
> 我們卻世代忍受痛苦的熬煎。
> 瀾滄江的水一日不乾，
> 鹽民的眼淚就一天擦不完。[93]

這是在鹽井流傳了很久的民間詩歌，表現了鹽井人世代在瀾滄江邊從事曬鹽工作的艱辛。這樣的工作冬去春來，沒有盡頭，人們只能默默忍受和堅持。在鹽井，曬鹽多以家庭組織的形式進行。一般情況

---

93 王仁湘、張徵雁：《中國滋味：鹽與文明》（瀋陽市：遼寧人民出版社，2007年），頁 87。

下，女性從事艱苦的曬鹽工作，男性則需要不斷地奔波在川、滇、藏間，馱著鹽到處進行交換，以便能換得糧食，滿足家庭的生活。在這裏從事曬鹽的家庭中，80% 左右的鹽戶沒有土地，這樣的家庭有 62 戶，人們世代以鹽業為生計維繫整個家庭的生活。

女性承擔的曬鹽工作，需要起早摸黑，早出晚歸。每天早上 7 點不到她們便起床，第一件事就是要做好午餐，以便能在鹽田多工作一段時間。她們帶上午飯就直奔鹽田，開始一天的工作。從七點半左右開始揹運鹵水，一桶一桶地往坡上運。經過一個早上的揹運，鹵水井的鹵水也不多了，在等更多的鹵水溢出的這段時間才能休息半個小時左右，下午又繼續揹運。這樣的工作，一直要持續到下午六點半左右。如果按 9 個小時工作時間（實為不止）計算，每 20 分鐘一趟，則需要來回 27 趟，即便如此，所運的鹵水也不能滿足正常的曬鹽所需。因此，一般情況下需要抓緊時間，要麼放棄更多在家的時間，要麼請人幫忙。為了節省曬鹽和運鹵水之間的時間間隔，必須保證曬出鹽之後，有時間處理曬成的鹽。有時候，運鹵水的期間也需要時不時地觀察鹽田中鹵水結晶的情況，水分少了，有大量的結晶時就需要用刮鹽板，每隔 20 至 30 公分刮一道（似小山）鹽起來，這樣凸出的鹽道，更容易結晶脫水。

揹運鹵水是最為辛苦的，不僅身體疲勞，而且因為鹵水具有腐蝕性，不小心濺到身體上，長時間就會脫皮。冬季的時候更為嚴酷，天氣寒冷，一旦長時間接觸鹵水，皮膚就會開裂；若鹵水進入傷口，可謂「傷口上撒鹽巴」，痛之入骨。在旺月的時候，有時還需要夜裏加班。民國三十年（1941 年），崔克信到鹽井調查就提及鹽民的工作制度，「旺月期間，分晝夜班，貧月期間，則沒有晝夜班；日未出而作，日入休息，每日四餐，上工前一餐，將午一餐，過午一餐，下工後一餐。鹽井為公有，每擦音，數家或數十家共一井，其汲水時間之長短，悉按其鹽田數目而分配。鹽田多者，汲水桶數較多，時間較長，普通一人汲水可供二十鹽田」[94]。此時，還出現了雇傭，具體為「鹽戶雇工分酬錢及酬鹽二種，酬錢者全年銅洋三十元，酬鹽者予以一或二鹽田其取鹽，其多少視其工作勤懶而定，半年者折半食宿全有鹽戶供給，工人率為青年婦女」[95]。

鹵水揹運結束後，鹽田裏的鹽一般開始收了，人們開始用刮鹽板將鹽歸籠。通常情況下，第一道鹽和第二道鹽要輕刮，防止將鹽田的泥沙直接帶入鹽中。將頭道鹽和二道鹽收入袋中後，再收最底層的鹽。往往底層的第三道鹽只用於餵養牲畜，所以收的過程也不用那麼仔細，唯一要注意的是不要破壞鹽田的上層沙土。將收好的鹽分類放入鹽倉（部分人家直接馱運到家）後，要對鹽田進行檢查，看是否有漏水之處。到了收鹽的階段，一般有小孩或老人來幫忙做些簡單的事情，如掃掃鹽、幫忙牽住袋口等。

婦女的生活就是不斷地在鹽田、鹵水井、儲鹵池、家庭之間重複著同樣的工作。她們生活在固定的空間裏，很難有時間出去看看外面的天空，其實她們也很想看看到底外面的世界是如何的好，她們同樣也有一份嚮往。但是，她們覺得命運就是安排她們在瀾滄江畔用汗水換得鹵水的結晶，用青春澆築屹立在江邊的這一塊塊鹽田。如果她們對外界有點瞭解，那麼肯定是從男人那裏聽到的，男人成為她們獲得各種信息的關鍵來源。因為這裏的男人，大部分需要從事鹽的銷售。由於鹽井沒有固定的鹽產品交換市場，男人們不得不自己趕著馬、騾馱著鹽，四處奔走。他們為了生存，為了不讓家裏的女人失望，同樣需要起早摸黑。為了能順利賣出好價錢，他們必須選擇別人很少到達、需求量高的鄉鎮或村寨，最遠的路可能上千里，有時候還不能單

94 崔克信：〈鹽井縣之地質及鹽產調查〉，《西康經濟季刊》1944年第8期。

95 同上。

獨行動，需要組成一個大的馬幫集體行動；近點的地方，也要在 100 公里以上，來回需要五六天。西藏境內，地勢陡峭，山谷縱橫，道路崎嶇狹窄，而且在各險要的地段還經常有土匪出沒，人身和財產安全往往受到威脅。

另外，鹽民還需要細心照顧馬、騾。鹽民常常說道，人休息的時候，牲畜是不休息的，馬、騾一般到夜裏還需要餵糧草，這樣才能保證長途運輸。有時候為了能保證馬、騾的體力，還需要找一些中草藥熬成藥湯，找三四人拴著灌餵。經常趕馬、騾的老人還提到，要時刻關心馬背上的馬鞍和馬背之間的墊子，如果不小心墊子偏了，馬背直接和馬鞍發生接觸，會傷到馬。為了保證長途跋涉，鹽民們常常自帶乾糧，如糌粑、蕎粑粑等。有時路途更遙遠，則需要一兩個月的時間，則需要帶足糧食，帶上炊具。這便是鹽民們的生活。

第八章
產品加工與手工技術

人類的生存，離不開對物質資料的依賴，生活資料是在這些工具和技術基礎上創造出來的各種生活用品，包括食物、衣服和房屋等。無論是生產資料的工具，還是生活資料的各種用品，都需要人們通過辛勤勞動才能創造出來。自然界為人類提供的僅僅是可以利用的原料，糧食種植和牲畜飼養也只完成了食物獲取的第一步，要使得這些原料和初級產品變成可以供給人類直接消費的各種產品，尚需經過進一步的加工和處理。

在傳統的農牧業社會，勞動分工尚不明顯，產品的加工與製作僅靠手工勞動。正如費孝通所說：「農家不但因為求生活的自給多少都做一些工業活動，而且他們所不自給的消費品也大都是從別的農家中買來的。……凡是有特殊原料的鄉村總是附帶著有製造該種原料的鄉村工業。……在家庭經濟上，農業和工業互相依賴的程度反而更加密切。中國的傳統工業，就是這樣分散在鄉村中。」[1]因此，農村家庭成為加工業在基層的組織單位。

和中國的廣大鄉村一樣，碧羅雪山地區在新中國成立前同樣處於相同的狀況。從各種歷史記載和 20 世紀 50 年代的民族調查報告中可以看到，在當地，一戶家庭往往從事多種生產活動，如農業、畜牧業、狩獵、採集、手工業等。其中，男子一般主要從事農業生產、狩獵、捕魚以及編織竹篾器等生產活動；婦女參與犁地，僅能從事挖

1　費孝通、張之毅：《雲南三村》（天津市：天津人民出版社，1990年），頁212。

地、薅草、播種、飼養家畜、績麻、紡麻、燒火煮飯等簡單勞動。村落中尚未出現專門的手工業者和商人。

於是，學習和從事各種產品的加工與製作就成為每一個家庭所必備的生存技能。正因為如此，幾乎所有的男子都能做一些簡單的木工，如修建房屋、編織竹篾器等；而婦女都要學會績麻和釀酒等技藝。修建房屋大多以請村民或朋友一起協作的集體勞動方式進行；婦女從秋收以後，即開始進行紡織活動，如織麻布、麻毯、衣裙等，以便自給。編織竹篾器需要爬上很高的山才能砍到竹子。一般情況下，不能選用太老的竹子，以春夏季節韌性強的青翠竹為最好。竹子砍回家後用砍刀將其劈成寬度均勻的長條，然後開始編織，一般編織物有背簍、籮筐等，技術熟練者一天能編出 2 至 3 個。木碗、木勺等木製餐具，也由男子製作以供家用；製作木櫃以及木臼需要較高的技術，又因工具簡陋、勞動效率極低（如挖一個木臼需要四五個勞動日），因此只有少數人才會這門技術。

當地的怒族、傈僳族、藏族等民族幾乎家家都能釀酒，每年秋收以後，各家各戶都用玉米、青稞或大米釀製水酒和白酒；不論男女老少，皆能豪飲。

掌握打鐵技術的人更是少之又少，他們僅在農閒時節為村裏人修補一些簡單的農具，且每年專門從事打鐵的時間很少。打鐵的工具也十分簡單，只有一個風箱、一個小鐵砧和鐵錘及鉗子。有時候，終一日之勞動，僅能修補鐵鋤、砍刀等小工具四五件。打鐵的技術多為冷鍛法，鐵匠利用廢舊的砍刀將其改造成小刀和鋤頭等；此外，也會修理砍刀和斧子上的缺口，方法是將缺口燒紅，錘鍊敲打，將缺口處打勻、磨利。

技術落後帶來的是人們整體生活水準的低下。20 世紀 50 年代以前，當地群眾的生產工具很簡陋，而且其鐵製農具極其稀少；生活起居更是簡陋，大多數人家的房屋裏除必備的一口鐵鍋、一個鐵三腳架、幾個木碗以及盛糧食的竹籮（少數人家有一兩個木櫃）外，幾乎沒有別的對象，有時連床鋪被蓋也沒有，桌子板凳則更少。平日裏，人們在屋子中間架一火塘供煮飯取暖，生活極為簡單。在瓷器和陶器還未從外地輸入以前，當地群眾主要使用竹筒、木碗、木勺等作為餐具，有的還使用石板、石磨、木臼作為烤餅、磨粉的工具。

如今，隨著交通條件的改善以及外界政治、經濟和社會等因素的廣泛影響，該地區的工商業逐漸得到發展，原來自給自足的傳統生活方式有所改變。除了家庭自身的生產和消費外，人們也積極參與到和外界的商品交換中。儘管如此，由於各種客觀條件以及經濟能力的限制，手工勞動在人們的生產和生活中依然發揮著重要的作用，它們還未被現代的工業文明取代。

第一節　食物的加工與製作

食物對於人類生產的重要性是不言而喻的。在農耕技術尚未出現以前，人類普遍過著茹毛飲血的生活。農業和畜牧業產生以後，人類開始有了穩定的食物來源，隨著食物來源的逐漸豐富，人們對食物加工的精細程度有了更高的要求。人們將收穫回來的玉米、小麥、青稞、蕎麥和稻穀等各種糧食進行脫粒和去殼，再進行細碎或磨成麵粉，通過各種製作方法，最後加工成自己喜歡的各種食物。除了糧食作物外，人們還從飼養的牲畜身上獲取肉、奶來滿足自己的食物需要。

一　糧食加工

（一）脫粒

對現代人來說，糧食的脫粒算是一件極其簡單的工作，但對於很多偏遠地區的農村來說，仍然是一項相當辛苦而且繁瑣的勞動。這些地區採用小規模的家庭經營，由於受經濟能力的限制，人們普遍對收穫的糧食進行人工脫粒。在水源比較豐富的地區，人們則發明了靠水能推動的動力裝置——水磨，對糧食進行粉碎加工，既提高了勞動效率，又節省了人力。

1 連枷

連枷是一種歷史久遠的糧食脫粒工具，最早為漢族所發明並使用，最後逐漸傳播到其它農業地區。王禎在《農書》裏這樣描述道：「連枷，擊禾器……其制用木條四五莖，以生草編之，長可三尺，闊可四寸。又有以獨梃為之者，皆於長木柄頭造為擐軸，舉而轉之，以撲禾也。」和王禎的描述相比較，人們今天使用的連枷，無論是在形狀、構造和使用方法上都和古代基本一致，這足以說明此種工具具有較強的實用性。雖然連枷的構造方式基本一致，但是不同地方仍然存在著一些差別。

連枷主要由兩個部分組成：一是柄杆，二是轉動的頭部。連枷的柄一般選用平直、光滑、結實的木棍做成，粗細程度由手握連枷時候的舒適程度決定。連枷的轉動部分，既可以是一根單獨的木棍，也可以是由幾根木棍或藤條連接編織而成。在柄杆的一端橫穿一個圓洞，用一根短棍做成一個擐軸和頭部的木棍、藤條相連，或者直接用鐵絲或繩子將連枷的頭部繫於柄身。在長度上，連枷的柄要長過轉動的頭部，這樣，連枷掄起來的時候就不會碰到地面。使用連枷的時候，人們將柄杆高高舉起，把握好頭部轉動和下落的感覺與力度，利用連枷下落所帶來的重力和撞擊力，奮力擊打在穀物的莖乾和穗頭上。穀物成熟以後外殼已經基本變乾，受到重力擊打，很容易被打碎，穀物顆粒隨之落出。除了連枷製作上的一些差別外，用來擊打和脫粒的作物對象也有所不同。

在北方農村，人們主要用連枷來擊打帶莢殼的豆類作物和一些油料作物，而在碧羅雪山兩麓的怒族、傈僳族和藏族地區，人們多用連枷來擊打水稻、小麥和青稞等穀類作物。稻穀和小麥屬於密植作物，秸稈長而穗短，糧食顆粒小，單純用人力敲打，往往很難使其中的顆粒脫落，因而用連枷來進行穀物脫粒的效率低，導致耗費大量體力和時間。為了將穀物穗中的糧食顆粒收穫乾淨，人們將收穫回來的穀物均勻地鋪在一塊空場地上，全家老小齊上陣，打完一遍又一遍，直到將穗粒完全打落為止。

掄連枷是一件極耗費體力的勞動，連枷的受力面積很小，每次只能擊打一小部分，要打完全家所有的糧食，掄連枷的次數將多得難以計算。兩種不同類型的連枷。

2 割穗架

在德欽縣燕門鄉的拖拉村調查時，筆者發現了另外一種獨特的糧食脫粒方式。拖拉村位於半山腰上，從山下的小路走捷徑上去大約需要 2 個小時。該村是一個藏族村落，人們以種植青稞、玉米和小麥為生，60 餘戶人家沿著山坡稀疏分佈。來到拖拉村，正值 7 月份，斜坡上架起的木屋裏弔掛著一捆捆金黃色的青稞。人們將青稞收割回來以後，先掛在木屋下面晾乾，等到玉米播種完畢，閒下工夫來，再將青稞脫粒。當地給青稞脫粒的方法與其它地方不同，筆者親眼觀察了幾名婦女給青稞脫粒的過程。

取追拉姆是一名藏族婦女，30 多歲，家有 6 畝地，丈夫在山下的街道上做生意，她自已操持家務。為了盡快完成青稞的脫粒工作，她和同村的 3 名婦女相互合作，以換工互助的方式進行勞動。這裏的糧食脫粒工作已經實現了傳統方法與現代工具的結合，即人們先將糧食穗割下來，再用電動的機器進行脫粒。一名婦女不斷地將弔在木屋上的青稞捆取下來，遞到取追拉姆跟前；取追拉姆坐在一架專門製作的工具上，將青稞整棵放進帶有長刺的鐵架子裏面，用力一拉，青稞的穗頭便被割斷，然後紛紛落下。她們將落在地下的青稞穗裝在一個大麻袋裏面，另外兩名婦女負責將其運送到電動脫粒機那裏，進行下一步加工。

割取糧食穗頭的工具是一個特製的割穗架。割穗架的構造很簡單，人們利用木頭做成一條長凳子，在凳子的一頭固定一個焊接成的鐵架子，鐵架子上面密集地排列著十來條細長的鐵條。使用的時候，人坐在架子的一頭，將一束青稞放進鐵條當中，用力扯拉，這樣，穗頭便被割斷。給青稞割穗是一件很辛苦的工作。青稞和小麥一樣，長滿芒刺，一不小心，細小的芒刺就會紮進手指和皮膚裏，很難取出來。用割穗架割去糧食的穗頭是一件既慢又累的活兒，很難想像，人們要用這一略顯簡單的工具將從好幾畝地收回來的數百捆青稞的穗頭一一割下來。

（二）磨面與細碎

1 水磨坊

關於水磨坊，已經有很多調查、記載做了文字和圖片等方面的描述。水磨坊，怒語稱作「牆木高」，其原理是借助水流的強大衝擊力，帶動磨盤快速轉動，從而將糧食顆粒磨成碎粒和麵粉狀，以供人們食用。以下對水磨坊的建造和部件進行簡單介紹。

（1）選址。水磨坊一般修建在水流量較大的溪流河谷旁邊。這些溪流有的為高山雪融水，有的為山間泉湧水，清澈乾淨，既為水磨運轉提供動力來源，也為人們提供生活用水，還可以灌溉稻田。磨坊的選址一般要考慮兩個因素。第一，安全。即要考慮磨坊離溪流或河谷的距離，既不能太近，也不能太遠。如果太近，一到汛期，洪水會將磨坊衝垮；如果太遠，則引水不方便。第二，動力的大小。動力的大小取決於河水的流量和落差。由於磨盤一般比較笨重，如果水流量太小，則無法帶動磨盤轉動，或者轉動的速率不大；同樣，落差太小也會降低水流的衝擊力。所以，水磨坊的選址應在適當遠離河流的地方，根據上下游的高低落差，因勢而建。

（2）結構。總體來看，水磨坊的構成包括上下兩大部分：上部為封閉的木楞房，裏面用來安裝磨盤等器物；下部騰空，為外露的木軸和葉輪部分。

（3）組件。水磨坊主要包括水槽、磨房、磨盤、磨圍、木齒輪、操縱杆、掛籮、葉輪等部分。

1）水槽。水槽由挖空的 U 形大樹幹做成，水槽的上端連接水渠，下端直通磨坊底部，通過一定的傾斜度（大約 45 度）將水流引至葉輪處。磨坊並不是每天都會使用，在不使用的時候要將水槽的上端堵住或者用石頭填平，這樣磨盤就失去了動力來源從而減少了不必要的轉動和磨損，等到需要使用的時候，再將水槽上端的入水處疏通。用樹幹做成的引水槽具有光滑、阻力小、水力集中的特點。

2）磨房。磨房是安裝磨盤的小房子，和當地的住房一樣，也多為木楞結構。在一塊地勢較低且平坦的地方，用石頭先壘砌兩面相對的石牆，在石牆上用木料搭建一個小型的木楞房，房屋底部用木板鋪平。磨房裏主要用來安裝磨盤、磨圍、掛籮等器物。封閉的結構具有遮風擋雨的功效，還可以保護人在磨面時的安全。磨房有一道專門供人進出的小門，平常閒置不用的時候大多鎖起來或者用繩子拴起來，以免遭到破壞。

3）磨盤。由上下兩個磨盤組成，有的將其形象地稱作「公磨」和「母磨」，上下磨盤的大小基本相同。磨盤的直徑有大有小，往往根據實際需要來請人打製。一般而言，整個村子集體使用的，多為直徑 1 公尺左右的大磨盤；供幾個家庭共同使用的，只需直徑四五十公分的磨盤就可以了。磨盤的表面鑿刻相間的小溝槽，一來增加磨盤的摩擦力，二來方便糧食粉面流出。

4）磨圍。顧名思義，就是圍在磨盤外面的圍欄，一般為正方形，用 4 塊薄木板圍成，主要是為了防止磨出來的糧食四處流淌以及方便收集和裝袋。

5）掛籮。掛籮是一個用木板箍成的梯形漏斗。掛籮上面的四角分別用鐵絲或繩子懸弔在磨房頂部，糧食顆粒從上面的敞口一次性倒入，再從下面的小口緩慢流出，最後落進磨盤中間的孔眼中。下面的小口並不是完全敞開的，而是類似於一個半開的小木盒；木盒用繩子和一根小木棒相連，木棒緊挨轉動的磨盤，當磨盤快速轉動的時候，小木棒就會受到震動，木棒的震動進而帶動小木盒開口的閉合，糧食顆粒也會跟著均勻地流出來。使用掛籮，人們在磨面的時候就不用一直忙著用手往磨盤裏不斷地添加糧食，從而大大節省了時間和體力。

6）操縱杆。操縱杆主要用來調整上下磨盤之間的空隙度，從而控制磨盤的轉速以及糧食粉的粗細程度。當磨盤之間的間隙比較小時，磨出來的糧食就比較細，如玉米粉、小麥麵等；當磨盤之間的間隙比較大時，磨出來的糧食就比較粗，如煮稀飯用的玉米沙、餵畜禽用的糠與麩等。

7）葉輪。葉輪由兩部分組成，一是一根豎直的木軸，二是葉輪部分。木軸的上端和磨盤相連，下端鑿成相間的榫口，裝上規格相等的木板片，這樣就做成了一個大葉輪，一個葉輪的齒數一般為 10 個左右。木軸下端呈椎體，用一塊帶淺窩的圓石或木料作為支墊，木軸下端抵在淺窩中。水流通過衝擊葉輪使木軸轉動從而帶動磨盤轉動。需要說明的是，木軸同時和兩塊磨盤相連，為什麼只有上盤轉動，下盤卻不動呢？筆者查閱了一些相關的調查資料，很少有人談及這一問題。實質是，在上磨盤的孔眼裏已安裝一個方形的箍，再將木軸穿入其中。這樣，木軸轉動的時候就會帶動磨盤一起轉動了，而糧食顆粒也會從方箍四邊的空隙裏流進磨盤中間去。

2 手磨

手磨是一種比較輕便的糧食加工工具。水磨的動力來自水的重力勢能轉化成的動能，而手磨的動力來源則完全要靠手臂的轉動。手磨的製作結構主要包括三個部分，即支架、糧食槽和磨盤。

（1）支架。支架主要用來支撐糧食槽和磨盤。支架一般選用 4 根較結實的圓木或木板，每兩根相交做成兩個 X 形的叉口，將這兩個叉口擺開一定距離，就可以在上面放置糧食槽和磨盤了。

（2）糧食槽。糧食槽即一個半開的 U 形木槽，置於磨盤下面，用來接從磨裏流淌出來的糧食麵粉。糧食槽一般用粗大的樹樁挖空剖製而成，裏面的壁要光滑且不易遭蟲蛀。

（3）磨盤。磨盤由上下兩塊大小相同的磨盤組成，其直徑大約為 40 公分，厚度約為 10 公分，看上去顯得簡單輕巧，在糧食槽上面開口的中間固定兩根圓木或木板，再將磨盤安放在上面。上磨盤的側面固定一根垂直的圓木，作為轉動磨盤的手柄。下磨盤表面鑿以相間的槽渠，和上磨盤通過一根木軸相連。這樣，磨盤轉動的時候就不會發生偏移。手磨構造簡單，使用輕便，大人小孩都可以操作。手磨作為一種小型的糧食加工工具，其磨面的效率很低，人們只有在需要加工少量糧食或者磨豆腐時才會使用，因而不是一種常用的糧食加工工具。

3 杵臼

在怒江和瀾滄江峽谷，居民的家中隨處可見杵臼這一古老的食物加工工具。當地的臼有兩種，一種是木臼，一種是石臼。木臼由一根大圓木做成，從遠處看去像是一個大木桶；石臼的樣子和構造與木臼相似，只不過石臼的體積較小。臼，就是「凹陷」的意思，人們將圓木或石頭裏面的上半部分掏空，放入要脫粒和粉碎的東西，用一根特製的木棍進行舂打。舂打東西的木棍叫作杵。木杵的做法也有講究，即選用一根較粗大的堅硬木棍，將中間的部分砍細或削細，打磨光滑，以方便用手來握。這樣的杵是一根兩頭粗大、中間細小的特殊木棍。杵臼是當地少數民族使用比較普遍的一種糧食加工工具。據尹紹亭在《雲南物質文化》一書中的總結，目前雲南使用杵臼的民族有獨龍族、怒族、傈僳族、景頗族、德昂族、佤族、拉祜族、哈尼族、布朗族、基諾族、苗族、瑤族、白族、傣族等，足見其使用範圍之廣。

除了分佈範圍上的廣泛，杵臼還是一種功能多樣的工具。它不僅可以用來給糧食脫粒，還可以粉碎硬物。玉米棒脫粒不能用連枷來擊打，用杵臼就顯得方便很多；稻穀和麥穗也可以放入木臼中來舂打。當地民眾有隨吃隨舂打糧食的習慣，人們多根據家庭的實際情況，一次舂打 2 至 3 天的食物，等到吃完以後再舂打，因而舂打糧食也是人們日常生活中的一項基本勞動。碧羅雪山地區主產玉米，玉米稀飯等是人們的經常性食物之一。人們可以根據自己的喜好來將玉米粒舂打成粗大或者細小的沙粒。用杵臼來粉碎玉米，既省事又方便，因而深受人們的喜愛。舂打糧食並不只是單人的勞動，當地的木臼體積較大，通常周邊部分高達 1 公尺，裏面的臼深達半公尺左右，因而一次可以容納很多東西。為了加快速度或者減輕勞動量，兩三個人可以同時圍在木臼旁邊舂打糧食。除了舂打玉米等，人們還用木臼來粉碎核桃等硬物。

（三）食物種類

1 粑粑

粑粑類似於北方的大餅和饅頭，是碧羅雪山地區的藏族、怒族和傈僳族等民族普遍喜歡的一種食物。人們在吃早餐時，一邊喝著熱乎乎的酥油茶，一邊吃著酥軟的粑粑。

當地的粑粑，過去多用玉米和蕎麥麵做成。苦蕎粑粑的做法是，往苦蕎麵裏加上適量的水，然後把它捏成圓餅，將它放到準備好的開水鍋裏，翻動一次後，蓋上鍋蓋，焐好鍋底下的火，讓它在開水裏浸泡一段時間，再從鍋裏撈上來放到冷水盆裏冷卻，即可取出來食用。放涼了的苦蕎粑粑蘸高山山區產的原生態蜂蜜，別有一番風味。傈僳族群眾中廣泛流行著一句諺語：「苦蕎粑粑蘸蜂蜜，甜在皮來苦在心。」

隨著生活水準的提高，現在的粑粑已經大多改由小麥麵和糯米製成。在茨中村的劉文高老師（藏族）家裏，我們親眼目睹了糯米粑粑的製作過程。劉老師的家裏有一個大鐵爐，劉媽媽在爐子上架起一口大鐵鍋，往鍋底裏面加入少量的水，將糯米洗淨放入一個木甑裏面，燒火蒸熟。蒸糯米的時間較長，需要 2 至 3 小時。糯米蒸熟以後，將其揉成麵團狀，再用一個買來的特製工具將其加工成大小均勻且帶有花紋的形狀（類似於月餅）。這樣，糯米粑粑就做成了。

以上所描述的是比較現代的一種做法。在怒族和傈僳族的一些地方，人們還保留著其它製作粑粑的土方法。

（1）火燒粑粑。有玉米粉的、蕎粉的，也有小麥粉的。麵團有兩種做法：其一，將捏好的玉米粉或麥麵麵團先放在鍋裏烤一下，不必烤熟，只需把麵團表面烤硬，便把它取出來豎在火塘邊烘烤，待兩面烘黃即可食用。其二，在大火燃燒著的火塘中扒出一塊空地，把捏好的玉米粉團、小麥麵團或蕎麥麵團直接平放在上面，再蓋上一層灶灰；等到發現麵團變熱發脹時，便把它重新扒出來翻一次身，繼續焙烤；等到烤熟後，人們將粑粑扒出來，用嘴吹，用手拍，將粑粑上的灶灰去得差不多乾淨時便開始食用。這種粑粑清脆香甜，如果再搭配上茶水，吃起來更是別有風味。

（2）油沓粑粑。有玉米粉的、麥麵的、蕎麵的三種。其做法幾乎相同。將面放在盆裏，加適當的水，再加鹽或蔥、花椒粉，把它調成糊狀，鍋裏放上少許核桃油或菜油或漆油，然後把調製好的粉料倒進鍋裏，再用筷子將粑粑擀平，待粑粑底面硬化以後，再將粑粑翻過來烤，烤熟後即可食用。

（3）甜蕎麵油沓粑粑。其類似於北方的油餅。做法是將麵放在麵盆裏，加花椒、鹽，先用適當的水把麵調成糊狀，再揉成圓餅狀；往鍋裏倒入香油，待油燒開後，把製作好的麵餅放入油鍋中，用燒滾的油來翻炸，等到炸熟後撈上來即可食用。由於這種食品需要耗費大量的香油，對於普通農民家庭來說顯得有些奢侈，因而一般在逢年過節時才有，平常很少能吃到。

（4）石板粑粑。即為石板上烤的粑粑，和內地的烙餅方法相似，只不過一個是在鐵鍋裏面烤，一個是在石板上面烤。石板由當地一種特製的石頭加工而成。這種石頭呈淺黑色，具有傳熱快、保溫性能好的特點。石板一般呈圓形，厚 2 至 3 公分，沒有統一的直徑，全憑人們根據自己的實際需要而定。製作方法是先將石板架在鐵三腳架上用火燒烤，並在石板上撒一些炭灰，這樣在烤餅的時候，麵團就不會與石板相黏；但不能在石板上抹油，否則石板會炸裂。準備好石板以後，將乾麵粉與適量的鹽、花椒混在一起倒入碗中，加溫水攪拌成糊狀。如果是蕎麥麵，人們還要在裏面加少量花椒，否則吃了肚子會脹。然後將麵糊均勻地倒在石板上面，用筷子將其抹成圓形，開始烤熱。等到烤得差不多的時候，再將底面翻轉上來，繼續烘烤，直到烤熟為止。如果條件允許，在烤餅的過程中還可以加入一些蔥花和雞蛋等，以使其變得更加豐富與香脆。

2 飯食

（1）玉米稀飯和乾飯。玉米稀飯是當地的一項主食。將曬乾的玉米取下，加入適量清水，放入碓中舂碎，用網眼大小不同的篩子對舂碎的玉米進行過濾、去皮，玉米粉和玉米沙粒分別放在兩邊。較大的沙粒一般用來煮稀飯，玉米粉和較小的沙粒則用來蒸飯。玉米稀飯有兩種：一種是單純的玉米稀飯，裏面不用加其它作料；一種是在玉米稀飯裏面加入肉、豆子等混合著一起煮，味道美，營養豐富。蒸乾飯就是將較細的玉米粉先用水煮，再將其燜幹，佐以辣椒、豆豉等食之。和稀飯相比，乾飯無疑更加充實、耐餓，但是所耗糧食比較多。新中國成立前，普通人家要在農忙、待客和遇有大事時才吃乾飯，平常都用稀飯和其它食物充饑，以節約糧食。

（2）咕嚕飯。北方農村的一些地方也做這種食物，俗語叫作「攪團」。其做法是燒一鍋開水，舀去一半用來做回鍋水，將包穀面倒入鍋中，蓋上鍋蓋，燜煮一會兒再揭開鍋蓋，將玉米粉攪勻，再倒入一些水燜煮一下，繼續攪拌。反覆幾次，直到包穀面成糊狀為止。將糊狀的包穀麵舀出鍋來，均勻地倒在案板上，晾一會兒，便可以用刀切割開來，既可以涼拌著吃，也可以和著湯一起吃。

（3）蕎麥飯。將曬乾的蕎麥用開水浸泡，直至破皮，撈起晾乾後加入少量溫水，再用碓來舂打。蕎麥皮被舂掉之後，便可以用篩子將皮過濾掉，剩下的就是蕎麥顆粒。蕎麥顆粒既可以煮成乾飯也可以煮成稀飯，製作方法和玉米相似。怒族群眾喜歡將辣子、核桃仁、姜、鹽等混在一起舂碎後加入水中做成湯，用來泡飯吃。蕎麵稀飯常用於喪事活動中。人們認為老人死後吃一頓蕎麥稀飯，可以為其打通人間通往天堂的路，並以此來祭奠亡靈。將新鮮的牛肉剁成末碎與甜蕎一起煮成稀飯，煮的時候要在鍋中加入一點鹽和油。

（4）手抓飯。傈僳族的手抓飯極富特色。其主要做法是：蒸足量的米飯盛在一個竹篾子裏，飯上覆蓋煮熟的土雞肉、臘肉、烤乳豬肉、火腿、魚肉等；再煮一鍋玉米稀飯或者一鍋南瓜湯、竹筒蒸雞蛋；將一碗蘸水、幾碟鹹菜分別放在手抓飯的周圍，再輔以水酒。大家圍坐在一起，一邊吃肉飯，一邊喝酒。玉米稀飯是用去皮並舂搗成碎塊的乾玉米與紅豆、蠶豆等一起浸泡，放入火腿骨湯或者雞湯中，再加上一些青菜之類的東西燜煮，煮爛後就可以食用，不僅色澤鮮美，而且口味十分香甜可口。手抓飯配上玉米稀飯，堪稱當地最具特色的美食之一。

（5）肉拌飯。肉拌飯原料主要有大米飯、包穀沙飯、蕎麥沙飯、雞肉、豬肉、鳥肉、蜂蛹以及一些野獸肉，作料有鹽、核桃仁和野菜。其方法是分別將米、包穀沙、蕎麥沙、肉以及野菜煮熟混合在一起放入簸箕等器具內，把煮熟的肉切成片，烤好的肉、燒紅的鹽和核桃仁分別舂碎，放入簸箕裏，再將這些作料與飯一起用手拌勻。另外，再燒一鍋湯。每人盛一碗飯，圍在簸箕邊用辣子麵佐食吃。肉拌飯是在人們遇婚喪嫁娶、生孩子、蓋房子和招待客人、逢年過節時常用的一種宴席，象徵團結和睦、闔家歡樂和吉祥如意。

3 其它特色食品

（1）燕麥饅頭和炒麵。燕麥饅頭的做法是將燕麥放在臼裏去掉芒刺，然後在水裏淘洗乾淨，放到蒸籠裏蒸熟。將蒸熟的燕麥放入木碓裏面舂成麵團，再揉製成一個個饅頭狀的燕麥粑粑。吃的時候，要麼通過油煎，要麼通過焙烤才可食用。燕麥饅頭芳香可口，人們除自己食用以外，還可作為禮物送給親朋好友。

燕麥炒麵的做法是：將燕麥洗、淘、漂乾淨後，放入鍋裏，加上少量水，蓋上鍋蓋燒火，將燕麥用水汽燜幹，再把它從鍋裏取出來，分多次進行炒熟；在炒的過程中，火不宜過大，而且要不停地攪拌，直到炒熟為止，以防止燕麥被炒焦、炒糊；燕麥炒完後，放到木臼裏，用杵棒輕輕地舂打，等燕麥芒刺剝落後，用簸箕揚去麥芒，最後再把它舂細成炒麵。燕麥炒麵味道最香，營養最豐富，可以乾吃但必須搭配茶水，也可以拌蜂蜜、酥油茶、米酒等一起食用。

（2）炸（烤）玉米花。走進當地的農家裏，幾乎能在每戶人家的屋子裏看到火塘。火塘裏白天黑夜都有火。炸（烤）玉米花時必須要有大火，把火塘裏的炭灰扒在火塘邊，扒成一塊平平的小場子，從準備好的玉米棒上取下玉米粒，放在火塘邊上的炭灰中烘烤。片刻，一顆顆被烤熟的玉米便爆裂綻放，成為可以食用的玉米花，味道十分香脆。有些傈僳族把它作為正餐。據說，年輕的婦女燒包穀花，能夠做到用竹夾子拈玉米花；除供自己吃飽以外，還能供幾個圍坐在火塘邊的人吃。做玉米花也可以用鍋來炸，用少許的香油（菜油或核桃油）放在鍋裏，待鍋燒熱後，將選好的玉米放進鍋裏，用鍋鏟不斷地攪拌，一會兒就可炸出一鍋香脆的玉米花來。

（3）酥油和酥油茶。受藏族文化的影響，碧羅雪山兩麓地區的群眾普遍生產酥油和飲用酥油茶。「打酥油」的工具比較簡單：一隻酥油桶，一個盛有適量水的大盆。酥油桶是木製的，由三部分組成：①木桶，高及人胸，桶身上下等粗，周邊上、中、下各部分別用金屬箍或用竹、藤或牛皮等箍緊。②「甲洛」，為藏語，即一塊比木桶內徑略小的厚木板，上面掏有三角形或方形的 5 個孔，其中 4 個孔均勻地分佈在木板的各對稱部位，中間的方孔上固定著一根一握粗高出桶 1 尺左右的直木棍。一般情況下，「甲洛」總是插在木桶裏的。③一個與桶外徑相等的木蓋，「甲洛」柄從中央的圓孔中伸出。木蓋反面固定著幾根木條，使之更穩定地蓋於桶上，以保持桶內潔淨。酥油桶雖大小不一，但一般都能裝幾十斤奶。

每逢早晚，婦女或者男子把濾淨的鮮奶煮熱，稍微冷卻後加入酵母蓋上蓋子使其發酵，發酵後的牛奶就變成酸乳酪，嘗起來又酸又爽口。將酸乳酪倒入酥油桶裏，便可以開始打製酥油。大多時候，人們直接將鮮奶倒入酥油桶，然後使其發酵；如果發酵情況差，就加入一些溫水，然後開始打酥油。在家裏的時候，打酥油通常由婦女承擔，有時候老人或小孩也可以幫忙。在高山牧場上，一般由放牧的中老年男子打酥油。打酥油是一件體力活，需要很大的耐力。打酥油時，人們兩手握住木柄，用腰、臂甚至全身力氣，將木柄往下沉壓，等到觸及桶底的時候，便放鬆手，任憑浮力將木柄緩緩托起。如此周而復始，反覆近千次，酥油才從奶中分離，浮於表層。

打酥油耗時極長，在長期的生活實踐中，人們已經不再單純將其視作一項枯燥的勞動，而是已經賦予了娛樂的意義。當地流傳著一首打酥油歌，人們跟著「甲洛」的起伏節奏，一邊勞動，一邊嘴裏哼著歌調；歌唱完了，酥油也已經打好了。唱歌不僅緩解了人們在持續勞動時的疲勞，也增加了人們的快樂。酥油分離出來以後，人們小心謹慎地把酥油撈起，把黏在桶壁上的油點黏出，一併放入盛涼水的大盆裏。在涼水中用兩手反覆捏、攥，直至將酥油團中的雜質——脫脂奶除淨為止。人們習慣將酥油拍成扁圓或方形的坨團。夏季一桶奶能打出 35 斤酥油。待酥油坨積多時，男人們將其揣進泡軟了的小牛皮或牛羊肚兒中縫好，以便於保存和運輸。當冬季牛奶比較少時，打製酥油通常在一個容器中進行。很多藏族地區的牧民用綿羊的胃來加工酥油，先將胃囊吹入空氣使其鼓脹，再往裏面倒入發酵的鮮奶；然後，紮緊口子，放在大腿上來回滾動，經過成百上千次的滾動和揉搓，酥油才和奶水分離。人們將打好的酥油裝入特製的皮口袋裏，用針線密密匝匝地縫合好，一年裏酥油都不會變質。人們在需要的時候隨時就可以拿出來食用，多餘的還可以拿去賣掉，進而換回其它生活用品。酸乳酪加工成酥油以後，剩下的部分進行煮沸、過濾，然後再將這些濾出的乳酪曬乾，這樣便成了奶渣，也叫乳酪。奶渣是曬乾的酸乳酪，堅硬異常。在食用的時候，將奶渣放入碗底，倒入酥油茶進行沖泡。這樣，人們一邊喝酥油茶，一邊可以嚼吃泡軟的奶渣。做完奶渣剩下的憂酪乳水，可以用來餵狗，也可以做成化妝品，藏語稱作「多加」。做法是將加工奶渣後剩下的憂酪乳水放在火上不斷地煮熱，直到其變成又黑又稠的濃縮劑。「多加」是婦女們自己製作的化妝品，將其塗搽在臉頰上，可以起到防曬護膚的作用。在海拔較高的山區和高原上，強烈的紫外線和嚴酷的寒風很容易傷害人的皮膚，婦女們將做好的「多加」存放在罐子裏面，等到需要使用的時候再拿出來，加入幾滴水，放在火塘邊加熱，便可以塗抹在皮膚上了。在過去，當地的牛羊數量多，幾乎家家都有足夠的牛奶和羊奶來生產酥油。2000 年以後，由於退耕還林和退牧還草等生態保護政策的實施，耕地和可以放牧的草地面積減少了，人們也相應地減少了牲畜的數量，一些地方的乳製品產量開始不足，人們需要去集市上購買酥油。現在，丙中洛的酥油價格已經漲到了每斤 50 元。

酥油的使用方式主要是將其加工和製作成酥油茶，然後伴以其它食物一起食用。碧羅雪山地區受藏族文化影響較深，原本為藏族群眾喜愛的酥油茶也廣泛流傳於這一地區裏的怒族、傈僳族、納西族和漢族群眾的日常生活當中，早上喝酥油茶、吃粑粑已經成為人們的飲食習慣，酥油茶也成為人們招待客人的一種地方特色。在當地的鄉鎮街道上，飯店裏的早點也基本上是酥油茶和粑粑。酥油茶是酥油、鹽、茶汁的混合品。人們在酥油桶中放入凝固的酥油，加入適量的食鹽，再將煮沸的茶水倒入其中，像打酥油一樣對桶裏的茶水進行上下攪動，混合均勻後的液體就為酥油茶。酥油茶的裝盛也有講究，不能隨便裝在一個容器中，而是要裝在一個特製的銅壺中。銅壺帶有明顯的藏族文化氣息，外表為金黃色，美觀而精緻；用銅壺裝倒酥油茶是當地的一項禮俗。

二　釀酒

還有什麼東西能比酒更能代表當地少數民族的文化嗎？相信凡是去過怒江和瀾滄江地區的人們對此一定印象深刻。對於當地群眾來說，飯可以不吃，但是酒絕對不能不喝。男人遠行要煮酒，建造房屋要煮酒，婚喪嫁娶要煮酒，節日慶典要煮酒，上山打獵要煮酒，收穫莊稼更要煮酒。除了少數信教的群眾外，幾乎家家戶戶都要釀酒。

釀酒在當地具有很長的歷史。新中國成立前，即使農業生產水準較低，糧食產量不足，人們依然每年耗費大量的糧食用來釀酒。時至今日，釀酒仍是人們生活當中的一項重要活動，因為很多場合都離不開酒。人們除了在平日裏閒來無事的時候喜歡坐在火塘旁自斟自飲，家裏來了客人的時候喝酒更是不可或缺的招待禮俗。用自己家裏釀製的美酒來招待客人是對客人和親朋好友的最好問候與敬意。對於當地人來說，能釀成美酒是一家人的榮譽；反之，那是一件很丟面子的事，不但糟蹋了糧食，還失去了和人交往的媒介。為此，女子從小就要開始學習釀酒技術，最先跟隨母親學釀酒，等到長大嫁人後再獨自承擔起家裏的釀酒工作。

記得在貢山的秋那桶村，筆者在經過山上一戶人家的門前時，正好看見一名婦女在炒青稞。因為當地的院子沒有高大的圍牆，因而很容易就看到了裏面的情形。懷著極大的好奇心，筆者就走進去觀摩。只見那名婦女在院子裏架了一口大鐵鍋，下面的火燒得正旺，鍋裏面裝著青稞。她一邊燒火，一邊用一根長棍子攪拌鍋裏的青稞，使其均勻地受熱。在筆者的詢問下，才得知原來該婦女是要準備釀製青稞酒，她要先把青稞炒熟，然後再進行發酵、蒸餾等。釀酒是一件系統而複雜的細緻活，沒有相當經驗是做不來的。在德欽燕門鄉的拖拉村，房東的一個侄兒晚上一邊看電視，一邊喝著自釀的青稞酒，還邀筆者一起喝。他一邊給大家倒酒，一邊自豪地介紹他釀酒的過程，還說該酒已經在地窖裏封存了兩年多。聞著撲鼻的酒香味，筆者也試著嘗了幾杯。一口喝下，感覺真是辛辣異常。

當地的酒類繁多，除了上面提及的青稞酒，釀酒的原料主要有玉米、高粱、蕎麥、大麥，其中以玉米酒最多。除了糧食，當地人甚至還用板栗等其它食物來釀酒。與釀酒相伴隨的是豐富多彩的喝酒文化。以傈僳族的貼面酒和同心酒為例。過去，人們多用竹筒作為飲酒的盛器。飲酒時，主人取一竹筒酒，與客人臉貼臉地一同喝光，不得有酒溢流到地上，否則就要從頭來過。飲貼面酒是絕對不避男女之嫌的，夫妻同宴，丈夫與其它女子貼面而飲，妻子也與其它男子來個「雙杯盡」，這都是正常的現象。傈僳族的酒文化可謂是傈僳族熱情奔放、真誠待客的寫照。其酒文化內涵豐富，隨著時代的發展，酒的喝法也變得愈加豐富。以前的同心酒也變換了好幾種不同的喝法。第一種是石月亮酒。飲酒時眾人圍桌而立，右手端酒杯，同時用左手挽住朋友或客人……整個場面如同滿月，在唱罷祝酒歌後，眾人一口喝盡。第二種是「三江並流」酒。三江是指金沙江、瀾滄江和怒江，歷史上傈僳族曾在這一廣大區域分佈和遷徙。喝酒時，三人左手搭靠在一起並靠近，右手端杯逆時針方向纏繞形成「三江之流」，象徵著三人攜手共創美好明天。現在已經發展到「三江並流」加「高山流水」，即在喝「三江並流」酒時，上面還有一個人提著酒壺往下面的酒碗中不斷加酒。第三種是思念酒。思念酒是傈僳族同心酒中最常見的方式，也稱弟兄酒和兄妹酒，是對遠方來的朋友、客人和親人表達深情厚誼的方式，志在「同心」。飲酒時兩人面對面，右手摟對方頸部，左手輕扶對方背脊，再喝杯中酒；或是兩人摟肩臉貼臉、嘴靠攏，同時飲完杯中酒，以喝完一滴不灑為佳。如此等等。

（1）水酒和辣酒。來到當地人家裏做客，村民們一般很少用茶水來招待，端來的要麼是水酒，要麼是辣酒。水酒是一種發酵酒，製作方法是先將玉米、高粱、蕎麥麵或稗子等原料搗碎、去皮、煮透、蒸熟，晾涼後拌上酒藥，然後裝入大罐中，令其自然發酵七八天，飲用時兌水、過濾即可。這種酒的酒汁微濁，酒精含量不高，醇香微甜，有健脾開胃、提神解乏之功效。水酒有兩種，一種是把包穀沖成大顆粒狀的，有點混濁；另外一種是把包穀磨成面，用面來做後面的工序，做出來的水酒就是黃色的，這種水酒因為包穀就溶在酒中，人喝了容易飽。辣酒，是把發酵後的糟水放入鍋中蒸餾而得的蒸餾酒。此酒清澈透明，度數較高，較水酒辛辣爽口。但這兩種酒不能混在一起喝，否則容易醉。

製作水酒時，先把玉米、高粱、小米、小麥蒸煮好，待冷卻後，拌入適量的酒麴，裝入乾淨的大罐中，用蓋密封發酵，7 天左右便會發出清香的酒味；然後填水，再用勺連糟帶水掏出，倒入竹編的小漏斗中，酒糟留在漏斗裏，酒液流入下面的容器，這樣就得到可口的水酒了。全罐的酒糟都過濾一遍，接著還可以加水過濾第二遍，再過濾第三遍，直至酒味變淡。第一遍過濾出來的酒汁比較混濁，呈乳白色，醇香帶甜，提神可口，解渴開胃，類似於一種高級啤酒，酒精度為 15 度左右，由於富有大量單糖，極富營養。當地人習慣在酒發酵後，添加生水，故外地人喝不慣，會引起腹瀉。

辣酒也就是白酒。白酒的釀製相對比較複雜，需要掌握一定的技術。過去，人們熬酒的器具極為簡單，僅有木甑和引流的竹槽等。《菖蒲桶志》裏對這一蒸酒法也進行了簡單的記載：「菖屬夷人，盡皆嗜酒，人人能釀，其法甚簡。將糧食煮熟後，拌以酒藥，置於甕中十餘日後，將糧取出，用木甑蒸之，用一竹槽插入甑中，其酒即由槽內流去。」木甑系選用一截粗大的樹幹剜空以後放上甑底，在木甑的上端約 1/4 或 1/5 處穿一小孔，在孔裏插入手掌大小的竹槽，再接上一根竹管將酒引出。由於工具簡陋，技術落後，出酒率極低，1 升糧食只能蒸 35 碗酒，而且度數還很低。

現在，由於鐵鍋等器具的出現，再加上釀酒技術的不斷進步，出酒率大大提高。人們在酒發酵後，把糟水倒入鐵鍋裏，放在火上加熱使酒液蒸發，鍋上再套上一個木桶圈，圈裏的中部懸起小罐。圈上放一口裝有冷水的鐵鍋，蒸發上來的酒蒸氣遇到冷水鍋底後，就會迅速凝結成酒滴，從而掉進懸在空中的小罐裏。期間要注意，當鍋上的冷水變溫時，要及時換上新的冷水，以保持水蒸氣的冷卻溫度。也有的不是在鍋中懸掛小罐，而是在鍋裏斜著懸掛一把長勺，勺端為圓形，勺柄為封閉的空心狀，勺柄穿孔而出伸向鐵鍋的外面。這樣，蒸酒的時候，冷卻到勺子裏的酒液就會順著勺柄流到鐵鍋的外面了，人們可以邊釀邊喝。烤酒要有技巧，火既不能太大，也不能太小。火太大，酒會被一下子烤乾，出酒率不高；火太小，只能烤到甑底部分，水蒸氣上不去，也釀不出酒來。和水酒相比，燒酒無疑要辣得多，酒精含量也大，高的可以達到五六十度。

一鍋酒煮得好不好，酒麴往往是關鍵。因而，酒麴的製作者一般都是經驗豐富的老人，年輕人是不輕易被允許做酒麴的。怒族人認為，年輕人製酒麴魂魄可能會被鬼帶走，即使老人製作酒麴時被人撞見也會有災。因此，製作酒麴，必須在很隱秘的情況下進行。製作酒麴的原料是一種當地的野生植物。人們將採集回來的野生植物曬乾，然後舂搗成粉狀，再把天仙米炒過，加工成粉，一同揉成小餅，捂起來發黴；等上面起一層白毛時，再拿出來曬乾，就做成酒麴了。製作的時候，要忌沾油漬，否則會變臭。除了當地的土方法，人們也通過與其它地方的人進行交換來獲得酒麴。

（2）咕嚕酒。「咕嚕酒」的製作方法是先燒開一鍋水，再將包穀、蕎麥麵及酒麴按比例倒入鍋中，不斷攪拌，等到這些糊狀物變幹後便可起鍋，再將其密封於罐中等待發酵。因為在煮酒的過程中有咕嚕聲，所以叫作「咕嚕酒」。

（3）下拉。「下拉」，是一種肉酒。味道鮮美，甜中帶辣，口感十分柔和；同時還是滋補身體、治療疾病的上乘藥膳。將獵獲的各種野生動物或雞肉砍成兩三公分厚的小塊，鍋裏加入漆油或者酥油，等到油被燒成七八分開時，將肉放入鍋中翻炒；等到肉皮變黃時改用文火，再將上好的燒酒倒入鍋中，蓋上鍋蓋，燜上十幾分鐘即可食用。初次吃「下拉」的人，開始吃時以為是肉湯，結果連吃幾碗，等到吃完，也就醉了。「下拉」既用來招待客人，也用來招待換工和幫忙的村民。除了雞肉，雞蛋也可以用來「炒酒」。

怒江地區，潮濕多雨，喝酒可以祛除濕氣，否則容易患風濕病。另外，由於閉塞和艱難的生存環境，生活難免單調，借酒助興和參與社交活動實為人們滿足內心需要的一種表現。除了自己家裏飲用和招待客人之外，酒有時候也被用來在婚喪等社交活動中作為禮物送給親戚朋友，主人家將客人送來的酒水全部拿來招待到來的客人，直到所有酒水被喝光喝盡。如此足以看出酒在當地社會中的重要性。

第二節　編織和紡織

一　編織

編織是農村地區一項傳統的手工技術，也是人們長期生活智慧的結晶。在人們的生活中，總是少不了一些裝盛和搬運東西的器具，而大自然恰好又為人們提供了各種可以加以利用的原材料。在靠近竹林的地方，人們砍伐山上的竹子來編織成各種竹篾器；在沒有竹子的北方地區，人們就割取細嫩的樹木枝條來編織成各種容器。編織並不總是為了滿足家庭自己的需要，除了自給，人們也擴大編織竹木器具的數量來彌補生計或者賺取一些額外的小錢。

在《雲南三村》中，張之毅等就認為，編織篾器，是易村人們在農閒季節用來解決生計困難的手工業。手工業是農業的補充，人們可以互通有無。[2]在糧食不足和家庭收入較低的時候，正是通過出售篾器，人們維持了生計上的平衡，從而不至於太貧困。

怒族自古就是擅長利用竹林資源和編織竹篾器的民族。清代余慶遠在《維西見聞紀》中曾記載道：「怒子，居怒江內，界連康普、葉枝、阿墩之間。迤南地名羅麥基，接連緬甸，素號野夷。男女披髮，面刺青文，首勒紅藤，麻布短衣。男著褲，女以裙，俱跣。覆竹為屋，編竹為垣。谷產黍麥，蔬產薯、蕷及芋，獵禽獸以佐食。無鹽，無馬騾。無盜，路不拾遺，非御虎豹，外戶可不扃。人精為竹器，織

2　參見費孝通、張之毅：《雲南三村》（天津市：天津人民出版社，1990年），頁212。

紅文麻布。麼些不遠千里往購之。」[3]從這一記載中我們可以看到，當時的怒族群眾不僅用竹子來建造房屋，而且「人精為竹器」，就連千里之外的納西族也前往怒族地區購買，足見當地編製業之興盛。除了自己使用和進行交換外，竹篾器還被用作超經濟強制下的貢賦。在過去，怒族群眾向傈僳族頭人繳納的貢品名單中，列在第一位的就是竹篾編織成的簸箕。怒族群眾為了繳納貢品，各個家族便將歷來屬於公有的氏族和村寨進行分割，劃分捕捉山鼠以及砍伐竹子的山林地界。

20 世紀 50 年代以前，怒族的編製技術非常高，編織成的產品更是遠近聞名。以簸箕為例，據說其嚴實程度可以達到盛水不漏。人們在雨天下地幹活或者外出，只要戴上怒族編織的斗笠和蓑衣，衣服就不會淋濕。不管這些說法是否真實，但足以反映怒族群眾編織技術的精湛。其實，編織篾器並不只限於某一個民族，技術利用是一個不斷傳播和滲透的過程，碧羅雪山周圍是一個多民族混居的地區，編織竹篾器的技術後來自然也為當地的傈僳族、藏族和納西族等其它民族的群眾所學習和借鑒。

編織竹篾器的工具和技術，都很簡單。第一步是上山砍伐竹子。每年夏季的 6 至 8 月是砍竹剖篾的最佳季節。此時竹子水分多，竹片軟，編製起來柔順且不易斷裂。竹子的生長和分佈比較複雜，除了河谷和村子周圍有少量分佈外，其餘大部分都生長在海拔 2,500 至 3,000 公尺的山腰上。山上的竹子也並非集中成片，而是零星地分佈在茂密的叢林之中；大多生長在山間潮濕泥濘之地，其種類繁多，常見的有龍竹、藤竹、長舌巨竹、麻竹、綠竹、苦竹、毛筍竹等，要從其中挑選適合編織的竹子也頗為不易。這裏的竹子大致可分為兩種：

---

3 〔清〕余慶遠：〈維西見聞紀〉，《大理行記及其它五種》（北京市：商務印書館，1936 年），頁10。

一種是空心竹，挺拔高大，是編織篾器的良好材料；另一種是實心竹，細小結實，人們多用來製作竹箭。人們通常根據自己的編織對象來選取材料。例如，編製背簍就要選粗大挺拔、中間結疤較少的竹子。砍竹時在距地面 1 尺高的根部用砍刀順勢向下斜砍，將竹子砍下並去掉竹梢，只留下竹身部分。將竹子砍下後，可將其拖至山間開闊平緩之處進行剖篾。拖著長長的竹竿在山林間穿梭不方便，人們多在山上剖篾，將篾條盤起帶回家中，這樣可以減輕重量。

第二步，剖篾前要先將竹子用刀劈開，一般是將竹身一分為四，即一根竹子被剖成均勻的 4 片，從而得到 4 條竹篾片。劈竹需要嫻熟的技巧，用砍刀從竹子頂端剖開，必須保證每條竹片粗細均勻，一旦砍刀走偏，剖開的竹片粗細不一則不能使用。因此，剖竹片是一件細緻活，要慢慢來才行。

第三步，竹子剖開後緊接著是進行剖篾。剖篾有兩種，一種是剖較寬的篾片，一種是剖更加細窄的篾條。篾片將來主要用來做龍骨，也就是編織篾器時豎立著的骨架，而篾條則主要用來橫著纏繞在搭建好的骨架上面。篾片和篾條要厚薄均勻，太薄容易使篾條斷裂，太厚則在編制竹器時不易翻轉且容易折斷；用寬細均勻的篾條編織出來的竹器也顯得整齊、美觀，反之則顯得加工粗糙、不好看。因此，剖篾時要很有耐心才行。人們將篾片和篾條剖製好以後，再用一把帶齒的小刀刮掉上面的刺，使其變得光滑，這樣，編織的時候就不會傷到手。竹篾剖完後，人們將其盤卷起來背回家，準備編織。到家後要將竹篾及時散開，以防其扭曲變形不好使用。

篾器的用途極為廣泛，其種類多種多樣。按照用途，篾器可以分為三類：第一類是糧食加工用具，代表性的如簸箕、篩子等，簸箕和篩子主要用來分離糧食和糠秕，是農戶加工糧食必不可少的工具。第二類是裝盛和搬運用具，小的如背簍、籮筐和竹籃，大的如囤籮等。

第三類是生活用品，如掃把和席子等。

囤籮：為橢圓柱形，其規格由籮的直徑和高度決定，用來裝糧食。

背簍：上口寬、下窄、封底，一般用竹篾編成柱形，簍身並不是密封的，而是相隔有小孔，主要用來背木柴、豬草和一些採集之物。

簸箕：有大有小，裏端為方形、較窄，外端平而開闊。使用時，通過上下顛簸，將糠、秕、土等雜物清除出去。

篩子：根據網眼可以分為粗篩和細篩。粗篩主要用來篩玉米，玉米舂過頭道以後，將其放在篩子裏過濾，細小的包穀粉、顆粒便從網眼落下，可以做稀飯和乾飯吃。粗大的仍然留在篩子裏，可以繼續舂打，或拿去餵牲畜、家禽。細篩一般用來過濾蕎粉、大麥、小麥和燕麥麵。

在高山峽谷地區，人們最常用的竹篾器具為背簍和籮筐。走進村民的院落裏，隨處可見大大小小、形狀各異的背簍。走在村子裏的道路上，隨時可見婦女或小孩背著背簍出去割豬草。人們去地裏勞動的時候，身上也背上一個背簍，遇到有用的東西隨時可以將其撿起背回家。背簍和籮筐的編織技術簡單，幾乎每家男子都會此種手工藝。什麼篾器要用哪種材料、要多少材料，他們心中都有個準數。筆者曾問他們，這些技術哪裏學來的？他們回答：「不用學，看看人家就會了。」

在碧羅雪山的高山牧場上，筆者曾親眼目睹一個老年男子坐在牧屋前編織背簍。老人平日裏除了照看牲畜，也用山上的竹子來編一些篾器。山下的家人上山來送糧食等生活用品的時候，會將這些篾器帶到山下的集市上出售。編製背簍從底部開始，要先將底筐編製好，正如蓋房子時要先將地基打好一樣。底筐四周用寬厚結實的篾片編織，以確保底部結實牢固。底部固定後將底部四周延展出的竹篾向上折起作為豎著的龍骨，再用細小的篾條橫向在這些龍骨中間穿插交錯。有的篾片和篾條要用火灸過後才繞得過來；有的要浸在水裏，經過相當時間才能編織。編織時要用力將篾條向下壓緊，以使其充分緊密、嚴實，如果力道不夠，編織出來的背簍和籮筐也是鬆鬆垮垮的，不堪使用。編至頂部時要進行封邊。封邊也是編織篾器的關鍵環節，先在頂端沿筐圈穿插兩條竹篾以起到固定邊框的作用，將延伸在外的竹篾依次側邊穿插，至此，編製背簍的工作大致完成。背簍和籮筐編製好以後，按照習慣，人們還要為其繫上兩條專門的背帶，這樣，一個精緻的背簍或者籮筐就最終完成了。

正如張之毅在調查雲南易村的手工業時說的那樣，編織篾器不需要很大的資本投入，一般來說，只需要一把砍刀和相應的竹料就行。一把砍刀值不了多少錢，而且可以用上幾年也不壞。竹料既可以上山去砍，也可以用自己家裏生長的，即使要買也花不了幾個錢。況且編制時間短，幾天之內就可以把篾器織好賣出去。

時至今日，在當地的集市上，我們仍然可以看到人們編織的各種竹篾器。在丙中洛鄉的時候，筆者特意觀察了一次當地的集市貿易。在觀察商品和貨物種類的過程中，我們發現有一些年輕婦女，一邊擺攤賣自家的農產品，一邊也兼賣一些自己家裏剛剛編織好的籮筐和背簍。在這些籮筐中，有的高達 60 至 70 公分，有的只有 30 公分左右；大的一個賣 40 元，小的一個賣 20 元。在詢問過程中，我們發現了一個很有意思的現象：有兩名年輕婦女挨在一起賣籮筐，一個是怒族，另外一個是傈僳族。初看上去，她們所賣的籮筐都是一樣的，但是在介紹的時候，哪一家是怒族的，哪一家是傈僳族的，她們卻分得很清楚。經筆者細看，原來兩家籮筐的底部確實有一些差別：怒族的籮筐底下為平面，能立在地上不跌倒；而傈僳族的籮筐底部呈錐形，很難立放在地上。除了籮筐，還有一種專門裝雞用的篾器。該篾器高約 20 公分，腰身為圓形，筐口較窄，裏面恰好可以容納一整隻雞。

還有曬糧食和藥材用的大篾筐，該種篾器高度大約只有 10 公分，但是直徑卻達到 2 公尺左右。

籮筐和背簍是山區人們運輸物品的主要工具。由於道路崎嶇不平，生活中的大量物品都要靠籮筐或背簍來揹運。每年春耕秋播季節，人們要用籮筐將家裏積攢的農家肥背到遠處的地裏面。在山林中，使用背簍和籮筐也極為方便。籮筐背在背上，可以使人騰出雙手；在山路上行走總會磕磕絆絆，人們可以一邊用砍刀來開路，一邊用手來扶住樹木保持平衡。採集的野菜和藥材，可以直接丟進後面的背簍裏。這既加快了勞動效率，也省去了很多麻煩。和木頭等其它材料相比，竹篾為比較輕巧的物品，製作的籮筐和背簍本身也比較輕巧，這就可以大大減輕人們的負重和體力，從而降低人們的辛苦程度。無論是從實用還是從經濟的角度來講，編織篾器都是山區人們的一項有效勞動，它既能解決人們生活中的一些實際困難，也能為人們帶來一些經濟上的收入，因而是一項值得付出的勞動。

二　紡織

和食物一樣，衣服也是和人類關係最為密切的生活必需品之一。我們常說，「衣食住行」。有時候，衣服的重要性甚至被排到了食物的前面，足見其對人類生存的重要性。衣服的功能極為多樣，它不僅能為人們取暖保溫、蔽體遮羞，還滿足著人們審美的需要。有時候，衣服也用來作為人的身份標誌。除了衣服，我們還需要棉被和毯子等其它生活用品，這些東西的生產和加工都離不開人類的一項偉大發明，那就是紡織技術。人類的紡織技術具有古老的歷史，關於它的起源和產生，我們已經無從考證。

製作布料需要一套完善的技術，即使一些古老的紡織技術，其發明也經過了人們的長期探索。人們將原本淩亂的植物原料捋成整齊的絲線，再將這些絲線紡織成整塊的布匹，布匹經過染色和裁剪最終便成為人的衣著和其它布料產品。眾所週知，「男耕女織」的生產模式是我國古代自然經濟的代表和典範，農業生產和布料紡織是家庭經濟的主要構成，也是小農家庭的理想生活模式。這一模式在人類的農業社會中延續了幾千年，直至工業革命的誕生才開始走向衰落和解體。始於 18 世紀的英國工業革命逐漸影響到世界範圍，打敗和摧毀了小型家庭手工紡織業，使得無數原本以此為生的小農家庭紛紛破產。費孝通的《江村經濟》[4]就是一個很好的例證：江村所在的太湖流域原本是一個蠶絲業發達的地區，人們除了種植稻米，也靠養蠶和繅絲來維持家庭的生計。可是，工業革命以後，西方國家開始採用機器和大工廠進行紡織，生產效率的提高使得生絲的價格大幅跌落，從而導致大量家庭破產。20 世紀初，在印度尋求獨立和自治的民族運動中，紡織技術也被用來作為抵禦英國殖民者的武器。聖雄甘地曾經身體力行，重拾傳統手工紡織技術，鼓勵印度民眾自己動手紡紗織布，號召人們抵制英國工廠生產的布匹和衣服，最終迫使英國當局讓步，從而取得很大成功。因而，紡織並不只是一項簡單的技術，它還影響到一個社會的政治與經濟變革。

但是，機器的大規模批量生產真的已經完全取代家庭手工紡織嗎？答案是否定的。在我們調查的碧羅雪山地區，一些當地的怒族、傈僳族和獨龍族家庭依然保留著手工織布這項古老而傳統的紡織技術。當地盛行一種叫作「怒毯」（或「獨龍毯」）的紡織品。「怒毯」是當地群眾非常喜歡的紡織產品，由白、藍、黃、綠等幾種顏色交織而成，人們將其廣泛地用在衣著、床墊、門簾等家居方面。因而，紡

4　費孝通：《江村經濟》（上海市：上海人民出版社，2006年）。

織的目的不只是為了驅寒保暖，而且是為了裝飾和美化家居。怒族群眾素來以善於編織著稱，其製作的竹器和「紅文麻布」，外地人曾「不遠千里往購之」。編織品除了自己使用，還要作為向統治者納貢的貢品，剩餘的可以拿去和外地人進行交換。

過去，人們用來紡織的原料多為麻線。麻料的來源有兩種，一是採自野生麻，二是家裏自己用地種麻。怒族人民在長期的生活實踐中，發現了不少野生植物纖維可以加工為驅寒保暖的衣料。在眾多的野生植物中，野麻是其中的佼佼者。野麻是一種多年生草本植物，全株莖葉通覆一層細毛，人體觸及這些毛刺，可引起蜂螫般的紅腫熱痛。野麻一般高 12 公尺。每年 10 月以後，人們把它砍倒，修去枝丫後曬乾，待曬乾後，將外邊的纖維部分剝下來，經過撕、搓、揉和水煮、漂洗等幾道加工工序，就製成一根根白麻線。

關於麻線的發現，當地流傳著一段美麗的愛情傳說。傳說有一對青年男女十分恩愛，小夥子整日裏在深山野林打獵，除了用一塊獸皮遮羞外，全身袒露。姑娘看到小夥子身上被荊棘刺得遍體鱗傷，十分難過。於是，她跑遍群山，最後找到了野麻，剝下麻皮，撚出線，經過幾個不眠之夜，最後終於縫成一件長衫，小夥子穿上麻線織成的長衫以後，從此不再懼怕荊棘和樹枝的紮刺了。別看野麻會刺人生痛，但它在怒族人民生活中扮演著重要的角色。如用野麻搓成的麻繩可以拴牛套馬，甚至江上過渡的溜索也需要它。用野麻編織的網兜，是怒族男人出門少不了的搭檔；此外，還可作為弩弓的弓繩，可織成富有民族特色的怒族挎包、怒族毯子、腰帶、綁腿、衣料等。因此，野麻在怒族人民的生活中，曾一度是不可缺少的寶物。

對於野麻的使用加工，也有當地人長期實踐經驗的積纍過程。如今在怒族山寨還流傳著父子倆摸索剝野麻的傳說。

> 很早以前有父子倆去剝野麻。因為不知道怎麼剝，剝了三天三夜，把手都剝痛了，也只剝出很少的一點麻，把父子倆急得吃不下睡不著。正在無可奈何之時，有只小鳥飛到父子倆住的窩棚前，一遍又一遍地唱道：「伍白門康、約白布康。」（不要從尖頭剝，要從根底剝）父子倆聽了，開始沒有聽出是什麼意思。但那只小鳥的特殊叫聲彷彿是一句怒語，引起了他們的注意，仔細推敲好像是在指導他們該怎麼做一樣，就決定試一試。他們試剝了幾株野麻，果真剝得又快又乾淨俐落。父子倆高興得顧不上吃喝，一口氣剝下不少的野麻。從此，從根底處開剝野麻的辦法，一直在怒族山寨代代相傳。[5]

這則傳說告訴我們，剝麻皮也是一件技巧活，是人們經過長時間的摸索後才逐漸學會和掌握的。

女孩一般十一二歲就學會紡織麻布，出嫁以後，夫家的全家衣著都要靠她來縫製。除了耕作外，從種麻、割麻到做成衣服均由婦女完成。織布的時間多在一二月份，傈僳族稱 2 月為織麻月。期間，婦女基本手不離麻，甚至邊走路邊撚麻線繞麻線團。麻成熟後，割倒曬乾；然後浸泡在水中，待到腐爛時再撈起來將麻皮剝下；再將麻皮曬乾，用水洗淨，曬乾後用紡車或紡錘紡成粗麻線；然後將粗麻線用特製的搖麻架搖細，再將變細的麻線放入木灰水中煮白，最後將煮白的麻線繃直，這樣就做成了可以用來織布的麻線。麻線做成以後，還要進行染色。當地的染色技術較高，最初由北面的藏族地區傳入，人們用樹枝、樹葉、灰等將麻線染成紅、綠、褐等顏色，改變了單調的麻

5　參見李道生主編：《怒江文史資料選輯》（第十八輯），政協雲南省貢山獨龍族怒族自治縣委員會、政協雲南省怒江傈僳族自治州委員會文史資料研究委員會1991年刊印，頁126。

線顏色。績織麻布是每個婦女都應該掌握的，人們平日裏穿著或使用的麻衫、布單、布包、袋子等，都是用自家織出來的麻布製成的。民國以後，內地的棉線開始進入怒江地區，棉線無論是在外觀還是在舒適程度上都遠超過麻線，較為富裕的家庭開始用棉線織布。但是，由於生活水準低下，普通人家仍然選擇麻線來織布。如今，由於工業的發達，野麻作為主要衣料的地位已被外地運來的各種優質布料取代，然而由於其纖維長、紉性好等特點，野麻繼續在日常生活中發揮廣泛的作用，至今怒族人民仍然非常喜愛它。

在貢山的迪麻洛村，我們一走進阿洛家，就看見阿洛的妻子正在院子裏織毯子。紡織原料是從集市上買回來的五顏六色的漂亮棉線。紡織的工具雖然很簡單，但是對於一個陌生人來說，要弄明白其中的原理，必須經過一番細緻的觀察才行。織布的工具是一個鐵管焊接成的長方形鐵架子，架子一頭的橫杆並排繫上棉線，架子的中間弔有兩個用尼龍繩做成的類似篦子的東西，篦子下面分別和兩個踏板相連。一條條棉線相隔著從篦子中間穿過，一半在上，一半在下，這些線可以被看作經線。織布者將緯線從經線中穿過，穿過一次緯線，便踩動腳下面的一個踏板，這時，經線上下交錯，並且被緯線固定；織布者要馬上用一塊光滑結實的半圓形木板將其往裏壓緊，再穿過一條緯線，踩動另外一邊的踏板，經線再一次交錯，再用木板壓緊。這樣，一次又一次，不斷重複，直至棉布毯子織成。用這種方法進行紡織，效率很低，織好一塊布毯，需要花上好幾天的時間。

第三節　建築

建築技術是人類生存的一大發明。除了吃飯和穿衣外，人類還要遮風擋雨、驅寒避暖，要躲避野獸的襲擊以保護自己。關於房屋的樣式和種類，由於環境和文化上的差異，各地有著很大的不同。另外，由於文明和技術程度的差異，城市和鄉村地區的建築也有著很大區別。在草原上，人們住在可以移動的帳篷裏；在北方的黃土高原地區，人們住在窯洞裏；等等。在經濟落後和技術比較簡單的社會裏，人們基本上是充分利用和依賴所處的物質環境來滿足自身的需要。

在瀾滄江峽谷，從西藏的鹽井一直到德欽縣的燕門鄉，一路上可以看到各種獨具特色的藏式建築。藏族最具代表性的建築為三層兩楹式結構，材質大多為土木。房屋的體積一般較大，最底層圈養牲畜和堆放雜物；中層住人；上層除了擺放佛像，還留有一塊較為寬闊的空地，用來作為打穀場或者晾曬東西。有些稍微富裕的人家，牲畜圈和糧倉則單獨修建。

西麓的怒江峽谷，房屋大多為清一色的木質結構。在過去，怒族和傈僳族的房屋相似，分為木板房和竹篾房兩種。木板房略大，為長方形，一般分為兩間：外間為招待客人之用，中間置一大火塘，火塘上面放有一鐵製三腳架，供炊飲之用；內間為主人臥室以及儲備糧食的地方，一般不隨便讓外人進入。竹篾房較小，也分為兩間，有些比較貧困的村民只有一間。木板房和竹篾房建造時均用許多木樁架設在一塊斜坡地上，在木樁上鋪設木板或竹篾席。這種房屋由於結構簡單，極容易修建，也容易拆散，因而非常適合於流動性較強的個體家庭。為了躲避山洪和泥石流，人們一般在山凹臺地的向陽面建造房舍，極少在山溝或河谷地帶居住。為了適應山區的特點，房子基本上都是干欄式，先把幾十根柱子立在地上，再在柱子上綁縛板面，四周圍以竹篾籬笆，上面覆蓋稻草或木板。貢山地區的房子差不多全是以木板為頂，上鋪石板。由於房子下面的柱子可長可短，坡下用長柱，坡上用短柱，從而使得房子處於一個水平面，這就是俗稱的「千腳落地」竹篾房。房子的上層住人，下層關牲畜。房子架在山坡上，空氣暢通，防潮避濕，尤其是夏季，房子裏格外涼爽。但是，因為房子下面關養牲畜，一般為豬、雞，也有牛、馬等，積年的糞便，氣味襲人，衛生條件較差。

按照當地習慣，每年冬春之交是修建房屋的最佳時節。在此期間，一些分居的小家庭要建新房，一些老住戶也要修葺破損的舊房屋。無論是建新房屋，還是修葺舊房屋，都要採取「瓦刷」。建房前，房主要先將所需原料準備妥當，選擇吉日，約定時間邀請親友和本村村民前來幫忙，房屋必須在一天之內建成。凡被邀請前來幫忙修建房屋者都要攜帶一捆茅草或木料贈送給房主。房子建成後，主人招待一頓水酒或玉米稀飯，另無他酬。

我們在怒江峽谷地區拍攝到的一戶普通人家的房屋簡圖，在當地很有代表性。它的結構由三層構成：最底層一半懸空，由木柱支撐；中間用均勻的厚木板做成榫口套接而成，整齊而牢固；最上面為屋子的頂棚，用來堆放雜物。屋子的下層一般用來圈養豬，有時雞也在裏面生活；中間一層住人，裏面分為三間，中間的一間裏面設有火塘，兼做廚房和客廳或者老人的臥室，兩側的房間當作臥室；屋頂上鋪蓋當地特有的石板瓦，形狀為正方形，呈黑色。通往房屋上下的工具為梯子。當地的梯子由一根單獨的木頭製成，將木頭的一面鑿挖成梯形，搭靠在房屋上，人踩踏著就可以上上下下了。這種梯子極不穩當，陌生人初次登上去的時候，左右搖晃，感覺很不踏實。但是，對於當地人來說，這顯然不成問題。

倉庫主要用來存放糧食，周圍一般拴有狗。倉庫為當地頗具特色的木楞房，四周由大小差不多相等的圓木圍成；交接處也是鑿以榫口，上下相套銜接而成，看起來極為整齊。和主房屋不同的是，倉庫屋頂上的瓦已經變成了現代的石棉瓦。可見，當地建築的材質也是不斷變化的。

第四節　木器、竹器和陶器

製作木器、竹器和陶器等器具也家庭手工業的內容之一，和織麻布相對應，它是男子必須掌握的一種家庭手工技藝。

1 木器

木器有木鋤、木犁、木桶、木板、織機、樂器、弩弓、刀匣、箭匣、獨木舟、溜板以及碗、勺、案板等。

人們一般在秋後開始上山，選伐各種木料。他們認為，這時樹中的水分減少，較易砍伐，而且砍伐下來的木料質地比春天時的要細密，特別是不容易生蛆和腐爛。由於這時的天氣已經不是很熱，適合於木材慢慢乾燥而不爆裂。人們根據不同用途，選用合適的木材。青岡木質細且堅硬，適合於製作木犁鏵、弩柄和案板等；楊木木質細而輕，用來做紡織機的各種部件和挖製碗、勺等；黃楊木的根可以用來製作煙斗；桃木也適合於製作各種硬木具；松木輕軟，有油質，可製作用量大而有防水性能的房板、地板；樺木木質硬，砍出刀痕後易彈回，適合做案具；等等。砍伐下來的木材都不立即剝皮，製作器物時，有的木料需要絕對乾燥，有的就無所謂。

（1）木水桶。用木板拼製成的水桶是普遍使用的背水工具，木桶為扁六角形，口部寬，底部較窄。桶的大小不一，主要根據使用者的體力和年齡而定，最大的可以用來裝糧食。製作時，將用來做水桶的木料削成 6 塊薄木板，拼成六角形的桶身，下邊安上桶底，桶身外部上下用數道竹皮裹上幾道竹箍即成。在製作木桶前，先用火將木板烤乾；木桶製成後先浸泡在水中，並在接縫處用生漆塗塞以免漏水。

（2）木櫃子。用來裝糧食、衣物等。木櫃為長方形，有大小之分，一般高八九十公分，長約 1 公尺，寬七八十公分。原料多用松木等。櫃子四壁以木釘釘合，或鑿成眼扣合。櫃子的正面削至光滑，再在上面刻上一些紋飾。

（3）樹皮桶。由核桃皮和漆樹皮做成。20 世紀 50 年代以前，幾乎家家都有。其製作方法是，先將樹幹按需要的高度截成段，至六七月間將樹皮剝下，用生漆將樹皮縫上黏合，再安上桶底即成。另外，也有用漆樹剜成的木桶，用來裝穀物糧食，稍小的用來做養蜂桶。

（4）酒器。一種是酒瓶，將粗細適中的木杆截成段，用刀將裏面剜空即成。另一種是酒壺，頸細腰肥，外部刻有陰陽條紋圖案，然後塗以黑漆，製作甚為精美，宛如陶瓷壺。酒壺的做法是用一種特殊的木頭，將其剝為兩半，外部削成壺形，將木頭中間剜空，然後用漆黏合後磨光、刻紋、上漆即成。

（5）溜索和滑板。怒江地區交通不便，以前，人們過江基本上依靠搭在江水兩岸邊的溜索。溜索分平溜和陡溜。平溜又叫單溜，兩岸的索高基本相等，人滑到中間，再用雙手攀爬而過；陡溜就是兩條索，過去的時候滑一根，回來的時候滑另一根。

人過溜索，需要借助於一定的工具。《纂修雲南上帕沿邊志》中記載：「查上帕怒江，並無船舟。沿江怒、傈，水深時概用溜渡，其溜系以竹紐成索，繫於兩岸，復以木製為梆，如瓦狀，人縛梆上，以梆架索上而過之。」[6]在調查中，我們發現，過去書中所描述的工具以及過溜方法在今天依然被人們保留和使用。

過江時，人們把木滑板的凹槽扣到索上，再用牛皮繩穿過滑板，下系在人的雙腿跟和腰部。一旦腳離地，人便「嗖」的一聲滑向江中。在外人看來，這種場面不免顯得驚險而刺激。

---

6 《纂修雲南上帕沿邊志》，《怒江傈僳族自治州文物志》編纂委員會編：《怒江傈僳族自治州文物志》（昆明市：雲南大學出版社，2009年），頁365。

（6）豬槽船。在貢山丙中洛的五里村，我們發現了豬槽船的存在。秋冬季節是河水乾涸期，村民用豬槽船過江，一般可載 7 至 10 人。豬槽船其實就是獨木舟，由於形狀類似豬槽，因而得名。豬槽船多用松樹等樹木製作而成，松樹富有油質，抗水性能強，適合用於挖製獨木舟。由於松樹多生長於重巒的峰頂，難以運輸。因此，通常在砍伐下來後就地加工，挖出船槽，再想辦法運到江邊下水，這樣就比運粗大的樹幹輕便多了。除了渡江之用，人們有時候也用豬槽船駛進江中間釣魚。但是，由於怒江灣多水湍，適合渡江和駕駛豬槽船的平緩地方非常少，因而，豬槽船在怒江地區的分佈並不多。春夏季節多雨，江水暴漲，人們用鐵索將豬槽船固定綁好，然後反身埋在河邊的泥沙中，等到秋冬季節江水平緩的時候再挖出來使用。

2 竹器

除了木器外，人們也大量製作各種竹器。最常見的竹器為竹筒，人們將一根較粗的竹子砍倒後用根部來做竹筒。大的竹筒可以是 2 節，也可以是 3 節，只需將竹節連接部分打通即可，大的裝水，小的裝酒。

3 陶器

少數地方的人們還會燒製陶器。陶器主要用來盛水和炊煮。迄今怒族人還保留著一則關於製作陶器起源的傳說：他們的祖先看到黏在河卵石上的乾泥殼經過火燒可以變得很堅硬，由此得到啟發開始燒製陶器。這就為製陶術的起源提供了一個新的說法，即「卵石塗泥」。過去已經有很多陶器製作的傳說。例如，人們發現塗在筐子上的泥巴，或者黏在葫蘆上的泥巴，經過火燒可以變硬，從而受到啟發。直到 20 世紀 50 年代以前，一些地方還保存著古老的泥條盤築製陶法：

一種方法是將泥料製成長條形，以螺旋式的方法由下向上盤築成器形，同時用陶拍拍打，用手蘸水將器內外接縫處抹平；另一種方法是將泥條圈起，一層層向上堆築做成器型。用這兩種方法製成的陶器，內壁往往留有泥條盤築的痕跡。人們用這些燒製的陶器同其它村民交換自己的生活必需品。

第九章
政教合一及其制度下的生計

第一節　康區政教合一制度

整個藏族聚居區在長期的歷史發展過程中形成了滋生於青藏高原土壤的政教合一制度；這在人類歷史上是一種較為特殊的政治制度，是地方行政制度和宗教勢力相結合的產物。東嘎·洛桑赤列的《論西藏政教合一制度》可謂是國內第一部系統論述西藏政教合一制度的著作。該書認為：「他們（僧侶）如果沒有私人佔有的土地、牧場和牲畜，沒有私人佔有生產資料的經濟基礎，就不會有為著保護這種經濟基礎而爭取掌握政權的動機，而沒有這種動機在西藏就不會出現由各派上層分子掌握政權的政教合一制度。」[1]該觀點主要從宗教勢力私人佔有生產資料出發，即宗教是出於保護自身的財產而必須擁有權力。筆者認為，這是政教合一制度的表現，而不是產生的原因；宗教組織（寺院）擁有土地、牧場等所有權必然要經歷一個過程，而不是短期就能形成的。此外，「對於這一觀點，如果我們僅僅局限於從藏族史的角度去考慮，即將西藏前弘期和後弘期的佛教狀況做一簡單比較，也會覺得不無道理；而一旦我們把視野放寬一些，就會感到它未免失之偏頗」[2]。

《宗教學通論》一書指出，「國教統治」和「政教合一」的出現

1　轉引自王獻軍：〈西藏政教合一制形成原因再探〉，《西藏民族學院學報》1998年第1期。

2　同上。

一般來說至少需要下列四種社會環境之一種：「1. 該宗教誕生於或適合於該國的文化傳統；2. 接受該宗教的民族處於較低的文化發展階段；3. 在宗教上或意識形態上，該宗教遇到的對手不夠強大；4. 該宗教得到強大的政治或軍事力量支持。」[3]上述四點是認識政教合一制度的基礎，一定程度上對把握政教合一制度具有整體性指導意義。

筆者認為，青藏高原政教合一的產生有以下兩個關鍵性因素：一是地理環境的制約帶來單一宗教意識形態的獨立權力。藏傳佛教「從最初對西藏傳統文化的不適應變得基本適應了，並最終戰勝了本教，成為西藏占統治地位的宗教，成為西藏社會中唯一一種意識形態，從而為政教合一制度的出現提供了必要的思想文化條件」[4]。整個青藏高原由於受高海拔、低氣溫等自然條件的限制，能在此惡劣環境下生活的只有當地的土著民。在其它氣候條件下生活的人們進入西藏，即使最終能適應青藏高原的生活環境，也需經歷一段很長的適應過程。因此，青藏高原很難存在多元宗教文化，一旦有宗教的入侵者便會立即遭到打壓和反對。明清以來，天主教多次傳入康區都遭到強烈的反抗就最能說明上述問題。即青藏高原原宗教不能容忍另一種宗教形態的存在來分配權利和資源。二是統治勢力必然要依賴宗教（藏傳佛教）。青藏高原不同於中原。中原地區人口集中，交通方便，物產豐富；但是，青藏高原地廣人稀，有時候方圓 20 至 30 公里甚至更大的範圍內沒有人煙，這給任何一種統治制度帶來統治上的壓力。在這一前提下利用宗教意識形態來為統治階級服務，就不必利用大量的軍隊進行統治。因此，「作為一種外來宗教，要想在一個地區戰勝歷史悠久、信徒眾多的本土宗教並最終取得統治地位，除了自身具備的有利

3 呂大吉主編：《宗教學通論》，（北京市：中國社會科學出版社，1989年），頁671。

4 王獻軍：〈西藏政教合一制形成原因再探〉，《西藏民族學院學報》1998年第1期。

條件之外，還與統治者的大力扶植與支持密不可分」[5]。縱觀西藏歷史，絕大多數統治者都試圖扶持宗教界有威望、有影響力的宗教頭人或派別，使得在不同時期都有執政者信任的宗教統領產生。

「政教合一」這一概念本身曾經有過爭議。20世紀末，圍繞康區的封建農奴制是否為政教合一制度，出現了兩種不同的觀點。第一種觀點以曾文瓊為代表，認為康區的政教關係不是政教合一制度。他依據恩格斯提出的政教合一的定義，「在新教國家裏，國王就是總主教，他把教會和國家的最高權力集於一身；這種國家形式的最終目的是黑格爾所說的政教合一」，指出政教合一「說得更明確一點，『就是指世俗國王和教主由一個人來擔任』」[6]。該觀點要求宗教頭人和政治領袖必須「合二為一」才能稱之為「政教合一」。嚴格來說，這種觀點有失偏頗，過於強調一一對應關係，而忽視兩者在權力行使過程中的聯繫，是一種形式論的看法。第二種觀點支持康區實行的是政教合一制度，理由是：「政教合一制度是大農奴主階級對農奴實行專政的特殊形式，僧俗區分只是表現而已。這一專政的特點是僧俗大農奴主結合起來，利用神權強化政權，又利用政權維護神權，兩方面相互利用，以加強對農奴的統治。」[7]

對於政教合一制度的定義和認識，筆者比較認同王獻軍的觀點：「判斷一個制度是不是政教合一制，不應看其『政教兩者的首領是否是一個人』，而關鍵是要看其『政權與教權是否合而為一』了。至於政教兩者合而為一的『一』是一個人也好，或是一個家族、一座寺院也好，這些都是形式問題，我們可以把它作為劃分不同類型、不同模式或不同階段的政教合一制的標準，而不能把它作為劃分是否是政教

5　顏志剛：〈藏區政教合一體制的成因〉，《四川警官高等專科學校學報》2005年第5期。
6　曾文瓊：〈論康區的政教聯盟制度〉，《西南民族大學學報》1988年第2期。
7　李紹明：《民族學》（成都市：四川民族出版社，1986年），頁176。

合一制的標準。」[8]這種觀點不再是強調表象的關係，而是更加突出認識政教合一制度應當以事物本質為考察對象。

1260 年，忽必烈即大汗位，將八思巴封為國師；在 1264 年，設置了總制院，統一管理全國佛教事務及藏族聚居區的政教事務，並在其下設置了三個宣慰使司，其中「吐蕃等路宣慰使司都元帥府」（後來簡稱「朵甘宣慰司」）管理昌都和四川甘孜與阿壩藏族聚居區的軍政事務。[9]元代儘管設置了各類分層的管理機構，但是昌都地區還處於部落頭人占山為王、不相統一的階段，基本上採用的是無為而治的羈縻政策；儘管有 13 個萬戶府進行管理，但是實際的地方權力落到了所封的國師八思巴手中。

明代正統二年（1437 年），出生於康區的麥・喜繞桑布學經歸來，在昌都建起了強巴林寺，也稱昌都寺，成為康區第一座格魯派寺院，他本人成為該寺院的首任堪布。另一說法為麥・喜繞桑佈在藏曆木鼠年即 1444 年創建強巴林寺。其後在不斷發展過程中，強巴林寺成為統治地方的政治勢力。到清代康熙五十八年（1719 年），清廷還頒給印信。其內容為：「闡講黃教額尼第巴諾門罕之印。」[10]寺院的第二任堪布為帕巴拉呼圖克圖，寺院設立了拉讓和拉基兩大組織機構，分別管理地方行政事務和宗教事務。拉讓是帕巴拉活佛系統的最高行政機構，又稱昌都宗。「昌都宗是高度政教合一的地區，政令皆出於強巴林寺。帕巴拉呼圖克圖為強巴林寺最高宗教領袖，也是昌都宗的最高行政首領和全宗土地、農奴的最高領有者。」[11]具體來說，「在一個宗的範圍內，寺廟實行政權和教權的統一。寺廟各紮倉及下屬小寺

8 王獻軍：《西藏政教合一制研究》（蘭州市：蘭州大學出版社，2004年），頁171-172。
9 參見王輔仁、索文清編：《藏族史要》（成都市：四川民族出版社，1981年），頁75。
10 和寧：〈西藏賦〉，陳志明：《西康沿革考》（南京市：拔提書店，1933年），頁116。
11 王獻軍：《西藏政教合一制研究》（蘭州市：蘭州大學出版社，2004年），頁117。

佔有一部分土地，同時又以政權形式佔有差地，寺廟的僧侶執事和世襲貴族還得到一部分土地的暫時佔有權和世襲佔有權。但是，這一切土地的所有權是以呼圖克圖個人名義佔有的。屬於這一形式的宗有昌都、察雅、八宿、類烏齊等四個宗」[12]。乾隆五十九年（1794 年）和琳的一份奏摺中指出：「緣衛藏地方，雖皆屬達賴喇嘛管理，如昌都、類吾齊、察雅、薩喀等處，各有呼圖克圖管理，一切事件，從不關白藏中。」[13]可見，當時地方社會由喇嘛統治，呼圖克圖實際操縱，無論是世俗和宗教都被其牢牢地把握住，形成了政教合一制度。

迪慶作為民族間衝突的緩衝帶，長期以來一直受到藏傳佛教的影響；青藏高原象雄部落中產生了本土宗教——苯教，在藏傳佛教傳入之前，一直統治著地方社會。在公元前 7 至 8 世紀，象雄王朝勢力開始進入滇西北，苯教也隨之帶入迪慶高原。7 世紀，青藏高原崛起的吐蕃勢力，不斷擴大自己的地盤，迪慶成為吐蕃和南詔國爭奪的重要戰略要地。吐蕃王朝在位於迪慶高原的鐵橋鎮設置了神川都督[14]，管轄的地域包括今麗江、維西及劍川以北的區域。大量的軍隊進入迪慶，在吐蕃軍中推行「苯教師」制度，為其軍事行動服務。[15]但在 8 世紀後，吐蕃頭領開始受佛教的影響，並推行「興佛抑苯」。有些苯教師為了逃避迫害，不得不離開西藏本土，到邊遠的地方去，使得部分苯教師進入川、滇、藏的交接地帶，如左貢、察隅、芒康、德欽、中甸、維西等地，這裏有著與西藏相同的文化背景，適宜苯教的發展

12 西藏社會歷史調查資料叢刊編輯組編：《藏族社會歷史調查》（四）（拉薩市：西藏人民出版社，1989年），頁35。

13 轉引自《西藏研究》編輯部：《西藏志衛藏通志》（拉薩市：西藏人民出版社，1982年），頁270。

14 參見王恆傑：《迪慶藏族社會史》（北京市：中國藏學出版社，1995年），頁37。

15 參見迪慶藏族自治州民族宗教事務委員會編：《迪慶州宗教志》（北京市：中國藏學出版社，1994年），頁1。

和傳播。[16]到了明朝中葉，儘管上述地區還有苯教的勢力，但是為數不多，此時藏傳佛教已經傳入迪慶。1939 年的《中甸縣志》記有：「中甸縣在明中葉喇嘛教即已盛行，惟其時僅有紅教，亦間有奉行黑教和白教者，其後西藏教皇派來舉馬傾則一員，管理僧民，徵送糧稅，始有黃教喇嘛。」

噶舉派是藏傳佛教各教派中支系最繁多的一個教派，其又分為香巴噶舉和塔布噶舉。在明代迪慶境內盛行的噶舉派多為塔布噶舉系統的噶瑪巴派，主要有維西的壽國寺、蘭經寺、達摩寺和德欽的禹功寺。其傳入的路線為：宋仁宗時由塔布噶舉派僧人都松欽巴自西藏傳入康區，在他的影響下，西康的德格縣高僧斯徒主修了八邦寺。在噶舉派高僧的努力下，該教派便很快經巴塘傳入迪慶。[17]需要提及的是，噶瑪巴派又有兩個主要的活佛系統，即黑帽系和紅帽系（後來常常將其稱為紅教，其實真正的紅教為寧瑪派）。

黑帽系的法王第八世彌覺多吉在正德十一年（1516 年）抵達雲南麗江，當時受到木氏土司木天王的熱情款待，木天王的父親和弟弟分別乘大象，並備一頭大象作為備騎宴請法王入宮，極為尊敬。[18]此後，木氏土司還提出每年派 500 名少年去西藏接受教育。隨著噶瑪巴派在康區及滇西勢力的不斷擴大，從 1462 年到 1665 年的 200 多年時間裏，迪慶境內的噶瑪巴派寺院不下百餘座。而木氏土司和噶瑪巴派之間似乎找到了契合點，即雙方都想借用對方在康區的基礎來擴大自己的勢力。木氏土司可以利用其傳教的方式加強對康區的統治，而噶瑪巴派也可借用木氏土司的力量來推動宗教的傳播。

---

16 同上。

17 同上，頁10。

18 參見唐景福、朱麗霞編著：《中國藏傳佛教名僧錄》（蘭州市：甘肅民族出版社，2006年），頁184。

清人余慶遠《維西見聞紀》載云：「紅教喇嘛，相傳有13種，維西惟格馬巴（指噶瑪巴）一種。格馬長五人，謂之五寶輪迴，生番地，均十餘世不滅，人稱活佛。維西五寺，紅教喇嘛八百人，皆格馬四寶喇嘛之法子也。」[19]汪寧生也提及：「中甸原來屬西藏及『木天王』（即指麗江木氏土司）管的地方。原來只有『紅教』和『黑教』，兩派常鬧對立，黑教失敗，寺院全毀了，只有人還在，稱為『倉巴』。至今各村還有他們的活動。……長時期來，紅教（應指噶瑪巴派的紅帽系）勢力一直在中甸占上風。那時中甸四周山上分佈許多小的紅教寺廟。然宗喀巴後，黃教興起，到處用武力強迫紅教改黃教，中甸也開始變了。」[20]

明末，經營康區的木氏家族，隨著蒙古和碩特部落統一西藏，逐漸失去了勢力。而由和碩特部落扶持的達賴喇嘛與班禪額爾德尼為領袖的藏傳佛教格魯派巴派，乘勢進入迪慶高原。1578年，三世達賴索南嘉措接受麗江木氏土司的邀請到雲南藏族聚居區進行傳教。康熙六年（1667年），和碩特部佔領了中甸一帶，並直接由西藏方面委派僧官進行管理，中甸、德欽、奔子欄一帶此時由四川的巴塘土司管轄。

1580年，三世達賴索南嘉措在理塘建立理塘寺，可見當時的巴塘、理塘已盛行格魯派[21]，從此開始建立起以格魯派為主的政教合一政權。但是，到了1674年，以中甸噶舉寺院嘉夏寺為首的迪慶境內各噶舉派寺院在麗江木氏土司的支持下聯合境內寧瑪派和苯教僧侶，發起反對格魯派及和碩特部統治的戰爭。「在巴圖臺吉和鄉佐農布為

19 〔清〕余慶遠撰：《維西見聞紀》，方國瑜主編：《雲南史料叢刊》（第十二卷）（昆明市：雲南大學出版社，2001年），頁66。

20 汪寧生：〈記滇西北幾個喇嘛寺〉，汪寧生：《中國西南民族的歷史與文化》（昆明市：雲南民族出版社，1989年），頁215。

21 參見楊學政、韓軍學、李榮昆：《雲南境內的世界三大宗教——地域宗教比較研究》（昆明市：雲南人民出版社，1993年），頁95。

首的蒙藏聯軍的攻擊下，尤其在受命前來參加鎮壓迪慶噶舉派反抗格魯派戰鬥的木裏地方格魯派寺院僧兵的主動攻擊下，噶舉派武裝一觸即潰並被消滅。蒙藏聯軍關閉了中甸、德欽一帶的大多數噶舉派、寧瑪派及本教寺院，解散了這些寺院的僧眾，沒收寺產，改建成或新修格魯派寺院。在中甸，格魯派將各噶舉、寧瑪和本教寺院中沒收來的財產全部交給松贊林寺，並由西藏三大寺中抽調並派遣的格魯派高僧奉洛窮結・阿旺朗傑任該寺堪布（掌教）。」[22]由於康熙年間藏族聚居區連年遭災，西藏政府為祛災延福建立了大喇嘛寺 13 個，名十三林，此時的松贊林寺（又稱歸化寺）即其一。歸化寺的建立標誌著黃教在中甸地區已占統治地位。歸化寺喇嘛不僅來自大小中甸、東旺、尼西、格咱（即所謂「上五境」），而且還來自甘孜州、香城等地。一時之間歸化寺即為中甸地區統治中心。[23]其規模也是驚人的，在建寺時喇嘛的數量規定在 300 名，但是在歸清所屬後，增加到 1,225 名。為了操縱地方權力，康熙四十八年（1709 年），迪巴桑傑進藏告狀，要求自行管理，獲准後即設置地方最高權力機構——吹雲會議。顯然，此時的迪慶高原實行典型的土司和喇嘛聯合的封建領主制度，且以寺院為政治中心。

相對碧羅雪山東麓而言，西麓文化沉澱時間短，但是自清代以來，依然受政教合一制度的統治。在 17 世紀以前，怒江在文獻中的記載有限，無法一一考證，其還處在生產力低下的採集狩獵階段，社會單元主要是父系氏族公社。

乾隆五年十一月初十日（1740 年 11 月 28 日）雲貴總督慶復的奏

---

22 迪慶藏族自治州民族宗教事務委員會編：《迪慶州宗教志》（北京市：中國藏學出版社，1994年），頁15-16。

23 參見汪寧生：〈記滇西北幾個喇嘛寺〉，汪寧生：《中國西南民族的歷史與文化》（昆明市：雲南民族出版社，1989年），頁217。

摺中說：「查怒子一種，住居維西邊外，在浪滄江（瀾滄江，下同）之極西……與西藏管轄之擦哇隴、擦哇崗（今西藏察隅縣察瓦龍）土番並口外所住古宗、傈僳、野人界址相鄰。古宗人等進至怒地，若見怒子人眾，則以貿易為生；若見怒子人少，或遇打柴割草之男婦，即行擄掠。因而怒子不敢散居，或四五百家，或二三百家，於山箐深邃之區，自成巢穴。」這份奏摺說明在此以前，怒江一帶的民族受來自西藏察瓦龍土司勢力的壓迫。因此，在「雍正七年（1729 年），怒子野夷見該省維西新設營堡，雖遠在十餘站之外，情願輸誠，每年貢納幾（麂）皮等土物，賞給鹽三百斤。沿邊土弁帶領投書，經前督臣鄂爾泰具題，奉旨準為年例在案。自此附近口外土番之怒子，仍依番夷，附近浪滄江一帶者，即向康普土弁、葉枝頭人羈縻，往來各無界限」。通過這種依附關係獲得保護，減少受到察瓦龍各種土司喇嘛的欺辱。當時康普土司署由禾娘女千總執政。她接受了貢山、獨龍江邊民歸附，並進一步招撫了福貢北部那瑪底等地的居民，然後在當地邊民中委任有威望的頭人充當各村寨的「夥頭」、「百色」，並通過他們管理村寨事務，收繳土司歲貢。這樣，怒江上游的怒族、獨龍族地區從清雍正八年（1730 年）起才開始成為土司轄區。[24]但是，即便如此，西藏方面的勢力依然不甘休。乾隆五年十月丁未（1740 年 11 月 28 日），大學士等議復：「雲南總督公慶復奏：『擦哇隴頭人桑阿到汛，口稱三艾營官欲點三路士兵，往攻怒子，與阿墩子汛官借路。』等語。查怒子與三艾土番仇殺，乃屬外夷常事。今桑阿口稱：三艾營官寫信報與藏王，藏王回信，教三路出兵，往攻怒子。……且土目三

24 參見李道生：《維西康普、葉枝等土司管理怒江始末》，政協怒江州委員會文史資料委員會編：《怒江文史資料選輯：第一至二十輯摘編》（上卷）（德宏：德宏民族出版社，1994年），頁262-263。

路點兵三千餘名，其勢恩張。」[25]事件也報給了雲貴總督和朝廷，並急調維西、劍川、中甸等地的 500 名士兵，在各要道設卡，加強防禦。雲南地方上拒絕借路，使察瓦龍土司無法「由內地奔子欄、中甸過渡」或經溜筒江的「對渡」進入怒族地區；而「三艾（岩）土番由伊境梅李樹翻大雪山，走溜筒江對岸，沿道途怒子地方，山路險闢」，以致最後無法派出大股武裝力量進入怒族地區，鎮壓活動也就半途而止。[26]

乾隆五年十二月己未（1741 年 2 月 8 日），（大學士等）又議復：「雲南總督公慶復奏：『滇省維西邊外怒子野夷與古宗野人構難稱兵，業飭令維西文武開諭化誨，已照夷例和解完結。至怒子所居，貼近西藏界址，請諮明西藏，管束古宗，毋令越境滋事。』等語。」[27]考慮到怒江和察瓦龍相鄰，唯恐引發爭端，所在其間，清中央政府也飭令西藏郡王頗多鼐嚴加約束察瓦龍等地頭人，各安本境，毋得侵害鄰封，不准侵擾怒族聚居區。[28]

《菖蒲桶志》記載：「貢山達拉鄉及茨開鄉之二三保，在前清時，歸維西葉枝王土司管理。時於光緒末葉，將管轄區錢糧送與屬察瓦隆喇嘛作香火資，嗣由察蠻徵收，異常苛虐，民不聊生。」[29]由此

25 《清實錄・世宗實錄》第128卷，李汝春主編：《唐至清代有關維西史料輯錄》，維西傈僳族自治縣志編委會辦公室1992年刊印，頁107。

26 參見《怒族簡史》編寫組：《怒族簡史》（昆明市：雲南人民出版社，1987年版），頁34。

27 《清實錄・世宗實錄》第133卷，李汝春主編《唐至清代有關維西史料輯錄》，維西傈僳族自治縣志編委會辦公室1992年刊印，頁107。

28 參見中國藏學研究中心等編：《元以來西藏地方與中央政府關係檔案史料彙編》（第2冊）（北京市：中國藏學出版社，1994年），頁447。

29 菖蒲桶行政委員公署編纂：《菖蒲桶志》，李道生主編：《怒江文史資料選輯》（第十八輯），政協雲南省貢山獨龍族怒族自治縣委員會、政協雲南省怒江傈僳族自治州委員會文史資料研究委員會1991年刊印，頁9。

可知，貢山境內長期由土司管轄，但是土司不僅是權力的擁有者，同時還是宗教的信仰者，「王女土司信佛」明確了土司依附於佛教之下，還必須繳納稅收。《菖蒲桶志》在《管轄徵收》中進一步明確道：「在昔，名義上雖歸維西葉枝土司管理，其實係強者為酋，弱者為僕。土司對於怒俅兩江，只每年派人收錢糧一次，地方之民刑案件，即由收糧人處理，收糧人暫回後，民間發生爭執，又由喇嘛寺解決，彼時喇嘛眾多，習性強橫，古宗、怒子均畏懼之。」[30]這顯然是政教合一制度下兩者聯合起來壓迫人民的手段。

第二節　寺院對政治經濟活動的影響

一　寺院經濟活動存在的可能

寺院在藏族聚居區長期發揮著政治、經濟、文化等方面的作用，其根本原因是寺院在該地區長期存在的過程中不斷擁有權力，使得宗教和經濟之間有直接聯繫。而「宗教與經濟的關係並不是一個新的研究課題，幾乎所有的歷史學家和宗教學家在研究宗教的起源、發展，以及宗教的功能、作用的同時，都會自覺或不自覺地提到經濟與宗教的關係」[31]。

在西藏，「公元 1 世紀印度佛教經中亞越過？嶺傳入我國，在中國廣闊的地域生根、發展，逐漸嬗變為中國佛教，並形成很多的宗派」[32]。7 世紀初，「已經建政於山南地區的鶻提悉補野部族，在征服

30 同上，頁14。

31 徐亞非、溫寧軍、楊先民：《民族宗教經濟透視・前言》（昆明市：雲南人民出版社，1991年），頁1。

32 弘學編著：《藏傳佛教》（第三版）（成都市：四川人民出版社，2012年），頁22。

雅魯藏布江以北的蘇毗政權後，基本統一了西藏高原，建立了吐蕃王朝。王朝的第二代松贊干佈在位時，吐蕃的疆土又有擴張」[33]。佛教真正在西藏得到傳播應在 7 世紀，而其根本原因是得到吐蕃王室的提倡。「此外，佛教最早傳入西藏，又與吐蕃贊普松贊干布迎娶兩個公主有直接的關係。文成公主是信仰佛教的，在她嫁到吐蕃去的時候，隨帶去一尊釋迦牟尼的佛像，……松贊干佈在迎娶文成公主前，還娶了泥婆羅（今尼泊爾）國王盎輸伐摩的女兒盡尊公主。這位盡尊公主也信仰佛教，她也帶到拉薩一尊釋迦牟尼的佛像。這兩位公主隨帶兩尊佛像到拉薩，標誌著佛教分別從祖國內地和印度、尼泊爾一帶傳入吐蕃地區。松贊干布支持兩位公主興建大小昭寺院，派人迎請了印度迦濕彌羅和漢地的僧人等，並組織他們翻譯佛教經典。」[34]直到現在，藏傳佛教已經在藏族聚居區經歷了 1,300 多年的歷史，寺院達 1,700 多座。到中華人民共和國成立時，迪慶州境內有藏傳佛教寺院 24 座，其中德欽縣境內 17 座、維西境內 4 座、中甸縣境內 3 座。[35]

在舊寺院經濟的確立時代，「藏傳佛教中的僧尼在經濟生活方面不再是原印度佛教中的『乞士』或『比丘』，以化緣為生，也不同於漢傳佛教中所宣導的『利樂有情，農禪並重』，修行不離生產，生產不離修行，『一日不做，一日不食』的宗教思想；而是一開始就和統治者和權力結合在一起，在思想精神方面為統治階級政權鞏固起到了不可替代的作用」[36]。而寺院和王權貴族之間又形成了唇齒相依的關

33 同上，頁24。

34 黎小龍：《西南日月城文化概論》（重慶市：西南師範大學西南研究中心，1994年印行），頁158。

35 參見迪慶藏族自治州民族宗教事務委員會編：《迪慶州宗教志》（北京市：中國藏學出版社，1994年），頁20。

36 梅進才主編：《中國當代藏族寺院經濟發展戰略研究》（蘭州市：甘肅人民出版社，2000年），頁6。

係，使得「歷代封建王朝封賞財物是寺廟經濟最初形成的主要條件。除朝廷扶持外，接受皇室、貴族、富豪信徒的施捨供養，也給寺廟經濟的形成與發展起到了推波助瀾的作用」同上。。在擁有權力的同時，寺廟盡可能利用各種有利的條件傳播宗教和信仰，推動各種經濟收入的增加。

況且，佛寺的存在也需要物質基礎，這使得任何時候，寺院總是脫離不了世俗的經濟支持，它的發展正是建立在世俗社會成員非理性的財富消耗之上，也表現為其教義鼓勵人們重義疏財、樂善好施。中國古籍《續高僧傳》中記述的以下故事生動地反映了這樣一個事實。

> 公元六世紀初葉，有一位商人曾在揚子江流域地區從事貿易營生。他囤積了大量的珍珠和金銀首飾，在經商中賺得的財富共裝滿了兩艘帆船，全部價值多達數十萬貫。然而，財富越是積纍得多，就越會刺激他追求財富的貪婪心，一旦無所得就會變得懊惱。這位商人在經商旅行中，來到了梓州新城郡的牛頭山，並且在那裏會見了達禪師，後者向他說佛法。這位商人自忖：「不如沉寶江中，出家離走。索然無憂豈不樂哉？」說到做到，商人立即決定在江河的深淵把他的兩隻船中之一沉了下去。當他正要沉第二艘船的時候，大批僧眾趕來懇求他把剩餘的財產用於慈善事業。[37]

這個故事表明，寺院作為人的集合體，也是生活的共同體，始終脫離不了人的生存本性。儘管宗教本身提倡一種忘我、貢獻、淡名薄利，但依然需要進行生活資料的消費。「假使天下有萬僧，日食米一

37 轉引自〔法〕謝和耐著，耿升譯：《中國5至10世紀的寺院經濟》（蘭州市：甘肅人民出版社，1987年），頁6。

升，歲用絹一匹，是至儉也，猶月費三千斛，歲用萬縑，何況五七萬輩哉彝又富者窮極口腹，一齋一衣，貧民百家未能供給，此既不能治民，又不能力戰，不造器用，不通貨財，……不曰民蠹，其可得乎？臣愚以為，國家度人眾矣，造寺多矣，計其耗費，何止億萬。」[38]這就是說，即便按照最低的標準來計算，每年寺院的消費都不是一個小的數字。更有「今釋老之遊者，略舉天下計之，及其僮隸服役之人，為口豈止五十萬，中人之食，通其薪樵、鹽菜之用，月糜谷一斛，歲得穀六百萬斛，人衣布帛二端，歲得一百萬端」[39]。

若不進行生產資料的活動，寺院必然要通過各種途徑獲得資料，包括資金；而其基本來源還是靠寺院所屬範圍內的百姓繳納，無論是百姓自願，還是強制性地收取各類稅收，都必須完成繳稅的任務。為了使更多的平民百姓對宗教虔誠，為寺院帶來更多的經濟利益，寺院往往需要大興土木、修建豪華的寺宇，來推動寺院在當地的名聲和威望。需要指出的是，寺院還進行商業活動，「運送商品靠差巴提供烏拉，購買土特產品可以壓價強收，推銷商品可以高價攤派，還可以免去各種稅收，所以利潤很高，這是寺院熱衷於商業活動的根本原因」[40]。寺院在政教合一制度下擁有較高的權力，也是促使其從事商業貿易的另一個因素。

二　寺院經濟來源的政治保障

在康區，為了保證寺院本身在當地享有各種政治、軍事等方面的權力，寺院無疑要選擇所謂的「靠山」。首先，要選擇當地有政治權

38 〔宋〕呂祖謙輯：《宋文鑒》（卷四十二）（南京市：江蘇書局，1886年），頁5。
39 〔宋〕張方平撰：《樂全集》（卷十五）（北京市：商務印書館，1935年）。
40 況浩林：《中國近代少數民族經濟史稿》（北京市：民族出版社，1992年），頁228。

力的機構或者人物。在明清以來，管理鹽井、迪慶、貢山等地方事務的都是地方土司，因此，寺院常常與土司緊密結合。有時候兩者的最高權力者被家族控制，或由同一個人掌控。其次，需要和西藏境內大型的寺廟之間形成密切關係，提升自己的地位。為了分析該問題，此處主要以迪慶高原境內中甸歸化寺（又名松贊林寺）為例。

中甸歸化寺是康熙年間因康區連年遭遇災害，西藏政府為祛災延福建立的 13 個大喇嘛寺（名十三林）之一，當時並不叫歸化寺，而由五世達賴賜名為「噶丹松贊林」。光緒年間的《中甸廳志稿》有云：「歸化寺，正在北隅，離城拾裏，居瑞兆土山上，……五代達賴由西藏到甸，尋一勝地，欲建寺宇……於康熙己未年奏請聖主建立銅瓦大寺，層樓高聳，上接雲霄。」由此可知，歸化寺應建於康熙十八年（1679 年）。

西藏當時建立十三林寺的主要目的在於提升對藏族聚居區的政治控制能力，歸化寺在迪慶高原拔地而起，預示著西藏控制該地區有了希望，也標誌著當時最有影響力的黃教將在中甸地區佔據統治地位。這種野心在剛建寺不久便表露出來，其利用各種手段壓迫周圍的各個紅教小寺院改成信仰黃教；在迪慶境內，紅教迫於各種壓力只剩下罕批寺，最後歸化寺還要求其改名為承恩寺，規定其寺院人數不得超過 100 人，還要求每年繳納 33 斗青稞及 170 兩酥油給歸化寺。[41]

到了雍正年間，達賴五世由清朝皇帝扶助登位，為表示感謝，便將中甸德欽大片地區劃給清朝管轄。松贊林寺也於此時歸清，並改名為歸化寺，「歸化」即「歸清」的意思。歸清以後，寺廟規模不斷擴大。建寺時喇嘛名額規定只有 300 名，歸清後名額增到 1,225 名，每

41　參見汪寧生：〈記滇西北幾個喇嘛寺〉，汪寧生：《中國西南民族的歷史與文化》（昆明市：雲南民族出版社，1989年），頁215。

年每名喇嘛發口糧七斗半青稞稱為「皇糧」，歸化寺最盛時期發展到2,000多人，後增的名額便不吃「皇糧」。[42]

20世紀50年代以前，歸化寺在中甸人民的心目中有很高的威望，藏家以送子入寺為僧為榮。富裕之戶，家家有當喇嘛的男兒。削髮為僧者，既出家又當家，操縱著全家的經濟和權勢。[43]這主要在于歸化寺有自己的一套組織和管理體系，具體有三套組織系統，各行其責，各司其事。[44]

（1）「紮倉」、「康參」、「密參」系統。「紮倉」是全寺的最高組織，管理全寺行政，是最高的權力機構。他們統治全寺是通過兩種會議來實現的。一是「拉西」會，即由寺內活佛、「喀姆」及取得「格西」學位者組成。他們名義上是全寺地位最高的組織，實際上只限在宗教方面決定禮儀、解釋經典並負責處理活佛轉世等事。二是老僧會議，由大寺所屬8個「康參」各選一老僧組成，管理寺內一切行政、司法事務。名義上這個會議要服從「拉西」會議，但他們掌握實權，並負責協調寺內寺外僧俗之間的關係，必要時有權逮捕人。兩種會議主持人是寺內活佛，也就是全寺最高領導者。多年來，歸化寺由松謀活佛主持。

「康參」是「紮倉」之下的區域性組織，從某一地區來的喇嘛即歸該地區「康參」管理。歸化寺內共分8個「康參」，分別是獨克、紮牙、東旺、龍巴、榮多、卓、鄉城、結底。1955年，汪寧生調查時總計有1,329人。

42 同上。

43 參見潘發生、七林江初、卓瑪：〈中甸歸化寺僧侶商業概述〉，《西藏研究》1993年第2期。

44 參見汪寧生：〈記滇西北幾個喇嘛寺〉，汪寧生：《中國西南民族的歷史與文化》（昆明市：雲南民族出版社，1989年），頁222。

（2）「覺廈」、「西蘇」系統。這是全寺管理經濟事務的組織。「覺廈」負責管理全寺的錢、糧、茶、米、鹽、酥油之保管收支，內設「的娃」2 人、「念娃」2 人、「聰本」8 人，負責具體工作。「西蘇」負責管理大寺念經時所用的燈油等物及開支茶點等費用，內設「的娃」1 人、「念娃」1 人、「聰本」8 人。

（3）吹雲組織又稱吹雲會議。這是歸化寺專門控制寺外事務的組織，其中「吹」指施主，即地方政府的流官、土官，「雲」指受施方即宗教寺院。吹雲會議是清代、民國時期全縣最高政教聯席會議。該組織為歸化寺專門控制除寺內以外的事務而設立，由「紮巴」8 個老僧和 23 名土官中的「協碑」（土守備）、「諾碑」（土千總）組成，形成了各層組織機構。其中，吹雲會議權力最大，其次是營官，再往下就是各地的千總、各把總、老民。除土守備、土千總、把總外，又把基層的老民、夥頭、密參組成各地的「屬卡」，具體管理各村的事務。

具體而言，「法定」召集人是值班土守備，規定每 3 年召開一次會議，必要時臨時召集開會。與會人員屬「吹」方的有土守備 2 人、土千總 5 人、每境（區）老民 35 人，有時縣長親自或派員出席；屬「雲」方的有寺院堪紮成員 12 人。該會議商討決策全縣政治、經濟、軍事、司法等重大政務。松贊林寺憑藉其經濟、軍事實力，操縱吹雲會議，掌控全縣生殺予奪之大權。民國末期，被汪學鼎把持。[45]

三個組織系統橫嚮之間緊密聯繫，分別控制了政治、經濟、宗教三個方面；縱向則以寺院和地方官聯合，從上往下，分級分層控制了地方的一切要務。

---

45 參見段志誠主編：《中甸縣志》，雲南省中甸縣地方志編纂委員會編纂（昆明市：雲南民族出版社，1997年），頁257。

三　寺院經濟來源的主要方式

整體來看，藏族聚居區各寺院的經濟來源有四個方面。

（1）土地出租收入。寺院土地來源的主要途徑有：「信徒的布施、捐獻地；僧尼的奉獻地；佔有或受贈送的死絕戶的遺地；最高領主的封賜地；寺院初建時，有藏政府撥給的部分差地；差巴的投靠地；差巴因缺種子或其它原因無力經營時，租給寺院的土地；差巴因欠債抵押給寺院的土地；寺院利用權力（如利用調解糾紛，強佔當事人的土地）或假證據、假賬等，霸佔差巴的土地；寺院自行開墾的土地等多種。」[46]擁有這些土地對寺院的收入起到了保障作用，往往地方百姓沒有土地耕種，只得向寺院租用土地進行種植，農戶需要向寺院上繳一定的稅收。

歸化寺擁有廣大的土地，直接掌控的土地有 6 個村，370 戶（又一說法為 210 戶），有麥地 200 餘頃。儘管有些土地表面上看不屬於寺院管轄，但是實際歸寺院所有，農戶一旦使用這些土地進行農業或放牧活動，務必繳納一定的費用。莊園農奴 370 戶每年要擔負烏拉差役，給歸化寺供應飲水、馬草、柴炭和白紅青土，以及每年得上繳青稞共 200 石。[47]李式金在文章中提到「本市（德欽縣）地權屬於左側山頂之德欽寺，但大半為雲南商人租賣，大街是康滇交通的孔道，每日馱運往來不絕」[48]。這一信息指出德欽的土地所有權歸德欽寺所有，且德欽縣城地處滇藏貿易線上的重要通道，推動了土地的買賣和租用，寺院在此過程中獲得大量的資金或糧食。

---

46 中國社會科學院民族研究所西藏少數民族社會歷史調查組：《昌都地區社會調查材料專冊》（初稿），1964年10月刊印，頁39。

47 參見楊桂紅：〈中甸松贊林寺寺院商業經濟研究〉，《學術探索》2002年第2期。

48 李式金：〈雲南阿墩子——一個漢藏貿易要地〉，《東方雜誌》1944年第40卷第16期。

（2）各類稅收。中甸的歸化寺利用各種途徑進行剝削，形式多樣，涉及各個方面。每年每戶要交自己份地的地租，被稱為「龍咱客」（意為「自己的糧食」），繳納數斗或數十斗青稞；已過世的人但在花名冊上有的莊戶叫代絕戶，同樣要繳納地租，被稱為「打董客」或「楚客」（意為「別人的糧食」）。使用草場的農戶要繳納酥油，稱為「茂客」，其又分為「龍咱茂客」（自己應交的部分）及「打董茂客」（代絕戶交的部分）。每年每戶交柴糧（藏語稱「申客」）3 馱、交銀錢糧（「史客」）——因使用山場要交的銀子、交栗柴糧（「畢申客」）1 背；每年每戶交青草糧（「抓客」）青草 20 捆、交麥稈糧（「屬客」）麥稈 4 捆；每戶隔 3 年交紅土糧（「紮茂客」）紅土 1 籃，供寺廟刷牆用；每村每年交白土糧（「徐茂客」）白土 2 馱，供寺廟刷牆用；每年每戶交蔓青糧（「羊馬客」）蔓青 1 捆。還有一些剝削方式雖收實物，但是明顯由勞役轉化而來。有些則原本是村民出勞動力，但後來就演變成收稅。服勞役時，還要隨身帶來松明 1 背，稱為明柴費（「貴客」），後來勞役取消或轉成繳納實物，但是松明依然要按時按量繳納；原來每年每戶要為「覺夏」派兩人放牧騾、馬，後來無騾、馬，就改成收放馬費（「打之拿」），每村交青稞三四斗。[49]其它還有一些做工或服役的方式，總之要為寺院出力。[50]

（3）商業性活動。中甸的歸化寺早在康熙二十七年（1688 年）就極為重視商業，倪蛻《滇雲歷年傳》卷十一載：「二十七年，……達賴喇嘛求互市於金沙江。總督范承勳以內地不便，請令在中甸立市，許之。」[51]這為中甸喇嘛從事滇藏之間的貿易活動創造了有利條

49 汪寧生：〈記滇西北幾個喇嘛寺〉，汪寧生：《中國西南民族的歷史與文化》（昆明市：雲南民族出版社，1989年），頁215。

50 同上，頁223-234。

51 〔清〕倪蛻輯，，埏校點：《滇雲歷年傳》（昆明市：雲南大學出版社，1992年），頁543。

件。中甸歸化寺喇嘛藏商憑藉自己雄厚的政治經濟勢力以及利用與康藏各寺院密切的關係網絡進行滇、印、藏「三角貿易」，逐步成為中甸經濟和市場的壟斷者。中甸喇嘛藏商擁有大批的交通運輸工具──騾、馬（富裕之戶每家擁有的騾、馬上百匹），還有雄厚的經商資本（資本高者達 40 萬元）。[52]

歸化寺喇嘛藏商與中甸外來漢商和本地小商販有著密切的往來關係。清末民初，中甸有滇商號近百戶，如文順祥號、慶興祥號、仁和昌號等，他們在中甸成立商會，把中甸作為滇藏貿易的集散地和貨物互換市場。[53]清末民初，經過迪慶中甸藏族聚居區運往西藏的商品十分豐富，從奔子欄土把守所持的一個稅票中可以看出，商品有：上好的緞子、綢子、絲線、布匹、瓷碗、康定綠皮、中甸紅皮、紅氈、木碗、藏紅花、黃銅瓢、紅黃銅片、棉花、鐵器、香、乳膠木根以及一些「大朱、書朱、卡打、啫嘴、阿西、西嘴、雖抒」等藏族習慣用的商品。這一時期,雲南一些地區的產品已為西藏的必需品。[54]從整個迪慶高原看，不僅歸化寺參與到商業貿易中，奔子欄的東竹林寺、德欽寺也都從事商業經營。清末以來，在整個滇西北的商業貿易體系中，當地藏族土司、封建領主、頭人、寺院喇嘛與活佛等占到了 30%至 40%，其它來自麗江、下關、劍川、洱源等地的白族、納西族、漢族商人，儘管人數眾多，但總體上未及寺院從事商業活動的人數多。

（4）宗教活動類收入。在藏族聚居區，當地的宗教信仰者，無論大小事都需要請活佛打卦判斷凶吉，有時候還需要請來數十名喇嘛念經。在迪慶境內的德欽羊拉鄉，據筆者 2011 年 8 月調查顯示：

52 參見潘發生、七林江初、卓瑪：〈中甸歸化寺僧侶商業概述〉，《西藏研究》1993年第2期。

53 參見楊桂紅：〈中甸松贊林寺寺院商業經濟研究〉，《學術探索》2002年第2期。

54 同上。

> 我們這裏大多數信仰佛教，大小事都要請活佛，大事像家裏死人、結婚、蓋房子，小事像做了一個不好的夢，都要請活佛、喇嘛來家裏念經。在奔子欄一帶一年至少辦12次佛事，也就是每個月要辦1次，每月的開支都在1,000元以上。有錢那些人（家），1次就要請三五個活佛，710個和尚（當地稱喇嘛為和尚），有時1次就達上萬元，一般的家庭哪請得起，只能少請幾個活佛和和尚了。[55]

有時候遇到覺得很「奇異」的事情，也請活佛和喇嘛念經。有一名中年婦女就曾告訴筆者：

> 去年我們家鄰居的格桑卓瑪，早上起來時發現家裏的母雞下了一個很大的蛋，看起來又不像雙黃蛋，覺得心裏不踏實。她當天立即到羊拉礦山旁的喇嘛寺請了一個活佛來打卦，活佛打完卦，覺得有災星，要做佛事，結果家裏又不得不另選日子再請一個活佛和三個和尚來念經，一個晚上念下來就（花）七八百元錢。[56]

這些費用，往往買佛事所需物品不到費用的20%，其中80%給活佛和喇嘛。表面上活佛和喇嘛都不直接開口要多少，但是一直以來，念經多長時間給多少報酬，人們都心知肚明。

在各種宗教活動中，開銷最大的屬天葬。當地的佛教信仰者明確指出，一般人不能享受天葬的待遇，只有活佛、有名人士或年齡達到

---

55 2011年8月羊拉鄉調查錄音整理資料（調查地點：羊拉鄉甲功村）。

56 2011年8月田野調查資料（調查地點：羊拉鄉甲功村）。

85 歲以上正常死亡且活佛認為要進行天葬者，按照生辰和死亡時間推定，方能進行此種喪葬方式。但是，即便可進行天葬，一般的家庭也根本承受不了巨額的開支。首先是運費高，在雲南藏族聚居區沒有天葬臺，必須運到芒康才能進行天葬。這段 300 多公里的路程，開銷要在 4,000 元以上。其次是請活佛，據當地人介紹，一般天葬至少要請 7 個活佛，人們認為活佛少了很難喚來天上的禿鷲；和尚要在 20 人以上。開支情況為：天葬師 600 元左右，每個活佛 200 至 500 元，每個和尚 80 至 200 元不等，僅這幾項開支就上萬元，貧窮家庭很難承受。但是，這類宗教活動費成為寺院的重要收入。

寺院僧侶的另一項收入是化緣和布施。每年藏曆正月初一至十五拉薩舉行祈願大法會，三大寺等寺院僧人 2 萬餘人在此集會 1 個月，除由噶廈負責供給伙食外，法會尚可大量布施。據 20 世紀 50 年代統計，有酥油 20 多萬公斤、茶葉 1 萬公斤、青稞 5 萬多公斤、大米 3 萬公斤、肉 0.6 萬餘公斤、含麥片的糌粑 17 萬餘公斤，折合人民幣 62 萬餘元。[57]

第三節　川、滇、藏間的商貿往來

川、滇、藏三省（自治區）長期以來保持著密切的商業往來，最根本的原因是彼此鄰近而「近水樓臺先得月」；三者之間可謂唇齒相依，彼此之間又有三條河流貫穿南北。有學者就曾指出，文化的傳播，有順江之勢；橫斷山脈山谷縱橫，河谷兩岸懸崖陡峭，使得由北至南各種族際之間的互動只能依託河流兩岸的地勢。陶雲逵在

57 參見梅進才主編：《中國當代藏族寺院經濟發展戰略研究》（蘭州市：甘肅人民出版社，2000年，頁47）。

1939 年的調查文獻中就提及了三江並流地區，特別是怒江、瀾滄江兩者之間的交通關係：

> 怒江、瀾滄江，對於東往西，或西往東的交通是一種阻礙，但是自北往南，或自南往北，未嘗不是一條天成的大道，因為雖然不能行舟，但是沿河而行的便利是很引誘人的。假如我們很籠統地敘述夾著這兩條河的山脈形成和方向，則高黎貢山、碧羅雪山等三座雪山三個山脈，也多是自北而南的。這種形式，在交通方向上的便利與阻礙，和前述的河流一樣，就是便於南北，而礙於東西。[58]

從幾次西藏勢力進入迪慶高原的軍事行動來看，都選擇順金沙江和瀾滄江而下，這在一定程度上克服了橫斷山脈道路艱險帶來的困難。反之，明代在麗江崛起的木氏土司，曾經三路北上都選擇了金沙江和瀾滄江沿岸的線路。這些表明，河流兩岸的臺地為橫斷山脈間的重要交通提供了方便。西線可分兩條線路：一條線路是直接順瀾滄江而上，其路線為麗江→維西→德欽→佛山→鹽井→昌都；第二條線路先順金沙江到奔子欄，再翻越白茫雪山進入德欽，然後順瀾滄江進入西藏的昌都一帶，其路線為麗江→中甸→奔子欄→德欽→佛山→鹽井→昌都。東線路線為麗江→中甸→奔子欄→德榮→巴塘→昌都。東西兩線基本上都選擇了順江而上。因此，表面上看川、滇、藏之間通道狹小，道路艱險，但是天然的江河河谷提供了交通條件，成為三省（自治區）之間進行經濟貿易和文化交流的關鍵前提。

---

58 轉引自李文海主編：《民國時期社會調查叢編．少數民族卷》（福州市：福建教育出版社，2005年），頁275。

一　遠古至元代的川、滇、藏貿易

唐代以前，沒有明顯的文獻記錄川、滇、藏之間的貿易關係。但是，我們可以從已經發掘的考古材料中找到證據。1959 年，學者王恆傑深入迪慶高原和怒江、察瓦龍做調查，在當地瞭解到一些考古信息後，從所發掘的石器器物形狀上分析到：

> 特別值得注意的是，（迪慶州小中甸出土的石器）器柄部有打出的肩，這同四川雅安地區所出石器有近似處，柳葉形的石鏃又和察隅縣察瓦龍區松塔和龍布所出的相一致。它表明迪慶地區的石器文化同川青及西藏文化關係密切，但在石器柄部保留石皮的做法，卻又同滇西的怒江州的福貢、瀘水、保山地區和滇北以及貴州南盤江以南所出土的石器有一定關係。這種文化關係，從北向南經過迪慶再向南到保山地區，沿橫斷山脈的南北走廊形成一條線，而迪慶卻是從北向南的文化走廊的中間環紐和過渡帶。也就是說，新石器時代迪慶高原上的古文化的主人，已同川西和青藏高原文化的主人有著密切的關係，並同雲南地區文化的主人保持著某種接觸和聯繫。[59]

上述表明，川、滇、藏的三江流域地區之間有著文化的互動關係。但是，究竟是什麼關係，是民族的遷徙，還是民族之間的貿易往來，一時之間還難以佐證。要想進一步瞭解，唯一的方式是繼續研究考古資料。本書第一章和第二章已經指出迪慶高原文化與來自北部的游牧文化之間的關係。從德欽縣永志、納古、石底、中甸等地發現的

59 王恆傑著：《迪慶藏族社會史》（北京市：中國藏學出版社，1995年），頁12-13。

古墓葬中發掘出來的器物來看，短劍、綠松石珠、海貝應該受到重視。短劍同北方的游牧民族有著某些關係，一般為游牧民族的狩獵工具或生活用品。綠松石珠在古墓葬中大量出現，且這種綠松石珠在齊家文化中曾出現過，它和墓葬中的青銅工具都不是本地所產，應該是通過交換方式得到的；根據《華陽國志・蜀志》記載，「其玉則有璧玉、金、銀、珠、碧、銅、鐵、鉛」，又《蜀都賦》劉逵注有「青珠」產於「蜀郡平澤」，古墓葬中的綠松石珠可能是四川所產，是通過交換得來的。這反映出迪慶高原在青銅或銅石並用的時代，已經同北部或西北部一些古老民族之間有文化或經濟方面的密切聯繫。[60]海貝一類可以肯定不是迪慶所產，而是通過交換方式得到的。例如，西藏、雲南以及東南亞一些國家，在古代同屬「貝幣」流行地區；從尼西奔東 M5 中出土的 7 件海貝來看，當時他們與外界已有聯繫。據張興寧介紹，可以肯定的是，這種海貝並不產於雲南，其主要生長在印度到紅海一段海域。[61]而西藏在歷史上曾經以貝為幣，至今社會上仍保存著貝幣，明代雲南貝幣仍廣為流行，反映了兩地之間存在經濟聯繫。[62]這些便是表明遠古時代川、滇、藏之間可能存在交換關係的一些信息。

唐初，吐蕃政權統治了西藏，為了能進一步穩定政局和擴大同唐之間的經濟文化關係，開始南下進入迪慶高原的麗江、維西一帶。在今麗江縣塔城設了神川都督，目的在於守住關鍵的通道，保證順利進入洱海地區。《蠻書》載「有吐蕃到賧貿易」[63]，「賧」在前文已經提

---

60 同上，頁15-16。

61 轉引自東旺・琪嶺陪楚：〈中甸尼西石棺葬發掘記〉，《中甸縣志通訊》1988年第2期，頁65。

62 參見陳汎舟、陳一石：〈滇藏貿易歷史初探〉，《西藏研究》1988年第4期。

63 〔唐〕樊綽撰，向達校注：《蠻書校注》（北京市：中華書局，1962年），頁43。

及，為麗江一帶。又「大羊多從西羌、鐵橋接吐蕃界，三千二千口將來貿易」[64]。由此可知，當時從川、青等地到麗江塔城進行貿易的人數和交易量多，交換的羊只可達數千隻。這也是唐代以來最早記錄吐蕃和南詔國之間貿易的信息。

古老的東巴經《多格紹》中也提到一個故事：藏族聰本（生意官）馬幫 9 兄弟，趕著 99 個馱子來與藏族進行貿易。[65]故事指出了古老的納西族在和藏族貿易過程中經常遇到盜賊，需要和各種神靈鬼怪作鬥爭，也說明了藏族和納西族之間有著歷史悠久的貿易關係。

唐代以來吐蕃和南詔國之間的來往，在歷史文獻中多有出現。《南詔德化碑》記載：「贊普今見觀釁浪穹，或以眾相威，或以利相導」[66]；又「遂遣男鐸傳舊大酋望趙佺鄧、楊傳磨侔及子弟六十人，齎重帛珍寶等物，西朝獻凱。屬贊普仁明，重酬我勳效，遂命宰相倚祥葉樂持金冠、錦袍、金寶帶、金帳、金扛傘、鞍銀獸及器皿、珂貝、珠、毯、衣服、馱馬、牛鞍等，賜為兄弟之國。天寶十一年載正月一日於鄧川冊詔為贊普鍾南國大詔」[67]。上述「宰相倚祥葉樂」還要持金冠、錦袍等貴重品，說明兩者間的來往屬高層人員。這個時期「唐代滇藏間交通線可達兩地的政治中心羅些城與羊苴咩城，即今拉薩與大理，並可達兩地區相關的一些地方」[68]。兩地的政治關係可能影響到交通線上的民族從事各種貿易，涉及滇藏線上的拉薩、工布、察隅、芒康、德欽、中甸（或維西）、麗江、劍川、大理等地，這也是傳統的滇藏貿易線路。這一時期的貿易關係，總體來看有兩種：一種是官方主導和控制的貿易，此種最為重要，占整個貿易的比重大、

64 〔唐〕樊綽撰，向達校注：《蠻書校注》（北京市：中華書局，1962年），頁204。

65 參見和志武譯：《東巴經典選譯》（昆明市：雲南人民出版社，1994年），頁49。

66 李昆聲編著：《雲南文物古跡》（昆明市：雲南人民出版社，1984年），頁68。

67 同上書，頁69。

68 趙心愚著：《納西族歷史文化研究》（北京市：民族出版社，2008年），頁74。

數量多、風險性小、路線長、影響大；一種為民間貿易，這應在局部地區特別是交接地帶進行。

儘管宋代設立了茶馬司於川陝兩地，但是鑒於大理政權與中央王朝難以磨合，最終導致川、滇、藏之間的貿易受到影響；特別是川滇之間的貿易受交通堵塞，很少有人進行交換，也無準確的文獻記載。元代李京在《雲南志略・諸夷風俗》中說，「金齒百夷（今傣族地區）交易五日一集。旦則婦人為市，日中男子為市，以蜕布、茶、鹽互相貿易」，但是只為地方性貿易，沒有大宗出口貿易的記錄。總體來看，在唐宋之前的滇藏和川藏之間的貿易，以傳統的物物交換為主，交換多以牛羊為主，後來逐漸發展到接壤地帶間的茶馬貿易，貿易路線無深入西藏的文獻記載。宋元時期「關陝盡失，無法交易……茶馬互易市場，遂由西北而徙向西南」[69]，茶馬交易逐漸往西南發展。

二　明清以來的滇藏貿易

明代木氏土司爭得明王朝的喜歡，中央出於無力顧及地方事務，任由木氏土司管轄迪慶高原，助長木氏土司擴大勢力範圍和進一步穩定地方格局的野心。木氏土司先後統治了中甸、維西、德欽等迪慶高原的全部範圍之後，進一步向北擴張；順瀾滄江而上佔領了西藏的鹽井、芒康縣城等地直達昌都，另一側順金沙江進入到巴塘。一時之間，川、滇、藏之間的貿易得到了保障，交通路線的正常通行得到維持。不僅如此，據《明實錄》記載，從洪武二十五年（1392 年）開始到萬曆十三年（1585 年）之間，有關貢馬的記錄多達 10 次[70]；「木

69 譚方之：〈滇茶藏銷〉，《邊政公論》（第3卷）1944年第11期。

70 參見方國瑜主編：《雲南史料叢刊》（第四卷）（昆明市：雲南大學出版社，1998年），頁284-288。

氏統治時期，還使這一地區的市場和商品流向形成一個傳統的經濟區域，滇商每年從麗江、中甸運來茶、糖、銅器、鐵器、糧食等到康南及江卡、鹽井地區銷售，並從當地運出羊毛、皮革、藥材等商品」[71]。

一份中甸藏文歷史檔案（第 10 號）「七世達賴頒給土司松傑的執照」中以：「大皇帝之下、和碩界下、達賴喇嘛」諭令：「陽光普照下之眾生——阿里三部、衛藏四如六岡，所轄境內之喇嘛上師、王公貴族、神民戶、官民戶、各級官員、宗官、漢蒙藏三方此公文到此者、頭人、辦事人員、老民、百姓知照：建塘（即中甸）獨肯中心屬卡松傑者，自其祖輩松傑袞之前、納西王管理時期，即為藏商之房東，對藏商多有幫助……」[72]這個時候一個新興的中介性質的階層——房東出現了。1691 年又有一份文書，內云：

> 所轄區域內駐建塘（指中甸縣大中甸區）、羊塘（指中甸縣小中甸區）神民戶、百姓，蒙藏漢三族強弱人等（此指不同地位與身份的人）、軍隊上下往來等及勞民、百姓知照：
> 獨肯宗松傑袞家過去時藏商房東，對藏商備極尊重，照顏……
> 鐵羊年十月初六日（1691 年）於拉薩吹果白。[73]

上述文書還指出：「木氏納西族土司統治迪慶藏族地區時，繼續充任來自西藏的藏族商人的房東，為西藏商人提供住宿，充當保護人和牙人作用，關於『房東』一詞，這是古代雲南迪慶藏區的一種特殊的商業制度。」[74]需要指出的是，充當中介的房東是有一定歷史背景

71 陳汎舟、陳一石：〈滇藏貿易歷史初探〉，《西藏研究》1988年第4期。

72 轉引自楊福泉：《納西族與藏族歷史關係研究》（北京市：民族出版社，2005年），頁305。

73 轉引自王恆傑：《迪慶藏族社會史》（北京市：中國藏學出版社，1995年），頁80-81。

74 王恆傑：〈解放前雲南藏區的商業〉，《中國藏學》1990年第3期。

的；上述松家自元代開始就一直任中甸的第哇，即便在納西族統治中甸後，松家依然能通過各種途徑對過往的客商進行保護，深得西藏達賴喇嘛的信任。因此，在納西族木氏土司退出統治迪慶的歷史舞臺後，西藏達賴喇嘛和青海的和碩特部頭人依然追述松家在元明以來對滇藏貿易作出的貢獻。在清代依然下嘉獎令，要求阿里三部、衛藏四如六岡內的喇嘛上師、王公貴族、神民、官民、大小官員、地方頭人、辦事人員、老民、百姓等一切人員予以照顧。諭令內容如下：

> 建塘獨肯中心（「建塘」指整個中甸縣，「獨肯」指獨肯宗，「中心」指今中心鎮）松傑（此指自元以來任第哇併兼充房東的當時松氏家族首領）者，自其祖輩松傑袞（松傑袞係指松傑的祖輩之一）以前，納西王管理之時（納西王係指納西族木氏土司，又稱木天王；「管理之時」是指木土司在明中後葉征服和統治中甸地區之時），係藏商（此指來自西藏為西藏販運貨物的藏族商人）之房東，對藏商多有幫助。在水牛年（指康熙十二年，即 1673 年），琿吉臺吉（琿吉係兩藏派往康區的官吏）到康區理塘時，松傑曾親赴理塘，拜會臺吉大人，蒙大人給予照顧，過問，並給予執照（此係指對其先輩事蹟進行肯定與嘉獎的文書）。[75]

上述文獻明確說明松家祖輩都擔任房東，還與上層官吏有聯繫。房東這種商業活動中的經紀人，是為了降低當時滇藏交換過程中出現

75 轉引自王恆傑：《迪慶藏族社會史》（北京市：中國藏學出版社，1995年），頁80。括弧內的注釋為王恆傑所加。原文出處為西洛嘉初、松秀清譯：《中甸藏文歷史檔案輯錄》（之二），《迪慶方志》1991年第23期合刊（參見楊福泉：《納西族與藏族歷史關係研究》，北京市：民族出版社，2005年，頁305）。

的風險和滿足語言的溝通與交流而出現的。這一時期「實際上木氏土司成為聯繫藏族的中介人」[76]，可以說「木氏土府在他經營中甸的一百五十餘年時間裏，一方面加重了中甸藏族和納西族百姓的生活負擔和經濟負擔，同時也促進了中甸農牧業、礦業和滇藏貿易業的發展，為清代達賴喇嘛在中甸立市和清代中甸的興起奠定了基礎」[77]。房東制出現在明代木氏土司統治期間，並持續到清末。這一方面與明代以來滇藏之間的商業貿易得到發展有關，木氏土司基本上統治康區後，推動了滇藏之間藏族和納西族之間的貿易關係；另一方面房東制能夠持續發展與當地所實行的屬卡制度有關。「這種房東與內地的一般客店不一樣，還兼起著『牙人』的作用。旅店不收住宿費用，而是根據房東替客商出外交涉買賣，然後根據成交額來收一定的『牙錢』，一般稱之為『牙用或牙傭』。」[78]這裏，關鍵是屬卡制度的建立，使得進入屬卡內的人員受到了限制；所採用的門戶制限制非本屬卡內的人員進入，外人卻不能隨便進入住宿，也就不能順利地進行商業貿易活動。要進入當地進行貿易，必然要依託房東，因此房東制的產生是社會發展的產物，同時適應了當時的社會狀況。房東制的設立有效地保證了貿易的安全性和市場的規範性。來往商人需要得到房東的投保方能進行貿易。以下保約內容可以說明上述情況：

> 立保約中甸本境回民馬楨、馬和、糟文得、馬金等，今於堂眾老人前立保約。今為阿墩子回民阿洪〔訇〕馬福來甸貿易，並收取帳目，住歇馬金家內，自遵案分，不敢滋事生非，求限至本月初十日，即將料理回墩，不敢在甸久羈，如有抗傲，馬楨

76 陳汎舟、陳一石：〈滇藏貿易歷史初探〉，《西藏研究》1988年第4期。

77 潘發生、潘建生：〈中甸經濟貿易發展史〉（初稿），《迪慶州志》1992年第1期。

78 楊福泉：《納西族與藏族歷史關係研究》（北京市：民族出版社2005年），頁328。

等情願將回民馬福驅逐回境，不敢久留在甸生事。理合出具何約是實。

道光二十七年三月日

具伺約：楊輝周等共三十六戶。[79]

此保約明確了在中甸境內活動的目的、時間段、在何家居住等內容，且一旦違抗所規定的內容就必遭驅逐出境。這種房東制主要集中在迪慶和麗江。楊福泉在麗江調查時也提及：「麗江大研鎮『藏客』家庭之一的和益生家也與藏商有著這種房東貿易關係，……他們家有一些常來常往的藏商，納西話稱這種與他們家有固定生意往來的藏族商人叫『扣巴』，與麗江古城居民用來稱呼常來常往有生意關係或朋友關係的主顧一樣。這些常來的藏族商人每次來她家，都按每一宗貨物的量給她家一份定錢，然後她們家想辦法銷售藏商的貨，要想方設法使這些貨有個好的賣價。」[80]

明代嘉靖年間（1548 年），木氏土司已經北擴到西藏的鹽井，使得麗江、中甸、維西、德欽、鹽井等地之間的聯繫更為密切，加強了彼此之間的商業貿易。木氏土司進入鹽井後，利用原來掌握的製鹽技術在鹽井開創了鹽田，其情況在前面的內容中已經做了介紹；在此需要指出的是，鹽業的興起在一定程度上推動了滇藏之間的貿易，鹽作為生活必需品必定對周圍產生影響。但是，現在找不到確鑿的證據表明明末清初鹽井鹽業對滇藏貿易線上的影響情況。

需要進一步指出的是，明末清初滇西北藏傳佛教內部派別之間的鬥爭逐漸升級。其中，格魯派和噶瑪巴派之間的鬥爭最為嚴重，加上「康熙十三年吳三桂叛亂，其孫世䍁、以䍁以北地賂青海求援，巴

79 轉引自王恆傑：《迪慶藏族社會史》（北京市：中國藏學出版社1995年），頁223-224。

80 楊福泉：《納西族與藏族歷史關係研究》（北京市：民族出版社，2005年），頁329。

塘、理塘復淪於吐蕃，旋隸四川，而以土官羈縻之」[81]，使得滇藏之間的貿易受到阻礙。這可以從西藏政府屢次上述中央要求重新開啟滇藏貿易看到事件的嚴重影響。順治十八年（1661 年），北勝外達賴喇嘛、乾都太吉通過吳三桂，要求「北勝州互市茶馬」[82]；康熙「二十七年（1688 年），……達賴喇嘛求互市於金沙江。總督范承勳以內地不便，請令在中甸立市，許之」[83]。至此，滇藏之間的貿易又恢復了正常。

雍正初年，中央開始對麗江和中甸等地進行改土歸流，木氏土司從土知府降為土通判。地方官府為了促進地方經濟的發展，於乾隆二年（1737 年）「凡一切商賈課稅，盡行革免」，清政府通過各種手段促進滇藏之間的貿易，麗江、中甸、德欽等地成為滇藏貿易線上的重要網站。德欽劃歸雲南後，縣內結束了往常人口稀少、市井淒涼的現象；「發現茂頂（維西屬距德欽兩日程）礦藏，時有江西、陝西、四川各省人民相率前往開採，但以斯地僻處偏隅，道路險峻異常，於是又在距德欽二十餘里的馬鹿廠地方發現銀礦。大家又才轉移陣地，興工挖採。並興街設市，麗江、鶴慶、維西各屬人民亦相繼來此，市面逐漸繁榮」[84]；一時成為「川藏要道，川藏行商會集，又換夫坪亦係來往站口」[85]。這一階段的「中甸集鎮，商人雲集，貿易暢通，進出

81 〔清〕段鵬瑞纂：《巴塘鹽井鄉土志．序》（影印本）（北京市：中央民族學院，1911年），頁1。

82 〔清〕劉健：《庭聞錄》，方國瑜主編：《雲南史料叢刊》（第八卷）（昆明市：雲南大學出版社，2001年），頁396。

83 〔清〕倪蛻輯，李埏校點：《滇雲歷年傳》（昆明市：雲南大學出版社，1992年），頁543。

84 黃舉安：〈雲南德欽設治局社會調查報告〉，德欽縣志編纂委員會編：《德欽縣志》（昆明市：雲南民族出版社，1997年），頁361。

85 龍雲：《新纂雲南通志》卷143，《商業考一》（鉛印本）1949年。

康藏貨物薈萃於此。滇商帶來的貨物主要有茶葉、糧食、紅糖、火腿、銅器和鐵器等，藏商帶來的貨物主要是羊毛、牛馬羊、獸皮、藥材和毛織品」[86]。麗江、劍川、鶴慶等地的商人也紛紛加入滇藏貿易的隊伍，但是由於中甸進入西藏的道路入冬後大雪封山，商人們往往是 2 月出門、6 月回來，避免沿途因大雪降臨道路受阻而延長行走時間。

明清以來，滇西北地方宗教勢力的穩固發展以康熙二十年（1681 年）中甸松贊林寺（歸化寺）的建立為標誌。在本章第二節中已經提及寺院從事商業的情況。特別是清代以來，寺院從事商業成為推動地方經濟貿易不可忽視的一股力量。藏族聚居區從事商業活動更加興盛，西藏各「大寺院的財產，也多以營商而生利」[87]，在「西康各大寺院皆有經營商業，資本由喇嘛湊齊，公推經理一人，稱為充本（也作聰本），負責經營，並無薪水」[88]。而迪慶地區的地方商業經營主動權，也基本落入歸化寺的手中。

「解放前，中甸城的商業辦貨不是向喇嘛批發，就是向來往的馬幫購貨。所以喇嘛寺是中甸進出口貨物的集散地，如酥油的出口就是先集中在喇嘛寺。鐵和鹽也只有喇嘛寺才能大批擁有。尤其是氆氌與毛氈城中沒有賣，非到喇嘛寺買不可，就是雞蛋也只有喇嘛寺才有。」[89]無疑，寺院在近代和當代的滇藏貿易中扮演了重要的角色，麗江商人若需大量的酥油和山貨只有到喇嘛寺才能買到。喇嘛寺是中

86 潘發生、潘建生：〈中甸經濟貿易發展史〉（初稿），《迪慶方志》1992年第1期。

87 法尊上人纂：《現代西藏》（鉛印本）（東方書社，1943年）。

88 李亦人編著：《西康綜覽》，（南京：正中書局，1946年）。

89 《中甸縣人民團體簡況》，國家民委《民族問題五種叢書》編輯委員會、《中國民族問題資料．檔案集成》編輯委員會編：《中國民族問題資料．檔案集成〈民族問題五種叢書〉及其檔案彙編（第5輯）》（北京市：中央民族大學出版社，2005年），頁119。

甸進出口貨物的批發處，它可以操縱物價，控制市場。[90]可想而知，其權力之大、實力之強。

從清末宣統二年（1910 年）正月初九日邊軍管帶程鳳翔在向趙爾豐稟報《桑昂物產疆域等情形》中說的「桑昂南距傈傜四站，所用之茶，傈茶最多，滇茶次之，川茶絕少。價值以佩茶為賤，每一包合銀六分，一馱合銀一兩二分……價格隨時低昂，皆不及川茶之貴」來看，清末以來滇茶已經成為進入西藏的大宗貨物。同年（1910 年），白玉委員在《察請增科照收茶釐》中指出：「但近年印茶、滇茶屏入西藏，川茶因之滯銷。」[91]按此說法，滇茶價格低、便於競爭，已將一度在西藏有較大銷售量的川茶排擠在外，成為滇藏貿易的主要貨物。這種態勢已經持續到民國後期，「雲南對於康藏一帶的貿易，出口貨品茶為最大，康藏人民的茶葉消耗能力可算是世界第一，他們每日三餐，一刻也不能沒有茶葉。所以，雲南的千萬馱茶葉，三分之二以上都往康藏一帶銷售，普思沿邊的產茶區域常見康藏及中甸阿墩子的商人往來如織，每年的貿易額不下數百萬之巨」[92]。民國二十年（1931 年）的這項調查記錄表明，雲南進入西藏貿易的貨物中，茶佔了很大比重，其利潤之大是其它貨物不可相比的。茶是藏族群眾生活中的必需品，這種需求使得滇藏貿易線活躍起來，並保持了應有的生命力，保證了滇藏線上貿易的進一步發展。

綜合來看，近代滇藏貿易是以點串成線，再從線連接成面，並連接了兩個重要的商業貿易集市——拉薩和大理，其中無數個集市之間

---

90 同上。

91 四川省民族研究所《清末川滇邊務檔案史料》編寫組編：《清末川滇邊務檔案史料》（下冊）（北京市：中華書局，1989年），頁726。

92 王圖瑞：〈雲南西北邊地狀況紀略〉，《雲南邊地問題研究》（昆明市：雲南省立昆華民眾教育館，1933刊印），頁52。

的貿易關係最終結成網狀貿易結構。據學者統計，近代以來滇西北鶴慶、麗江、中甸、喜洲（大理）的商人在康區的康定、巴塘、木裏、昌都等地創設商號12家，主要經營的是茶葉、布、鹽、山貨土特產、銅器、藥材、大煙、日用品、火腿等。滇籍商人在康定所開鍋莊就有5家。近代滇西北的商人在拉薩投資設號的有15家，主要經營的是茶葉、皮貨、糖、羊毛、棉布、藏靴、藏服、山貨土特產、銅器、藥材、大煙、日用品等。[93]「最盛時期麗江有中央和地方銀行分支機構9家，大小商號1,200餘家，其中擁有資金100萬200萬的商號有10家左右。」[94]

滇西北的商人不僅行走在滇藏線上，還「通過滇緬印、滇藏印這兩條主要交通線，將滇、康、川、藏與緬甸、印度等異邦聯結在一起，形成了一個特有的跨國、跨區域商貿經濟圈。而聯結這個經濟圈的一個個鏈環，就是奔波於這兩條商道上的雲南商人」[95]。為了能對滇、藏、緬、印四者之間的貿易關係有一定的認識，周智生統計得出，在滇、藏、印通道上設立的商號有6家，滇、緬、印通道上設立的商號有4家。商人主要來自麗江，部分來自鶴慶、中甸、喜洲。[96]

三　清末以來怒江的商業貿易

本節單獨來談怒江兩岸的商業貿易，似乎給人將東麓和西麓的貿易分開來談之意。但是，仔細分析，怒江的貿易關係簡單，明清之前

---

93 參見周智生：《商人與近代中國西南邊疆社會：以滇西北為中心》（北京市：中國社會科學出版社，2006年），頁226、231。

94 李圭主編：《雲南近代經濟史》（昆明市：雲南民族出版社，1995年），頁520。

95 周智生：《商人與近代中國西南邊疆社會：以滇西北為中心》（北京市：中國社會科學出版社2006年），頁234。

96 同上書，頁235。

長期處於部落社會，交換方式多以物易物，停留在原始的階段。對於文獻的追查，也只有零星的記載，且多為清末至民國年間。整體上看，西麓未形成如東麓那樣的複雜貿易關係；怒江和瀾滄江兩者之間直線距離為 100 公里，但是由於碧羅雪山西麓的特殊地理環境，導致其處於封閉的自然經濟狀態，貿易集市無從談起。但是，在渴望生存的刺激下，民間的商人還是長期奔波於貢山和察瓦龍之間，有時還直接到達緬甸進行交換。

怒江的貢山一帶，清代以前還處於奴隸制社會，是未開化的民族地區；特別是雲南滇西北的貢山丙中洛、獨龍江、察瓦龍等藏緬交界地帶，長期處於奴隸制社會。儘管與周邊的民族和地區有著一定的貿易關係，但是長期以來形成的思想固化，歷代王朝鞭長莫及，未能深入統治，使得其處於部落首領統治的部落社會。即便在清代有了土司勢力進入，一時之間也未能改變其社會性質。重要的是，獨龍族、怒族和傈僳族生活在一個共同的區域內，但是在地位上有明顯的等級差異。「名義上雖歸維西葉枝土司管理，其實係強者為酋，弱者為僕。」[97]土司對怒江和獨龍江的管轄，僅僅是每年派人收一次錢糧，地方的民事或刑事案件便由收糧人自行處理，一旦收糧的人走了，民間所發生的爭執又由喇嘛寺解決（但是，喇嘛寺僧侶眾多、習性強橫，怒族和獨龍族人都畏懼）；對於遠一點的獨龍江，更是無暇顧及，便委派傈僳頭人進入獨龍江徵收各類稅收。在此過程中形成了等級，即由傈僳管理獨龍族和怒族，而且獨龍族還時常受到來自西藏察瓦龍藏族土司的壓迫。貢山一帶的鹽一直由西藏的鹽井供應，使得西藏方面有控制地方社會的途徑，即通過控製鹽的交換來掌握權力，且

97 菖蒲桶行政委員公署編纂：《菖蒲桶志》，李道生主編：《怒江文史資料選輯》（第十八輯），政協雲南省貢山獨龍族怒族自治縣委員會、政協雲南省怒江傈僳族自治州委員會文史資料研究委員會1991年刊印，頁14。

在交換的過程中處於強勢地位，往往貢山進入西藏換鹽所付出的是相當鹽本身數倍價格的代價。

法國學者施帝恩在 1998 至 2003 年深入該區域調查，著重分析了牛、奴隸、鹽之間的政治權力關係，其中談到了獨龍族和藏族之間的貿易關係。

> 獨龍族與藏族的關係包括固定的交換，這一關係被獨龍族稱為「幫南」。這一用法很難準確翻譯，它意味著當事雙方的友誼，一種通過經常交往和互換禮物得到證明的真誠關係。該詞也可以翻譯為「交換夥伴」。「幫南」關係有助於理解牛群與奴隸間的交換模式。在獨龍河谷地區有專門的中介人，為藏族或者傈僳族，求購奴隸並且從中抽取利潤。一些奴隸來自於緬甸北部，另一些是獨龍族中的孤兒、無力謀生者、窮困欠債者、巫師或強盜，都是些被社會鄙視或遺棄的人員。參與奴隸貿易的人員被稱為「東塔」（貿易中間人），並且在「奴隸（『拉杜』）交易」（「東本」）中扮演重要角色。這些中間人（「東塔」）通常是察瓦龍藏族商人的交易夥伴（「幫南」）。他們求購男女奴隸，兒童換購一頭牛，成年人換購二頭牛。[98]

這對我們理解和認識滇西北民族之間的貿易和等級關係的形成有重要的啟發，但是手中所能掌握的關於這一交換過程中所形成的階級性及權力話語的文獻是稀少的。獨龍族和怒族如何在多重政治強權下規避壓力、極力尋求本民族的發展樣式，才是我們更加關注的重點。

---

98 〔法〕施帝恩：〈19至20世紀滇西北鹽、牛及奴隸的交換與政治〉，羅布江村主編《康藏研究新思路：文化、歷史與經濟發展》（北京市：民族出版社，2008年），頁111。

直至清末民國時期，貢山的怒族和獨龍族的農業才有了發展，在此之前未得到重視，多以採集狩獵為生，即便有種植，也多為雜糧，且為刀耕火種。民國期間留下的舊稿《菖蒲桶志·建設》中描寫道：「菖屬各種夷人，異常懶惰，不事生產。以農業言，傈僳、曲子，每年只種雜糧一次；古宗、怒子雖每年種雜糧兩次，然一家之計，均不能足。每屆青黄不接之際，大半苦於無糧，仰屋興嗟，忍饑耐餓，以俟糧熟，成為習慣。足食之家，全境不過數戶。」這使得在貢山設置行政公署以後擔任的委員，不得不採用多種方式發展農業。具體如下：

> 設治後，官署見其生計薄弱，極力勸令種植小春，盡係陽奉陰違。民國十二年，經梁委員之彥購辦豆麥子種，發給三、四區。勸令播種，終歸無效。民國二十年，電陳委員作棟，又由維西岩瓦購辦蠶豆、大麥十餘石，經陳委員應昌發給三、四區人民，勒令栽種，嚴定賞罰。現經查勘，均已播種出芽，此後三、四區小麥必能成效。民國十七年，電姜委員和鷹購備棉種，發交打拉火頭試種，因水過多，芽苗出土即爛，毫無效果。紅薯、洋芋、花生等，試驗種植，均屬相宜。迄今統計，紅薯每年可得數百斤；洋芋則一、二兩區盡皆種植，數難估計；花生每年可得千斤。[99]

但是，此時的貢山依然是無繁盛商埠、無市集地點、無密盛街場、無商會，也無公司、無大商巨賈，所有米糧、牛馬、豬羊等買賣，盡在家中。此外，一切交易，大多以有易無。每年的七八月份，

---

99 菖蒲桶行政委員公署編纂：《菖蒲桶志》，李道生主編：《怒江文史資料選輯》（第十八輯），政協雲南省貢山獨龍族怒族自治縣委員會、政協雲南省怒江傈僳族自治州委員會文史資料研究委員會1991年刊印，頁35。

貝母開始上市，此時交易開始頻繁，來往人員增加，又多以藥材交換，被稱為「藥會」，但是從事交換的也只是少數的小販。此時，多以外地運來的土布棉線等貨換貝母及各種山貨。在貢山長期駐紮、從事商貿的只有榮華暢和茂盛源兩家，且其資本僅在一兩千元。冬春進入降雪期，交換更是冷清。

據當地人介紹，很久以前，這裏的人們商品意識薄弱，很不情願面對面地進行交易。當時有人從察瓦龍運來鹽（西藏鹽井所產）和當地人換糧食，部落時代的人們只能將自己需要換的東西放在路邊的顯眼位置，人卻偷偷找個隱蔽的地方藏起來靜而遠觀。來換糧食的人當然知道，只需要將自己的貨物放在原貨的位置，便可將換得的貨品取走。等人走遠了，怒族人才出來取回自己換得的東西。至於那些前來換東西的人，其實部落的頭人一直派人監視著，一旦出現取走貨後自己的貨物不及時放到原位置，或所交換的貨物價值上相差較大，部落頭人就會指使監視的人對其下手。因此，買賣雙方彼此在無形地遵守著交換規則。

貢山周圍藥材資源豐富，有黃連、貝母、茯苓、溪黃草，來自動物的藥材有麝香、熊膽等，山貨多有牛皮、獺皮、飛鼠皮、火狐皮、岩羊皮、鹿皮等。但是，貢山卻急需鹽、茶葉、布料、棉布等，這都需要與周邊的地方進行交換。清末以前，貢山的交通道路狹窄，形如掌寬。

從整體來看，貢山通往各地的道路有 4 條，即東西南北 4 個方向各一條。東路經臘早翻碧羅雪山至維西岩瓦，再通向內地的麗江、大理、昆明；南路沿江而下，經上帕（福貢）、六庫、漕澗（屬雲龍）、永昌（保山）；西路經俅江（獨龍江）至緬甸坎底（葡萄）；北路經貢山縣丙中洛進入察瓦龍，直達察隅縣，然後可以選擇繼續往西北通向拉薩，往東則可進入雲南德欽。

清末以來，交換方式有了明顯的進步，無論是貢山的怒族、獨龍族、傈僳族，還是來自察瓦龍的藏族（當地人稱為古宗）、麗江等地的納西族、大理劍川等地的白族等，都紛紛進入怒江從事商品交換。1913年，英國植物學家 F. 金敦・沃德（F. Kingdon Word）從緬甸進入西藏東部橫斷山脈進行植物研究。他從察瓦龍進入貢山丙中洛一帶的路上就曾描寫道：「當我停下來拍照、測方位並做記錄時，好幾批怒族人走了上來，他們運送穀物到西藏去出售，然後準備換回食鹽。」[100]從中可以看出，到西藏的人絡繹不絕，目的是到察隅進行鹽糧交換。此鹽正是本書提及的西藏鹽井所產的鹽。

1940年後，內地商人開始常住貢山經商，其中有錢祖發（維西人，漢族）、楊光字（鶴慶人，漢族）、袁志廣（維西人）、楊正保（鶴慶人，漢族）、阿才（藏族）等20多人。1942年，國內市場上貝母大漲價，但是當時的人們忙於到緬甸拉打閣一帶開採黃金，信息不暢通，加上大多數人是傈僳族、獨龍族、怒族等少數民族，商品經濟意識薄弱，遭受進入怒江的內地商人的剝削。

1945年，夏瑚進入怒江，提出了10條建議，其中第六條就是「宜治平道路，以通商旅也」[101]，已經認識到要治理、發展邊疆少數民族地區必將道路修通。其目的就是「四路平治，則商旅出途，交易成市，物產自見豐饒，人民自臻富庶矣」[102]。

四川、大理、麗江、維西等地商人得知貢山一帶商品經濟情況後，覺得有利可圖，便先後運來大批茶、鹽、肉、火腿、白酒、布匹

---

100 〔英〕F. 金敦・沃德著，李金希、尤永弘譯：《神秘的滇藏河流》（成都市：四川民族出版社，2002年），頁149。

101 〔清〕夏瑚：《怒俅邊隘詳情》，方國瑜主編：《雲南史料叢刊》（第十二卷）（昆明市：雲南大學出版社，2001年），頁159。

102 同上。

等貨物（這些人特別信任當地商人，即便是賒銷都行），再由當地商人運到獨龍江和緬甸的拉打閣販賣，並收購黃金、貝母、黃連、皮毛。[103]民國初年，「貢山每年輸入貨物土布 2,000 件，棉線約 500 斤，春茶約 500 筒；每年輸出貨物數為貝母約 2,000 斤，黃連約 500 斤，麝香約 3 斤，熊膽約 3 斤，獲狐皮約 200 張，虎皮約 50 張，山驢皮 40 張，岩羊皮 50 張，黃牛皮 100 張，飛鼠皮 500 張，獺皮 50 張。上列輸入輸出各貨係最近數年的統計情況，其 15 年以前並無如此之產出，輸入貨亦不多」[104]。

麗江籍的李華於 1941 年到維西岩瓦村定居，1944 年經人介紹到達貢山的茨開定居。他曾講述在滇緬邊界從事商品貿易的經歷。

> 1946 年開春後，我運了一背砂鹽、六件土布、十幾筒餅茶，由獨龍族的朋友引薦，開始到緬甸邊境做生意。朋友告訴我，他在緬甸的朋友很多，我帶的東西只夠送禮。我聽他的，到一處，就給那裏的朋友送些見面禮，對方也回贈一些藤短籮、背索之類的東西，結果生意做得很順利，朋友到處為我「拉牛賬」，這樣就可以讓他們給我賒銷土特產品，貨物脫手後再以牛還帳。那些邊民有什麼東西都拿出來給我，我同他走了許多地方，一共賒到價值十多頭牛的貨物，有皮毛、黃連、貝母、熊膽等。
>
> 「拉牛賬」全憑信用，不履行任何契約手續；買賣也不用貨幣，全是物物交換。但是，估計價值時仍以銀兩計算，如每斤

103　參見李華：《民國時期貢山商品流通史況》，政協怒江州委員會文史資料委員會編：《怒江文史資料選輯：第一至二十輯摘編》（德宏傣族景頗族自治州：德宏民族出版社，1994年），頁918。

104　《菖蒲桶志（續）》，《貢山文史資料》1992年（創刊號），頁2。

> 黃連折銀價一兩至一兩五錢，黃臘五餅折銀一兩，貝母一斤折銀二兩，水獺皮分大小每張折銀一至三兩，黃金一分折銀一兩五錢等。貨物用十六兩老秤和戥子過秤。交易時，雙方議定多少銀的貨物折一頭黃牛，貨物足一頭牛即以牛交換，不足一頭牛者經過多次賒銷足夠一頭牛時再以牛抵帳。[105]

在運輸貨物的過程中，運輸工具尤為重要，在怒江各縣運輸的工具主要是騾、馬、驢三種。馬幫運輸以騾為主，騾的馱重一般為 60 至 70 公斤，強壯的能馱 90 至 150 公斤；馬一般馱重 50 至 60 公斤，驢馱重 30 至 60 公斤。但是，如今再一次走入怒江，映入眼簾的是現代化的交通要道，從昆明到保山的瓦窯鄉一直是高速公路，此後進入貢山一直是柏油路面，連縣城到丙中洛鄉再進入秋那桶村都是柏油路，僅路面寬度變窄而已。因此，昔日的馬幫逐漸消逝，只有那些交通不便，或是在高原牧場放牧的人家才養馬、騾。今天的丙中洛，時常可以看到大型貨車進來，拉了滿滿的貨物，仔細觀察，主要是大米、麵粉、食鹽、煙、啤酒、餅乾、洗衣粉等生活必需品，甚至飼料雞、飼料豬也由外面運入。

丙中洛鄉政府所在地每星期一趕集，屆時四面八方的村民都聚集在這裏。除了有竹篾編織的各類竹籃、竹籮、背簍及土特產之外，和城市的貿易市場沒什麼兩樣。因此，此處也就不再多述。

---

105 李華：《回憶在中緬邊界做生意的一段經歷》，政協怒江州委員會文史資料委員會編《怒江文史資料選輯：第一至二十輯摘編》，（德宏：德宏民族出版社，1994年），頁926-927。

第四節　別樣生計

一　土匪打劫

打劫是社會動亂時期特殊的一種生存方式，對這種生存方式的介紹，重點放在將其作為人類發展過程中獲得物資資料的一種方式進行分析，認識人類行為和謀生所能展現的社會現象。在唐繼堯統治末期，雲南經濟急速下滑，並逐漸走向崩潰。生活資料明顯不足，窮苦農民過著飢寒交迫的生活，走投無路之下往往鋌而走險，不顧生命安全，加入到土匪的隊伍中。滇西著名的土匪張占彪（外號「張結巴」）就是在這種形勢之下成為土匪頭目的。[106]以下對張占彪的情況作一簡要介紹：

> 張占彪原籍蘭坪縣，家住營盤區新華鄉（大村）附近，拉瑪人（白族支系），本姓何，家赤貧。有一年蘭坪饑荒，他父親死了，其母帶其姐姐和哥哥何裕泰到劍川投奔其姑媽耀華媽。後來生活無著落，將其二哥何裕泰送給東嶺區水鼓樓某家，幫他家放牛，一直長到四十二歲，他們姐妹兄弟在大理花甸壩會面時尚未結婚。張母攜其女及幼子到牛街討飯。後來他母親得病將死了，他姐姐為了給母親買棺材，將其弟弟（張占彪）賣了。那時張占彪才三四歲，身價是三塊板子。大概轉賣了兩次，最後賣到鄧川壩東山蛟石洞做乾兒子。但那家也很貧窮，燒木炭過日子。張占彪七八歲時，就同他乾爹趕著騾子下山賣炭。結

106 參見張旭：《關於滇西「著名土匪」張占彪（張結巴）》，政協怒江州委員會文史資料委員會編：《怒江文史資料選輯：第一至二十輯摘編》（德宏：德宏民族出版社，1994年），頁341。

> 婚不久，就被徵兵，又落在他頭上，在大理一塔寺兵營受訓。四個月後，他挨不住了，逃跑出來，但他不敢回家，便跑到洱源縣鳳羽鄉大松甸「土匪」頭子羅高才下面當嘍囉。唐繼堯一死，雲南軍閥混戰，「土匪」更顯「猖獗」，許多縣城被「土匪」攻陷。這時，各地豪紳、地主、商客，也為了保家產、保生命，有的派人打入「匪夥」，如劍川縣城趙家；有的明裏或暗中與他們勾結，如洱源的賜進士呂賢希，牛街的鄉董段大順，喬後井的鹽商蘇某。還有大理商人幫他們買槍支、彈藥，製備服裝。有的公開出來獨樹一幟，如瀘西的張沖同志。[107]

上述材料指出，土匪還順應了一些富人、商賈和社會上流人物的需要。在社會動亂的時代，每個人、每個團體都尋求自己的保護神。張占彪因此得到了很多有需求的人的支持，槍支、彈藥的注入進一步增強了他的勢力，使其在滇西少數民族地區橫行霸道。儘管張占彪是在被逼無奈的情況下才做了土匪，但是他對當時的地方社會造成了極大的危害。為了獲得物質財富，張占彪及其屬下不惜一切代價。以下是張占彪在雲龍境內搶劫的情況。

> 民國十一年與羅高才聚眾千餘人，分股在洱源、鄧川、雲龍各地滋麥劫掠，其中一股出沒於雲（龍）浪（穹）分疆界，竄擾雲龍縣的箐裏（團結）、關裏（長新）地區。
>
> 1923 年由羅高才帶領的部屬數百人到關裏的佛坡、豆寺、大達、長春坡等處搶劫。將長春坡大戶楊浩然及佛坡趙席珍（當

107 張旭：《關於滇西「著名土匪」張占彪（張結巴）》，政協怒江州委員會文史資料委員會編：《怒江文史資料選輯：第一至二十輯摘編》（德宏傣族景頗族自治州：民族出版社，1994年），頁341。

> 在女方家，甚至在女方家搭臨時的簡易房屋或棚子與妻子同居，在這期間男子主要是為女方家勞動，等到牛交清後，再與妻子搬回自己家裏。有的事先講妥，交付一定數量的牛以後即可把妻子帶走，其餘的牛可以在以後慢慢償還。[122]

長期以來，察瓦龍的土司們把獨龍江中上游和貢山地區怒江以北，均視為自己管轄的範圍，將這個區域裏的獨龍族、怒族、傈僳族等各族人民看作自己的農奴，每年定期向他們徵收事務貢稅、徵用勞役，並專斷性地不等價交易。[123]可以肯定的是，在大量的農奴中，女性佔了很大的比重。

---

122 同上。

123 參見蔡家麒《藏彝走廊中的獨龍族社會歷史考察》（北京市：民族出版社2008年），頁99。

參考文獻

一　著作

〔元〕孛蘭肹等著，趙萬里校輯：《元一統志》（北京市：中華書局，1966 年）
迪慶藏族自治州民族宗教事務委員會：《迪慶州宗教志》（北京市：中國藏學出版社，1994 年）
段志誠：《中甸縣志》（昆明市：雲南民族出版社，1997 年）
〔清〕段鵬瑞：巴塘鹽井鄉土志（影印本）（北京市：中央民族學院，1911 年）
〔唐〕樊綽著，向達校注：《蠻書校注》（北京市：中華書局，1962 年）
方國瑜：《雲南史料叢刊（第四卷）》（昆明市：雲南大學出版社，1998 年）
方國瑜：《雲南史料叢刊（第六卷）》（昆明市：雲南大學出版社，2000 年）
方國瑜：《雲南史料叢刊（第八卷）》（昆明市：雲南大學出版社，2001 年）
方國瑜：《雲南史料叢刊（第十二卷）》（昆明市：雲南大學出版社，2001 年）
方國瑜：《雲南史料叢刊（第十三卷）》（昆明市：雲南大學出版社，2001 年）
付嵩炑：《西康建省記》（南京市：中華印刷公司，1932 年）

〔南朝宋〕范曄著，李立、劉伯雨選注：《後漢書》（太原市：山西古籍出版社，2005 年）
郭大烈：《中國少數民族大辭典・納西族卷》（南寧市：廣西民族出版社，2002 年）
國家民委《民族問題五種叢書》編輯委員會、《中國民族問題資料・檔案集成》編輯委員會：《中國民族問題資料・檔案集成《民族問題五種叢書》及其檔案彙編：第 5 輯》（北京市：中央民族大學出版社，2005 年）
〔明〕劉文徵著，古永繼校點：《滇志》（昆明市：雲南教育出版社，1991 年）
〔清〕劉贊廷：《鹽井縣志》（北京市：民族文化宮圖書館複製，1962 年）
〔清〕劉健：《庭聞錄》（上海市：上海書店出版社，1985 年）
李亦人：《西康綜覽》（南京市：正中書局，1946 年）
政協怒江州委員會文史資料委員會：《怒江文史資料選輯：第一至二十輯摘編（上卷）》（德宏：德宏民族出版社，1994 年）
龍雲、盧漢修：《新纂雲南通志（卷 143）商業考一》鉛印本，1949 年
〔宋〕呂祖謙：《宋文鑒（卷四十二）》（南京市：江蘇書局，1886 年）
芒康縣地方志編纂委員會：《芒康縣志》（成都市：巴蜀書社，2008 年）
《民族問題五種叢書》云南省編輯委員會：《怒族社會歷史調查（一）》（昆明市：雲南人民出版社，1981 年）
《民族問題五種叢書》云南省編輯委員會：《納西族社會歷史調查》（昆明市：雲南民族出版社，1983 年）
《民族問題五種叢書》云南省編輯委員會、《中國少數民族社會歷史調查資料叢刊》修訂編輯委員會：《獨龍族社會歷史調查（一）》（北京市：民族出版社，2009 年）

《民族問題五種叢書》云南省編寫組、《中國少數民族社會歷史調查資料叢刊》修訂編輯委員會：《獨龍族社會歷史調查（二）》（北京市：民族出版社，2009 年）

《民族問題五種叢書》云南省編輯委員會、《中國少數民族社會歷史調查資料叢刊》修訂編輯委員會：《傈僳族社會歷史調查》（北京市：民族出版社，2009 年）

《怒江傈僳族自治州概況》編寫組、《怒江傈僳族自治州概況》修訂本編寫組：《怒江傈僳族自治州概況》（北京市：民族出版社，2008 年）

〔明〕倪輅：《南詔野史》（昆明市：雲南人民出版社，1990 年）

〔清〕倪蛻著，李埏校點：《滇雲歷年傳》（昆明市：雲南大學出版社，1992 年）

〔明〕錢古訓著，江應梁校注：《百夷傳校注》（昆明市：雲南人民出版社，1980 年）

西藏自治區社會科學院、四川省社會科學院：《近代康藏重大事件史料選編：第一編》（拉薩市：西藏古籍出版社，2001 年）

〔漢〕司馬遷：《史記》（北京市：中華書局，1959 年）

四川省巴塘縣志編纂委員會：《巴塘縣志》（成都市：四川民族出版社，1993 年）

四川省民族研究所《清末川滇邊務檔案史料》編寫組：《清末川滇邊務檔案史料》（北京市：中華書局，1989 年）

吳豐培：《川藏遊蹤彙編》（成都市：四川民族出版社，1985 年）

吳豐培：《趙爾豐川邊奏牘》（成都市：四川民族出版社，1984 年）

西藏自治區檔案館：《西藏歷史檔案薈萃》（北京市：文物出版社，1995 年）

《西藏研究》編輯部：《西藏志衛藏通志》（拉薩市：西藏人民出版社，1982 年）

西藏社會歷史調查資料叢刊編輯組：《藏族社會歷史調查（四）》（拉薩市：西藏人民出版社，1989年）
西藏昌都地區地方志編纂委員會：《昌都地區志：上》（北京市：方志出版社，2005年）
〔東漢〕許慎著，〔清〕段玉裁注：《說文解字》（鄭州市：中州古籍出版社，2006年）
德欽縣志編纂委員會：《德欽縣志》（昆明市：雲南民族出版社，1997年）
雲南省雲龍縣志編纂委員會：《雲龍縣志》（北京市：農業出版社，1992年）
〔清〕余慶遠：〈維西見聞紀〉，《大理行記及其它五種》（北京市：商務印書館，1936年）
〔東漢〕應劭：《風俗通義》（北京市：中華書局，1985年）
楊仲華：《西康紀要（上）》（北京市：商務印書館，1937年）
張國樹：《禮記》（青島市：青島出版社，2009年）
徐麗華：《中國少數民族古籍集成（第85冊）》（成都市：四川民族出版社，2002年）
中國藏學研究中心：《元以來西藏地方與中央政府關係檔案史料彙編：第2冊》（北京市：中國藏學出版社，1994年）
《中國地方志集成》編輯指導委員會：《中國地方志集成：西藏府縣志輯》（成都市：巴蜀書社，1995年）
趙心愚，秦和平：《清季民國康區藏族文獻輯要》（成都市：四川民族出版社，2003年）
〔宋〕張方平：《樂全集：卷15》（北京市：商務印書館，1935年）
范義田：〈談談江邊古宗〉，《雲南邊地問題研究：上卷》（昆明市：雲南省立昆華民眾教育館，1933年）

蔡家麒：《藏彝走廊中的獨龍族社會歷史考察》（北京市：民族出版社，2008 年）
陳蜀玉：《羌族文化》（成都市：西南交通大學出版社，2008 年）
陳慶德：《經濟人類學》（北京市：人民出版社，2001 年）
迪慶藏族自治州宗教事務委員會：《迪慶藏族自治州宗教志》（北京市：中國藏學出版社，1994 年）
戴加洗：《青藏高原氣候》（北京市：氣象出版社，1990 年）
東嘎・洛桑赤列：《論西藏政教合一制度：藏文版》（北京市：民族出版社，1981 年）
歐陽哲生：《大家國學・傅斯年卷》（天津市：天津人民出版社，2009 年）
費孝通：《江村經濟》（上海市：上海人民出版社，2006 年）
高發元：《雲南民族村寨調查：藏族——中甸尼西鄉形朵村》（昆明市：雲南大學出版社，2001 年）
格　勒：《論藏族文化的起源形成與周邊民族的關係》（廣州市：中山大學出版社，1988 年）
貢山獨龍族怒族自治縣志編纂委員會：《貢山獨龍族怒族自治縣志》（北京市：民族出版社，2006 年）
方國瑜：《方國瑜納西學論集》（北京市：民族出版社，2008 年）
郭正忠：《中國鹽業史：古代編》（北京市：人民出版社，1997 年）
郭淨：《卡瓦柏格瀾滄江峽谷的藏族》（昆明市：雲南大學人文學院，2001 年）
郭家驥：《發展的反思——瀾滄江流域少數民族變遷的人類學研究》（昆明市：雲南人民出版社，2008 年）
尕藏才旦，格桑本：《青藏高原游牧文化》（蘭州市：甘肅民族出版社，2000 年）

關丙勝：《族群的演進博弈——中國圖瓦人研究》（北京市：社會科學文獻出版社，2011 年）

黃應貴：《反景入深林：人類學的觀照、理論與實踐》（北京：商務印書館，2010 年）

黃應貴：《物與物質文化》（臺北市：「中央研究院」民族學研究所，2004 年）

郝性中、楊子生、徐旌等：《怒江州土地資源》（昆明市：雲南科技出版社，1997 年）

和志武：《東巴經典選譯》（昆明市：雲南人民出版社，1994 年）

弘　學：《藏傳佛教（3 版）》（成都市：四川人民出版社，2012 年）

何耀華：《中國西南歷史民族學論集》（昆明市：雲南人民出版社，1988 年）

何國強：《圍屋裏的宗族社會——廣東客家族群生計模式研究》（南寧市：廣西民族出版社，2002 年）

郝時遠，羅賢祐：《蒙元史暨民族史論集：紀念翁獨健先生誕辰一百週年》（北京市：社會科學文獻出版社，2006 年）

況浩林：《中國近代少數民族經濟史稿》（北京市：民族出版社，1992 年）

賈宵鋒：《藏區土司制度研究》（蘭州市：蘭州大學西北少數民族研究中心，2005 年）

江　洋：《西藏鹽井納西族鹽業生計方式的傳統和變遷》（昆明市：雲南大學民族研究院，2011 年）

劉　琪：《命以載史：20 世紀前期德欽政治的歷史民族志》（北京市：世界圖書出版公司，2011 年）

羅康隆：《文化適應與文化制衡：基於人類文化生態的思考》（北京市：民族出版社，2007 年）

羅布江村：《康藏研究新思路：文化、歷史與經濟發展》（北京市：民族出版社，2008 年）

羅康智，羅康隆：《傳統文化中的生計策略——以侗族為例案》（北京市：民族出版社，2009 年）

林耀華：《民族學研究》（北京市：中國社會科學出版社，1985 年）

林耀華：《民族學通論（修訂本）》（北京市：中央民族大學出版社，1997 年）

黎小龍：《西南日月城文化概論》（重慶市：西南師範大學西南研究中心，1994 年）

劉淩、孔繁榮：《章太炎學術論著》（杭州市：浙江人民出版社，1998 年）

〔元〕劉應李著，詹有諒改編：《大元混一方輿勝覽》（成都市：四川大學出版社，2003 年）

劉達成：《怒族文化大觀》（昆明市：雲南民族出版社，1999 年）

劉怡，芮鴻：《活在叢林山水間——雲南民族採集漁獵》（昆明市：雲南教育出版社，2000 年）

李　圭：《雲南近代經濟史》（昆明市：雲南民族出版社，1995 年）

李光文、楊松、格勒：《西藏昌都：歷史．傳統．現代性》（重慶市：重慶出版社，2000 年）

李月英：《「三江並流」區的怒族人家》（北京市：民族出版社，2005 年）

李紹明：《民族學》（成都市：四川民族出版社，1986 年）

李文海：《民國時期社會調查叢編．少數民族卷》（福州市：福建教育出版社，2005 年）

李昆聲：《雲南文物古跡》（昆明市：雲南人民出版社，1984 年）

呂大吉：《宗教學通論》（北京市：中國社會科學出版社，1989 年）

雷　加：《白馬雪山碧羅雪山四莽雪山》（昆明市：雲南人民出版社，2011 年）

梅進才：《中國當代藏族寺院經濟發展戰略研究》（蘭州市：甘肅人民出版社，2000 年）

馬大正：《國民政府女密使赴藏紀實：原名《康藏軺徵》》（北京市：民族出版社，1985 年）

馬青林：《清末川邊藏區改土歸流》（成都市：四川出版集團巴蜀書社，2004 年）

《怒族簡史》編寫組.怒族簡史》（昆明市：雲南人民出版社，1987 年）

任乃強：《任乃強民族研究文集》（北京市：民族出版社，1990 年）

任乃強：《康藏史地大綱》（拉薩市：西藏古籍出版社，2000 年）

任乃強：《羌族源流探索》（重慶市：重慶出版社，1984 年）

冉光榮、李紹明、周錫銀：《羌族史》（成都市：四川民族出版社，1984 年）

宋兆麟、黎家芳、杜耀西：《中國原始社會史》（北京市：文物出版社，1983 年）

舒　瑜：《微「鹽」大義：雲南諾鄧鹽業的歷史人類學考察》（北京市：世界圖書出版公司，2010 年）

四川省文物考古研究所：《四川考古論文集》（北京市：文物出版社，1996 年）

陶天麟：《怒族文化史》（昆明市：雲南民族出版社，1997 年）

佟偉、廖志傑、劉時彬等：《西藏溫泉志》（北京市：科學出版社，2000 年）

唐景福、朱麗霞：《中國藏傳佛教名僧錄》（蘭州市：甘肅民族出版社，2006 年）

王明珂：《游牧者的抉擇：面對漢帝國的北亞游牧部族》（桂林市：廣西師範大學出版社，2008 年）

王文光、段紅雲：《中國古代的民族識別》（昆明市：雲南大學出版社，2011 年）
文物出版社編輯部：《文物與考古論集》（北京市：文物出版社，1986 年）
王堯、陳踐譯注：《敦煌本吐蕃歷史文書》（北京市：民族出版社，1980 年）
王銘銘：《中間圈：「藏彝走廊」與人類學的再構思》（北京市：社會科學文獻出版社，2008 年）
王獻軍：《西藏政教合一制研究》（蘭州市：蘭州大學出版社，2004 年）
王恆傑：《迪慶藏族社會史》（北京市：中國藏學出版社，1995 年）
王仁湘、張徵雁：《中國滋味：鹽與文明》（瀋陽市：遼寧人民出版社，2007 年）
王輔仁、索文清：《藏族史要》（成都市：四川民族出版社，1981 年）
汪寧生：《中國西南民族的歷史與文化》（昆明市：雲南民族出版社，1989 年）
汪寧生：《雲南考古（增訂本）》（昆明市：雲南人民出版社，1980 年）
吳叢眾：《西藏察隅僜人的社會與文化》（哈爾濱市：黑龍江教育出版社，2001 年）
吳成立：《西藏芒康縣納西民族鄉鹽文化研究》（廣州市：中山大學社會學與人類學學院，2009 年）
徐亞非、溫寧軍、楊先民：《民族宗教經濟透視》（昆明市：雲南人民出版社，1991 年）
夏建軍：《說鹽與用鹽》（北京市：人民軍醫出版社，2008 年）
西繞雲貞：《邁向繁榮——迪慶藏族百年社會發展簡論》（昆明市：雲南大學人文學院，2003 年）
西藏自治區文物管理委員會、四川大學歷史系：《昌都卡若（中國田野

考古報告集考古學專刊丁種第 29 號）》（北京市：文物出版社，1985 年）
徐裕華：《西南氣候》（北京市：氣象出版社，1991 年）
游修齡：《農史研究文集》（北京市：中國農業出版社，1999 年）
鹽務署鹽務稽核總所：《中國鹽政實錄：第 1 冊》（臺北市：文海出版社，1979 年）
楊　陽：《王權的圖騰化——政教合一與中國社會》（杭州市：浙江人民出版社，2000 年）
楊福泉：《納西族與藏族歷史關係研究》（北京市：民族出版社，2005 年）
楊學政：《雲南宗教史》（昆明市：雲南人民出版社，1999 年）
楊學政、韓軍學、李榮昆：《雲南境內的世界三大宗教——地域宗教比較研究》（昆明市：雲南人民出版社，1993 年）
尤　中：《中國西南的古代民族》（昆明市：雲南人民出版社，1980 年）
雲南省編輯組、《中國少數民族社會歷史調查資料叢刊》修訂編輯委員會：《傈僳族怒族勒墨人（白族支系）社會歷史調查》（北京市：民族出版社，2009 年）
尹紹亭：《人與森林——生態人類學視野中的刀耕火種》（昆明市：雲南教育出版社，2000 年）
朱　霞：《雲南諾鄧井鹽生產民俗研究》（昆明市：雲南人民出版社，2009 年）
趙心愚：《納西族歷史文化研究》（北京市：民族出版社，2008 年）
趙心愚：《納西族與藏族關係史》（成都市：四川人民出版社，2004 年）
吳海波、曾凡英：《中國鹽業史：學術研究一百年》（成都市：四川出版集團，2010 年）

周智生：《商人與近代中國西南邊疆社會：以滇西北為中心》（北京市：中國社會科學出版社，2006 年）

中國社會科學院民族研究所：《僜人社會歷史調查》（昆明市：雲南人民出版社，1990 年）

章忠雲：《藏族志：聆聽鄉音——雲南藏族的生活和文化》（昆明市：雲南大學出版社，2006 年）

陳祖軍：〈西南地區的石棺墓分期研究——關於「石棺葬文化」的新認識〉，《四川考古論文集》（北京市：文物出版社，1996 年）

〔美〕埃里克・沃爾夫著，趙炳祥、劉傳珠、楊玉靜譯：《歐洲與沒有歷史的人民》（上海市：上海世紀出版集團，2006 年）

〔法〕布迪厄、〔美〕華康德著，李猛、李康譯：《實踐與反思：反思社會學導引》（北京市：中央編譯出版社，1998 年）

〔英〕F. 金敦・沃德著，李金希、尤永弘譯：《神秘的滇藏河流》（成都市：四川民族出版社，2002 年）

〔英〕克里斯托夫・馮・菲尤勒—海門道夫著，何國強譯：《在印度部落中生活——一位人類學家的自傳（譯序）》（香港：國際炎黃文化出版社，2009 年）

〔英〕克里斯托夫・馮・菲尤勒—海門道夫著，吳澤霖譯：《阿帕塔尼人和他們的鄰族》（倫敦：勞特萊吉和保羅・開嘎出版公司，1962 年）

〔英〕克里斯托夫・馮・菲尤勒—海門道夫著，吳澤霖譯：《尼泊爾舍爾巴的經濟生活》（倫敦：勞特萊吉和保羅・開嘎出版公司，1962 年）

〔英〕雷蒙德・弗斯著，費孝通譯：《人文類型》（北京市：華夏出版社，2002 年）

〔英〕拉德克利夫・布朗著，夏建中譯：《社會人類學方法》（北京市：華夏出版社，2002 年）

〔英〕馬林諾夫斯基著，林振鏞譯：《蠻族社會之犯罪與習俗》（上海市：上海文藝出版社，1989 年）
〔英〕馬林諾夫斯基著，梁永佳、李紹明譯：《西太平洋的航海者》（北京市：華夏出版社，2002 年）
〔英〕馬淩諾斯基著，費孝通譯：《文化論》（北京市：華夏出版社，2002 年）
馬克思：《資本論：第 2 卷》（北京市：人民出版社，1975 年）
〔美〕馬克・科爾蘭斯基著，夏業良等譯：《鹽》（北京市：機械工業出版社，2005 年）
《馬克思恩格斯全集：第 13 卷》（北京市：人民出版社，1995 年）
〔法〕P. A. 石泰安：《川甘青藏走廊古部落》（成都市：四川民族出版社，1992 年）
〔法〕皮埃爾・布林迪厄著，劉成富、張豔譯：《科學的社會用途——寫給科學場的臨床社會學》（南京市：南京大學出版社，2005 年）
〔日〕秋道智彌、市川光雄、大冢柳太郎著，范廣融、尹紹亭譯：《生態人類學》（昆明市：雲南大學出版社，2006 年）
〔美〕湯瑪斯・哈定著，韓建軍、商戈令譯：《文化與進化》（杭州市：浙江人民出版社，1987 年）
〔美〕威廉・A. 哈威蘭著，瞿鐵鵬、張鈺譯：《文化人類學（10 版）》（上海市：上海社會科學出版社，2006 年）
〔法〕謝和耐著，耿升譯：《中國 5-10 世紀的寺院經濟》（蘭州市：甘肅人民出版社，1987 年）
〔美〕西敏司著，王超、朱建剛譯：《甜與權力——糖在近代歷史上的地位》（北京市：商務印書館，2010 年）

二 論文

保羅，覺安拉姆：〈近代鹽井臘翁寺事件原因分析——兼論其相關問題〉，《西藏研究》2006 年第 3 期
保羅、澤勇：〈鹽井天主教史略〉，《西藏研究》2000 年第 3 期
陳汎舟、陳一石：〈滇藏貿易歷史初探〉，《西藏研究》1988 年第 4 期
崔克信：〈鹽井縣之地質及鹽產調查〉，《西康經濟季刊》1944 年第 8 期
都淦：〈四川藏族地區土司制度概述〉，《西藏研究》1981 年第 1 期
東旺・琪嶺陪楚：〈中甸尼西石棺葬發掘記〉，《中甸縣志通訊》1988 年第 2 期
費孝通：〈關於我國民族的識別問題〉，《中國社會科學》1980 年第 1 期
〔挪威〕弗雷德里克・巴斯著，高崇譯：〈族群與邊界・序言〉，《廣西民族學院學報》1999 年第 1 期
房建昌：〈西藏鹽業及鹽政史略〉，《西南民族學院學報：哲學社會科學版》1993 年第 1 期
方國瑜、和志武：〈納西族的淵源遷徙和分佈〉，《民族研究》1979 年第 1 期
郭家驥：〈生態環境與雲南藏族的文化適應〉，《民族研究》2003 年第 1 期
童恩正、曾文瓊：〈四川巴塘、雅江的石板墓〉，《考古》1981 年第 3 期
格勒》，論古代羌人與藏族的歷史淵源關係〉，《中山大學學報：哲學社會科學版》1985 年第 2 期
姜　濤：〈食鹽與人口〉，《中國經濟史研究》1994 年第 3 期
金飛》：〈鹽井縣考〉，《邊政》1931 年第 8 期
李式金：〈雲南阿墩子——一個漢藏貿易的要地〉，《東方雜誌》1944 年第 16 期

羅開玉：〈川滇西部及藏東石棺墓研究〉，《考古學報》1992 年第 4 期
李紹明：〈康南石板墓族屬初探——兼論納西族的族源〉《思想戰線》1981 年第 6 期
馮漢驥、童恩正：〈岷江上游的石棺葬〉，《考古學報》1973 年第 2 期
潘發生、七林江初、卓瑪：〈中甸歸化寺僧侶商業概述〉，《西藏研究》1993 年第 2 期
潘發生,潘建生：〈中甸經濟貿易發展史:初稿〉，《迪慶方志》1992 年第 1 期
冉光榮：〈天主教「西康教區」述論〉，《康定民族師專學報》1987 年第 1 期
漆繼紅、許模、張強等：〈西藏鹽井地區鹽泉同位素特徵示蹤研究〉，《地球與環境》，2008 年第 3 期
〔清〕任乃強：〈說鹽〉，《鹽業史研究》，1988 年第 1 期
林向，童恩正：〈四川理縣汶川縣考古調查簡報》〉，《考古》1965 年第 12 期
童恩正：〈近年來中國西南民族地區戰國秦漢時代的考古發現及其研究〉，《考古學報》1980 年第 4 期
童恩正、冷健：〈西藏昌都卡若新石器時代遺址的發掘及其相關問題〉，《民族研究》1983 年第 1 期
童恩正：〈四川西北地方石棺葬族屬試探——附談有關古代氐族的幾個問題〉，《思想戰線》1978 年第 1 期
譚方之：〈滇茶藏銷〉，《邊政公論》1944 年第 11 期
陶　宏：〈茶馬古道上的鹽務重鎮——鹽井鄉〉，《中國文化遺產》2005 年第 5 期
王　牧：〈瀾滄江畔千年鹽都鹽井〉，《文明》2003 年第 1 期
吳映梅、周智生：〈滇藏川交接地帶經濟成長的人文環境及其特徵分析〉，《西南民族大學學報：人文社科版》2007 年第 2 期

王恆傑：〈解放前雲南藏區的商業〉，《中國藏學》1990 年第 3 期
王清明：〈我國石鹽礦床的地質特徵〉，《地質科技情報》1985 年第 1 期
王獻軍：〈西藏政教合一制形成原因再探〉，《西藏民族學院學報》1998 年第 1 期
肖玉秋：〈《中俄天津條約》中關於俄國在華自由傳教條款的訂立與實施〉，《福建師範大學學報：哲學社會科學版》2010 年第 5 期
哈比布、張建林、姚軍等：〈西藏自治區昌都地區芒康縣鹽井鹽田調查報告〉，《南方文物》2010 年第 1 期
郭周虎：〈西藏貢覺縣發現的石板墓〉，《文博》1992 年第 6 期
徐學書：〈試論岷江上游「石棺葬」的源流〉，《四川文物》1987 年第 2 期
熊　瑛：〈雲南維西縣發現新石器時代居住山洞〉，《文物參考資料》1958 年第 10 期
雲南省博物館文物工作隊：〈雲南德欽永芝發現的古墓葬〉，《考古》1975 年第 4 期
張新寧：〈雲南德欽縣納古石棺墓〉，《考古》1983 年第 3 期
王　涵：〈雲南中甸縣的石棺墓〉，《考古》2005 年第 4 期
楊桂紅：〈中甸松贊林寺寺院商業經濟研究〉，《學術探索》2002 年第 2 期
顏志剛：〈藏區政教合一體制的成因〉，《四川警官高等專科學校學報》2005 年第 5 期
楊衛東：〈瀾滄江畔古鹽井〉，《中國民族》2004 年第 1 期.
王　涵：〈雲南德欽縣石底古墓〉，《考古》1983 年第 3 期
西洛嘉初、松秀清譯：〈中甸藏文歷史檔案輯錄（之二）〉，《迪慶方志》1991 年第 23 期
中國社會科學院考古研究所實驗室：〈放射性碳素測定年代報告（八）〉，《考古》1981 年第 4 期

中國科學院昆明動物研究所：〈怒江州動物分佈介紹〉，《怒江方志通訊》1988 年第 1 期
中國社會科學院考古研究所實驗室：〈放射性碳素測定年代報告（一六）〉，《考古》1989 年第 7 期
曾文瓊：〈岷江上游石棺墓族屬試探〉，《中央民族學院學報》1984 年第 1 期
張雪慧：〈試論唐宋時期吐蕃的商業貿易〉，《西藏研究》1998 年第 3 期
張雪慧、王恆傑：〈從幾份檔案中看滇藏經濟貿易——兼談對雲南藏區社會經濟與歷史研究的重要性〉，《中國藏學》1989 年第 1 期
張有雋：〈吃了一山過一山：過山瑤的遊耕策略〉，《廣西民族學院學報：哲學社會科學版》2005 年第 14 期
張繼焦：〈經濟文化類型：從「原生態型」到「市場型」〉，《思想戰線》2010 年第 1 期
鄭逸蘋：〈西康與畜牧〉，《中國建設》1936 年
鄭向春：〈景觀意識：「內」「外」眼光的聚焦與融合——以雲南迪慶州茨中村的葡萄園與葡萄酒釀製為例〉，《青海民族研究》2011 年第 2 期
周大鳴：〈論族群與族群關係〉，《民族學人類學研究》2001 年第 3 期
曾文瓊：〈論康區的政教聯盟制度〉，《西南民族大學學報》1988 年第 2 期
鍾秀生：〈藏族平民生活鳥瞰〉，《旅行雜誌》1943 年第 5 期

後記

本書研究三江並流地區生活在碧羅雪山兩麓藏族、怒族、獨龍族、納西族、傈僳族等民族的生計方式。因該地區地域廣袤、民族眾多，難以針對某一個具體的民族一一研究。因此，本書研究對象以藏族、怒族、納西族的生計模式為主，兼論獨龍族、傈僳族等民族的生計模式。不過，地域上未將東西兩麓分開而談，而是作整體性論述，其間適當進行比較。全書系統介紹了碧羅雪山兩麓包含農業、畜牧業、採集漁獵、種植業、鹽業、商業在內的多種生計方式，並在此基礎上闡述了人們獲取食物之後加工糧食和製作食物的工具與方式；通過特殊制度的描述，展現了特定政治環境中人們利用各種手段獲取物質資料的過程。

筆者二人都是步入人類學殿堂的初學者，自進入中山大學人類學系攻讀博士學位以來，兩人都得到導師何國強教授的悉心教導，從求學到治學，我們無不受益良多。平心而論，如果沒有何老師的鼎力支持，本書或許無緣和大家見面。

為了對碧羅雪山兩麓的少數民族形成相對客觀的認識，我們在掌握相關文獻資料的基礎上，於 2011 年 8 月和 2012 年 7 月進行了兩次實地調查，可謂走村入寨，翻雪山、過大江，對包括西藏鹽井、德欽茨中及貢山丙中洛在內的多個村莊進行了調查。讓人難忘的是，2012 年 8 月在當地嚮導的帶領下，我們從怒江州捧當鄉的迪麻洛村出發，中途翻越一座海拔 4,300 米的山脈和一座 3,600 公尺的山脈，歷經 3 天，才終於到達瀾滄江西岸的德欽縣茨中村。

田野是一部只有親身經歷才能慢慢品味的書，對於學人的成長無疑有著莫大的幫助。不管是當地的風土人情，還是三江並流的自然風景，抑或是高山上甘甜的山泉、鮮豔的野花、白雪皚皚的山巔，還是那熱情漂亮的卓瑪及豪放的藏族漢子、美麗動人的歌聲以及那醉人心扉的青稞酒與濃濃的酥油茶，始終讓人流連忘返。當然，田野調查也不是一帆風順的，其間也有艱苦的日子及翻山過程中驚險的事情，有些至今還歷歷在目。今日落筆，昔日和大家舉杯暢飲的場景又浮現在眼前，因此想藉此機會感謝兩年來支持和關心我倆的各位老師、同學、朋友和家人。

首先感謝德欽縣法院的沈秋林，他是我們進入藏族聚居區的第一位好朋友。兩次進入藏族聚居區調查，他都為我們悉心安排住宿，多次熱情款待，還幫忙聯繫並介紹諸多地方朋友，保證了調查的順利進行。感謝首次進入羊拉鄉調查時鄉政府各位友人的幫助，他們是時任羊拉鄉鄉政府的書記阿布、鄉長小阿都、副鄉長虎濤和辦公室主任農布（現任羊拉鄉紀委書記），武裝部原部長農布、山紮、李豔芳、此裏此姆以及政府的全體工作人員。感謝德欽縣人民法院辦公室主任馬玉忠。感謝德欽縣國土資源局伍三兄，他不僅熱情地招待了我們，還將燕門鄉老家的嬸嬸介紹給我們，使得我們在其嬸嬸家度過一個星期的時光。感謝貢山縣丙中洛鄉政府的新農村指導員李洪林，不僅給我們提供了部分調查資料和照片，還帶領我們走家入戶。感謝丙中洛村的趙小剛，為我們聯繫了各村的村長。感謝雲龍縣漕澗鎮政府的吳麗娟女士，幫忙聯繫了貢山縣委的朋友，並提供了部分地方資料。

感謝同班同學黨雲倩將她在昌都地區左貢縣工作的學生劉亞妮介紹給我，感謝劉亞妮幫助。感謝芒康縣公安局刑警大隊張剛。感謝我在鹽井認識的第一位藏族朋友鹽井派出所民警格桑頓珠，在他的說明下我認識了時任派出所所長吳飛（縣鹽井一級檢查站教導員）與工商所阿旺郎傑。正是他們幾位友人默默地幫助，讓我順利完成了調查，並為我下一階段的研究奠定了基礎。我們兄弟般的友誼比哈達還純白，比大海還深，這份情誼，我當銘記在心。

真心感謝我的愛人雷蕾女士，結婚的第二天就和我一起深入西藏鹽井調查。在不斷完善書稿之際，我得知她已身懷有孕，生理的極大反應讓其吃不好、睡不香，而我除了電話安慰外，未能陪伴她左右；她的無怨無悔，我當以學業上獲得豐收為報。

總之，要感謝在知識上授業解惑的老師，調查中幫助的朋友，生活中給予關心的同學，在物質上給予保證和精神上給予鼓勵的家人。在出版過程中，要感謝中山大學出版社編輯嵇春霞、校對廖澤恩、封面設計林綿華與曹鞏華，他們的辛勤勞動為本書添加了亮色。

本書的撰寫是一個合作的過程，我和李亞鋒在長達兩年的時光裏，一起調查，一起討論，無疑結成了兄弟般的友誼，我們彼此都珍惜這份難得的機會。

當然，我們在工作上既有統一，也有分工。以下是本書撰寫的具體分工情況：前言、緒論、第一章、第二章、第三章、第七章、第九章由李何春執筆，第四章、第五章、第六章、第八章由李亞鋒執筆，最後由李何春統稿。

本書的完成可謂是萬里長征的第一步，而我們二人無疑是剛剛步入人類學民族學的初學者。儘管從思路的形成到寫作，我們每一步都認真對待、反覆思考，但畢竟才疏學淺、水準有限，書中難免會有錯誤。懇請各位讀者給予批評指正。

李何春2013年6月7日

芃野東南民族叢書 A0202007

碧羅雪山兩麓人民的生計模式　下冊

作　　者　李何春、李亞鋒
主　　編　何國強
責任編輯　蔡雅如

發 行 人　陳滿銘
總 經 理　梁錦興
總 編 輯　陳滿銘
副總編輯　張晏瑞
編 輯 所　萬卷樓圖書股份有限公司
排　　版　林曉敏
印　　刷　維中科技有限公司
封面設計　曾詠霓

出　　版　昌明文化有限公司
桃園市龜山區中原街 32 號
電話 (02)23216565
發　　行　萬卷樓圖書股份有限公司
臺北市羅斯福路二段 41 號 6 樓之 3
電話 (02)23216565
傳真 (02)23218698
電郵 SERVICE@WANJUAN.COM.TW
大陸經銷
廈門外圖臺灣書店有限公司
　電郵 JKB188@188.COM

ISBN 978-986-94616-9-6
2019 年 1 月初版二刷
定價：新臺幣 300 元

如何購買本書：
1. 劃撥購書，請透過以下郵政劃撥帳號：
　帳號：15624015
　戶名：萬卷樓圖書股份有限公司
2. 轉帳購書，請透過以下帳戶
　合作金庫銀行　古亭分行
　戶名：萬卷樓圖書股份有限公司
　帳號：0877717092596
3. 網路購書，請透過萬卷樓網站
　網址　WWW.WANJUAN.COM.TW
大量購書，請直接聯繫我們，將有專人為您服務。客服：(02)23216565 分機 10
如有缺頁、破損或裝訂錯誤，請寄回更換

國家圖書館出版品預行編目資料

碧羅雪山兩麓人民的生計模式 / 李何春, 李亞鋒著. -- 初版. -- 桃園市 : 昌明文化出版 ; 臺北市 : 萬卷樓發行, 2017.04
　冊 ;　公分. -- (芃野東南民族叢書 ; A0202007)
ISBN 978-986-94616-9-6(下冊 : 平裝)
1.少數民族 2.民族研究
535.408　　106004092